最受欢迎的幽默说话术

李秀红◎著

中国纺织出版社

内 容 提 要

幽默是一种态度，是用从容、乐观的心态看待人生百态；幽默是一种处世的智慧，用机智和诙谐让自己左右逢源；幽默是一种绝妙的口才技能，用幽默的方法表达自己的想法，用幽默的言语渲染气氛、化解矛盾、调节心情、处理世事，总能起到事半功倍的效果。

本书精心挑选了数百个幽默案例，以事例说理，语言诙谐，从职场、爱情、家庭、社交等多个方面，分场合、分对象地为您介绍幽默的智慧和幽默口才的使用诀窍，让您在现实生活中能快速应用幽默的技巧，让自己能说会道，大受欢迎。

图书在版编目(CIP)数据

最受欢迎的幽默说话术/ 李秀红编著．—北京：中国纺织出版社，2012.10 （2024.4重印）

ISBN 978-7-5064-8927-0

Ⅰ.①最… Ⅱ.①李… Ⅲ.①幽默(美学)—语言艺术

Ⅳ.①H019

中国版本图书馆 CIP 数据核字(2011)第 171824 号

策划编辑：闫 星　　责任编辑：闫 星　　责任印制：储志伟

中国纺织出版社出版发行

地址：北京东直门南大街 6 号　邮政编码：100027

邮购电话：010—64168110　传真：010—64168231

http://www.c-textilep.com

E-mail:faxing@c-textilep.com

北京兰星球彩色印刷有限公司印刷　各地新华书店经销

2012 年 10 月第 1 版　　2024 年 4 月第 2 次印刷

开本：710×1000　1/16　印张：20

字数：242 千字　定价：85.00 元

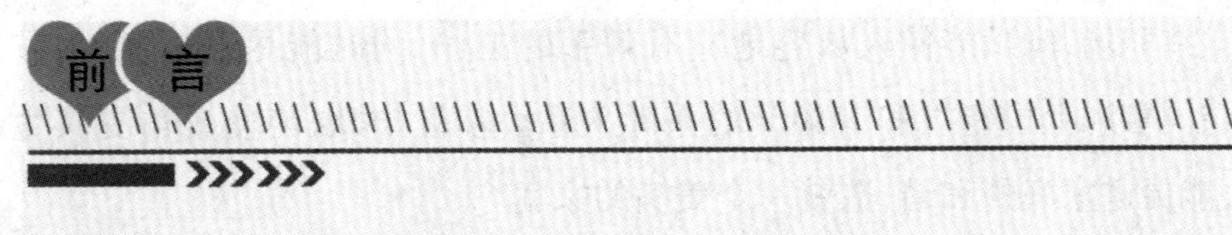

前言

在生活中，我们经常这样评价一个人："他很有幽默感。"这就是一种正面的、积极的评价。的确，每个人都有自己的特长，并且每个人也都有自己的崇拜者、欣赏者或是爱人，可是有一种个性却是人人喜欢，能够左右逢源的，这就是幽默。当今社会，幽默已经成为我们日常生活中必不可少的一种语言艺术。列宁说："幽默是一种优美的，健康的品质。"随着生活节奏的逐步加快，如今的人们大多在忙碌和紧张中度过，长期如此不仅不能享受生活，而且精神上也会因为负担过重而产生多种健康问题。所以，如果你是个懂得幽默、善于制造幽默的人，那么，你的周围一定会充满笑声。

何谓幽默？将两种不相干的事情豁然联通，使人产生惊奇和有趣的感觉，不觉得疲劳和厌烦。幽默是一个人的学识、才华、智慧、灵感在语言表达中的闪现；是一种"能抓住可笑或诙谐想象的能力"；是对社会上的种种不协调、不合理的荒谬现象、偏颇、弊端、矛盾实质的揭露和对某些反常规言行的描述。可以说，幽默已经涉及我们生活中的方方面面了。

幽默可以让你释放心理压力，一个具有幽默感的人往往能够从自己不顺心的遭遇中发现一些"戏剧性因素"，然后让自己快乐，内心平衡。只有我们自己心胸开阔了，才能使周围人心胸开阔；只有自己具有感染力，才可能感染周围人，使大家都能快乐地生活。

在沟通中，幽默语言如同润滑剂，可以有效地降低人与人之间的"摩擦系数"，化解冲突和矛盾，并能使我们从容地摆脱沟通中可能遇到的困境。

在社交中，谈吐幽默的人往往易于取胜，没有幽默感的人则往往会失败。在交际场合，幽默的语言很容易迅速打开交际局面，使气氛轻松、活跃、融洽。

在职场，幽默能使人从容地应对棘手的工作，同时能尽显人情味，有助于与同事和上司建立和谐融洽的人际关系。掌握幽默，能使爱情更具生命力，能促进家庭的和谐，造就一个美满的家庭。

在谈判中，幽默能使人在谈判中多一份从容，恰当地运用幽默能营造良好的谈判氛围，巧妙地化解谈判僵局。在演讲中运用幽默，可以使演讲抓住人心、深入人心。

既然幽默有如此多的好处，掌握幽默的技巧能够熟练地使用幽默就成了顺理成章的事了，想熟练地使用幽默要注意：

首先，要扩展自己的知识面。幽默是一种智慧的外在表现，它建立在内涵丰富、拥有渊博知识的基础之上。如果你知识丰富，那么必定能够谈吐不凡、审时度势、妙语连珠，令人敬佩叹服。

其次，要学会培养自己的洞察力。拥有深刻的洞察力，提高观察事物的能力，培养机智、敏捷的能力，也是增加幽默感很重要的一方面。

最后，在社会生活中要积极投入，进行创造性的劳动。这也就是说，要想成为幽默的创造者，必须具备丰富的知识和经验，再加以独创的能力，这样才能够给人以崭新的感觉。

下面就让我们通过本书一起来认识幽默、了解幽默、掌握幽默。希望幽默能给各位读者在工作、学习、生活上带来自己需要得到的帮助，从而顺利地完成工作，取得理想的成绩，创造一个轻松舒适的生活环境。

编著者

2012 年 4 月

目录
CONTENTS

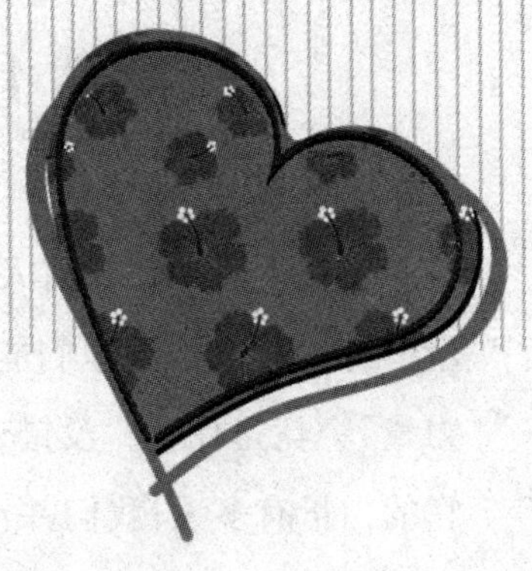

第1章 要练幽默口才 先练幽默心灵

我们都知道，幽默是一种智慧的表现，但并不是每个人都拥有它。一个人只有具有审时度势的能力、广博的知识，才能做到谈资丰富、妙言成趣；一个心胸狭隘、思想消极的人是不会有幽默感的，幽默属于那些心宽气平、对生活充满热情的人。除了以上两点之外，你还需要提高观察力和想象力，运用联想和比喻，要有意识地训练自己对事物的快速应变能力和分析能力；多参加社会交往，多接触有幽默感的人，这种影响产生于无形的潜移默化中，使你在增强幽默感的同时扩大交际面，增强社交能力。因此，任何一个人想要成为一个幽默高手，首先要做的就是先幽默你的心灵。

幽默不是逗乐，读懂幽默真谛

现实生活中的任何人，在与人交往的时候，都渴望与那些具备“神秘力量”的人交往，因为他们能给我们带来精神上的愉悦。这种吸引人的“神秘力量”究竟是什么？没错，就是幽默！可以说，使人发笑是一种伟大的力量，它的力量有多大，我们并没有测量，但不可否认的是，谁都喜欢亲近让人感觉快乐的人，他们帮我们暂时放下了肩上的担子与心头的挂虑来轻松片刻。幽默使人会心一笑，使人开怀，我们生活的周围，就是有人有这样的魔力，一开口，便能获取大众的笑容。为此，可能很多人认为，幽默便只是说说笑话而已，实际上，幽默能成为一种魅力，它绝非只是说说笑话这样容易的事。真正的幽默绝不是滑稽逗乐，也不是哗众取宠，更不是低级趣味。我国著名作家老舍说过：嬉皮笑脸并非幽默。幽默是一种优美的、健康的品质。

因此，我们可以认为，幽默的真谛不是逗乐，而是化解尴尬、制造快乐气氛、使人身心愉悦、使听者受到积极的启发等。我们先来看下面这样一个故事：

战国时期，齐国有个身材矮小、出身卑微的人，叫淳于髡。但他是个口才极好的人，经常能在讲笑话中让听者受到启发。为此，齐威王常派他做齐国的使臣，出使各国。难得的是，每次出使他国，他都能出色地完成使命，因此，齐威王很是器重他。

一次，楚国发兵进攻齐国，齐国兵力不足，齐威王希望获得赵国的兵力援助，于是，他便派遣淳于髡带着黄金百斤、驷车十乘的礼物，前往赵国求救兵。

淳于髡接到命令之后，什么话也没说，只是放声大笑，直笑得前仰后合。

齐威王对此感到很诧异，于是问道：“难道先生认为我送给赵王的礼物太少了？”

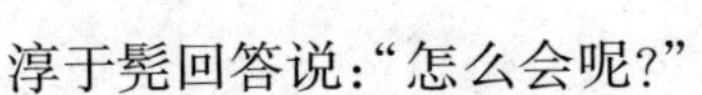

淳于髡回答说:“怎么会呢?”

齐威王又问:“那么,先生为何如此大笑呢?”

淳于髡答道:“几天前,我从东面赶过来,路过一个地方,看见有一个人正在向土地神祈祷。他拿着一只猪蹄,捧着一杯酒,嘴里念念有词:‘高地上粮食满筐,低地上收获满车,五谷丰登,全家富足。’我看见他奉献给土地神的少,而向神索取的多,所以觉得好笑。”

听到这里,齐威王听明白了,淳于髡是在用隐语来劝谏自己增加礼物,于是决定把礼品增加到黄金一千斤(每斤二十两)、白璧十对、驷车一百乘。

这里,淳于髡虽然向齐威王讲了个笑话,但却起到了劝谏的作用。的确,人与人之间,为了利益或理念,难免会陷入紧张或对立的状态;然而,沉重的问题也可以用轻松的方式去解决,严肃的问题也可以用幽默的钥匙去开启,这便是幽默的真谛之一。

如果你想塑造一种个人魅力,那么无论你是男是女,是老是少,也无论你是美是丑,是机灵或是木讷,唯一不会失误的秘方只有一个,那就是幽默。在有限的时间和空间之内,哪怕是初次见面的一次晚餐上,幽默都能让你一展才华,脱口而出,令人耳目一新,乐不可支,印象深刻。一段精彩的幽默对话,有时会让人一辈子不忘,你的形象和你的故事会一起被新朋友们长久地储存在记忆深处。

幽默感并不是每个人都天生具备的,但确实是一种有效的武器。可以调节紧张的气氛,让生活在你周围的人心情舒畅。但要记住很重要的一点,只有真正懂得幽默的真谛,才能使风趣上升到幽默。如果一直本着逗乐的原则来取悦他人,那只能算是哗众取宠,不能算真正的幽默。而且有些低俗的情调会模糊人们的判断能力,时间长了会歪曲人们对某些事物正确的看法。情调高雅的幽默总是与于诙谐的言语中蕴涵着真理,体现着一种真、善、美的艺术美。

与人为善，幽默是和谐善良的结晶

在生活中，每个人对语言都不陌生，但对语言艺术，可能就有些茫然了。在语言艺术中，最难掌握的估计就是幽默。幽默的魅力，仿若空谷幽兰，即使你看不到它盛开时的惊艳，但依然可以闻到它清新淡雅的芳香；又如美人垂帘，即使你不一睹其芳华，依旧可以听到美人的声音，间或环佩叮咚，更引人无限遐思……但幽默究竟从何而来？中国的语言大师曾经说过一句话："我觉得幽默是一种平常心、平等心的表现。"如果你的出发点是正确的，是与人为善的，你是抱着一种大家双赢、解决问题的态度，希望大家都朝着好的方向发展，那么你的语言便有了感染力和说服力，幽默感也随之而生。因此，幽默是和谐善良的结晶。人际交往，我们应把与人为善放在第一位。

为什么幽默能带给人们无穷的吸引力呢？这不仅仅是因为幽默中闪烁着睿智的光芒，更因为幽默中能折射出人的很多优良品质，其中重要的一点就是善良。书法大家启功先生在世时曾有许多佳话。

一次，他随全国政协到北京琉璃厂视察和调研艺术品市场，当时，有同行者发现这个古玩市场的地摊上竟摆了大量所谓的启功书法作品。对此，大家都心知肚明是赝品。

有人问道："启老哇，有何绝招来甄别您作品的真假呢？"

启功先生爽朗大笑起来，随后一边缓步走着，一边指着地摊上的启功作品幽默地说："一百年以后，比我写得好的，就全都是真品了！"

启老的这番话，微言大义，深藏玄机，而且只可意会，难以言表。

启功虽然是名人，但他最怕虚度时光，他常常砥砺自己要在有限的生命中，作出更多的奉献。然而，常常有人慕名前来上门请求写字作画，以致影响了自己的正常学习和研究，他又不便直接拒绝，因此，他在创作、研究或身体不适的时候，就在门上挂个牌子，上书"大熊猫病了"！来者看到便禁不住

莞尔一笑，虽然吃了闭门羹，但也仍感到轻松快乐。

一次，一个朋友出于好心给他请了一个气功师为他治病，治病前朋友曾告诉启功说气功师的功力如何了得，治疗的时候，气功师把手压在启功的膝盖上，运气发功后，朋友问启功有什么感觉，启功并没有感到有什么异常，但他知道朋友是想让他说酸麻胀热之类的话，可是，他没有感觉到啊？他不想拂朋友的好意，就装作挺认真地说："有感觉！我感觉到有一只大手捂在了我的膝盖上……"听了他的话，大家都乐不可支。

这里，我们看到了一个老艺术家不但在艺术上取得了非凡的成就，而且也在心灵上步入了大彻大悟之境，生命中充满着一种"身心无挂碍，随处任方圆"的大气和洒脱。他的一番话虽然让人捧腹大笑，但表达的却是他处处替人着想的那份善良。可见，幽默的语言并不是刻意所为的，而是心灵智慧的自然流露，就如汩汩的清泉能够不断地流淌，正是因为大地深处有它的源泉。无独有偶，老艺术家黄永玉先生也是个与人为善的人。

黄永玉先生素来喜欢古玩，他的这一爱好被人知晓后，便有一些人前来与之做"交易"——以古玩交换他的字画作品。结果，黄永玉先生常常送出去了价值不菲的字画，却换来了一堆稀奇古怪的赝品古玩。对此，黄先生一点也不生气，还幽默地戏做一副对联自慰："上当上当当当不同样；吃亏吃亏亏亏都是福。"横批是什么呢？黄先生指着来客中一位叫长福的人，诙谐地说道："长福不错！"

幽默的魅力，如英国谚语所云："送人玫瑰之手，历久犹有余香。"而幽默的语言来自纯洁、真诚和善良的心灵，是生命之中的波光艳影，是人生智慧之源上绽放的最美丽的花朵，是人们能够从你那里享受到的心灵阳光。如果只会常常用损人的方式，不留口德地让对方难堪，让大家发笑，这是一种不明智的行为。那样自认为聪明，其实只是让对方下不了台阶，把自己的形象降低罢了。所以真正懂得幽默的人，都是与人为善的人。

拓展心胸，宽广豁达的人才会幽默

一个哲人曾这样写道："心灵若是堆满垃圾，心胸容易狭隘；心灵若是一尘不染，心胸则无限宽广。幽默的语言就来自纯洁、真诚和宽容海涵般的心灵，是生命之歌中最曼妙迷人的旋律，是人生智慧之原上绽放的最美丽的花朵，是人们能够从你那里享受到的心灵里的一片艳阳天。"因此，宽容产生幽默，减少人生的沉重感，让人生充满快乐和欢笑，只有胸怀宽广性情豁达的人才会幽默，一个心胸狭隘、思想消极的人是不会有幽默感的。幽默是以悠然超脱或达观从命的态度来待人处世，这与那种从功利主义观点出发来对待人生的态度是格格不入的。我国的书画大师启功就是心胸宽广的人。

启功先生成名之后，便经常有人模仿他的笔墨在市面上出售。

有一次他和几个朋友走在大街上，路过一个专营名人字画的铺子，有人对启功说："不妨到里面看看有没有你的作品。"

启功好奇，大家就一起走进铺子，果然发现好几幅"启功"的字，字模仿得也真够到家，连他的朋友都难以辨认，就问道："启老，这是你写的吗？"

启功微微一笑赞道："比我写得好，比我写得好！"众人一听，全都大笑起来。

谁知说话之间，又有一人来铺里问："我有启功的真迹，有要的吗？"启功说："拿来我看看。"那人把字幅递给他。这时，随启功一起来的人问卖字幅的人："你认识启功吗？"那人很自信地说："认识，是我的老师。"

问者转问启功："启老，你有这个学生吗？"对方陷于尴尬、恐慌、无地自容之地，哀求道："实在是因为生活困难才出此下策，还望老先生高抬贵手。"启功宽厚地笑道："既然是为生计所迫，仿就仿吧，可不能模仿我的笔迹写反动标语啊！"那人低着头说："不敢！不敢！"说罢，一溜烟地跑走了。同来的人说："启老，你怎么让他走了？"启功幽默地说："不让他走，还准备送人家上

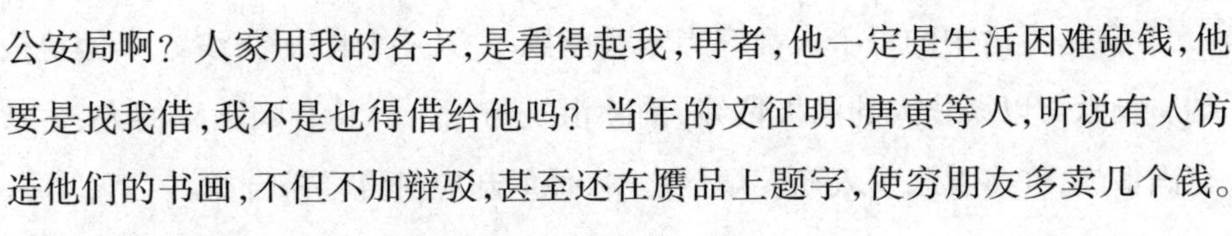

公安局啊？人家用我的名字，是看得起我，再者，他一定是生活困难缺钱，他要是找我借，我不是也得借给他吗？当年的文征明、唐寅等人，听说有人仿造他们的书画，不但不加辩驳，甚至还在赝品上题字，使穷朋友多卖几个钱。人家古人都那么大度，我何必那么小家子气呢？”

启功先生的前半生可以说是充满坎坷和艰辛。有人说：“苦难是灵魂的体操，经受的越多，越能让人感受到其灵魂的健美。”可以说正是过去的那些苦难岁月，使启老慢慢地悟透生活的真谛，明了人生的真义；正是那些苦难岁月，似一把剖刀一样，渐渐地剖掉了灵魂之外的粗石，只留下了晶莹温润的精玉。他的乐观，展示着他的成熟；他的幽默，正映射着他豁达的心灵。

可见，幽默使人成功，幽默使人幸福。幽默不是超然物外，看破红尘；幽默是一种豁达乐观的入世，是一种积极的人生。幽默的人是超脱豁达的人。开怀之笑使人与尘世拉开距离，亦是非琐屑之中超脱出来。幽默的人，看到世间万事滑稽有趣的一面，因而于人于世不会锱铢必较，不会狭隘地、功利性极强地去做一切工作。

为此，你需要做到：

1. 对自己豁达，幽自己一默

笑是幽默的产品，而关于笑的功能，外国人说：“快乐的微笑是保持生命健康的唯一良方，它的价值是千百万，但却不要一分钱。”中国人说：“笑一笑，十年少。笑口常开，百病不来。”身体健康的重要保证是“心乐”，有健康的心理，才会有健康的身体，保持豁达，幽默常在，精神开朗，身体就会健康；反之亦然。

因此，懂得幽自己一默，让人真正被吸引。开自己的玩笑，是从平凡的、趣味的、不甚完美的角度来审视自己，让别人有喘口气的机会，也让自己从遥不可及的宝座上滚落红尘，与众生同声一笑。

2. 对他人豁达

用幽默来处理烦恼与矛盾，会使人感到和谐愉快，相融友好。要善于体谅他人，要使自己学会幽默，就要学会宽容大度，克服斤斤计较。

可见,生活中的每个人都应当学会幽默。多一点幽默感,少一点偏执极端。幽默可以淡化人的消极情绪,消除沮丧与痛苦。具有幽默感的人,生活充满情趣,许多看来令人痛苦烦恼之事,他们却应付得轻松自如。

用自信的心态铸就个性幽默

我们都知道,幽默是一种智慧的体现,正如有位名人所言:浮躁难以幽默,装腔作势难以幽默,钻牛角尖难以幽默,捉襟见肘难以幽默,迟钝笨拙难以幽默,只有从容、超脱、平等待人、游刃有余、聪明透彻,才能幽默。幽默可以使人积极进取、自信开朗、充满活力,是构成个人活力的重要因素,同样地,一个人只有具备自信、积极的品质,也才能激发出幽默的火花。自信的人始终充满活力与斗志,就像一只在暴风雨中战斗的海鸥,无论暴风雨多么猛烈也无所畏惧。他总是能够感染别人,无论这些人是朋友还是敌人。他们总是让人体会到生命强烈的节奏,看到生命耀眼的光芒。

一位矮个子学者的妻子嘲笑丈夫的身高,这位学者笑眯眯地说:“我看还是矮点好,我如果不是一米五七,现在能够著作等身吗?”妙语一出,就表现出了充分的自信,这种幽默豁达的思维更让人称赞不已。

的确,当被人揭穿自己的弱点时,如果你是个自卑的人,你要不就是低声应和,默默承受,在心里对自己严加责备,暗自神伤;要不就是采取自暴自弃的态度,“是啊,我本来就是个无能的人”、“我本身就是一身缺点,一无是处”,呈现出一种破罐子破摔的状态,反倒会让对方有些尴尬。而自信的人却常常能用幽默来化解这种“危机”,就如同这位矮个子的学者一样。

幽默一直被人们称为只有聪明人才能驾驭的语言艺术,看似荒谬,却往往出人意料,语言诙谐却又意味深长。而任何富有个性的幽默都必须建立在自信的基础上,自嘲就是这种幽默的一种应用。

事实上,一个自卑的人是没有勇气做到开自己玩笑的,而面对别人指出

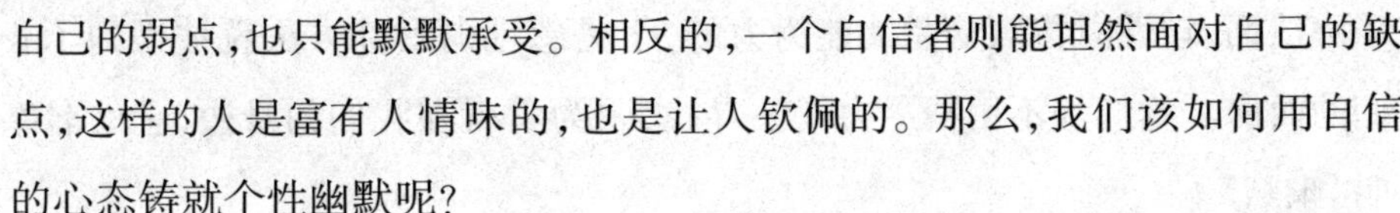

自己的弱点，也只能默默承受。相反的，一个自信者则能坦然面对自己的缺点，这样的人是富有人情味的，也是让人钦佩的。那么，我们该如何用自信的心态铸就个性幽默呢？

1. 学会退让

如果遇事总是针锋相对，非要分出高下，哪还有心情和精力去幽默呢？幽默需要发挥的空间，所以不妨后退一步，让绷紧的弦放松放松，幽默的灵感才会降临。

如果你的特点、能力或成就可能引起他人的妒忌甚至畏惧，那么，试着去改变这些不好的看法。例如，你可以说一句妙语：“世界上没有一个人是完美的，我就是最好的例子。”

2. 乐观

乐观与幽默是亲密的朋友，生活中如果多一点趣味和轻松，多一点笑容和游戏，多一份乐观与幽默，那么就没有克服不了的困难，也不会出现整天愁眉苦脸、忧心忡忡的痛苦者。

3. 拿自己开开玩笑

坦诚调侃自己，可以缓解紧张情绪。大胆自讽，可以显示自身的自信和乐观。自我嘲弄，可表示豁达，增加人情味。所以自嘲的人都是值得人们去佩服的，他们自然地流露着自身的魅力，这种魅力焕发着活力，使人们在无形中为他们所征服。

多挖掘美丽与乐趣是幽默的根源

现实生活纷乱复杂，繁重的压力也总让现代人喘不过气来。同样地，每个人都会有自己的烦恼，这是难免的。一位睿智的哲人说：“烦恼是人驾驭不了自己而徒劳的叹息。”一位伟大的思想家说：“烦恼是人生灰暗的色调，是心灵空虚的自我表白。”无论怎样，我们每个人都有必要解除烦恼、获得快

乐。然而,理性对待烦恼是无能为力的,于是感性的解除方法就被摆到了我们的面前。我们并不用费尽力气去寻找,因为它就在我们的身边,它的名字叫“幽默”。

事实上,任何一个快乐的人都是善于从现实生活中挖掘幽默素材而加以运用,从而让自己和周围的人开怀一笑的。

传说古代有个石学士,一次骑驴不慎摔在地上,他站起来拍拍屁股说:“亏得我是石学士,要是瓦的肯定碎了!”周围的人哈哈大笑,对石学士投以欣赏的目光。在这个故事中,石学士就是用幽默成功地化解了难堪。

幽默是应对窘境的最佳选择,既能让自己活得轻松洒脱,保持心理的平衡,又能让别人看到你的胸怀和修养。

想要幽默就需要有敏锐的洞察力,平时要养成细心观察的好习惯,并且培养自己敏锐的反应能力,这样才能在适当的时机说出适当的话,恰到好处地引起共鸣,博人一笑。

汤姆是个机械迷,他尤其喜欢摩托车,工作一年多以来,他一直梦寐以求可以买一辆自己喜欢的哈雷。于是,他省吃俭用、努力加班,终于,他用攒下的钱买了这辆车。

新车到手的这天早上,汤姆坐在设计独特、酷劲十足的摩托车上,就忍不住想骑上它出去兜兜风。一会儿,他骑着心爱的摩托来到了一家快餐店的门口。实际上,汤姆把车停在这里,除了想吃早餐以外,最主要的目的还是炫耀一下自己的新车。

天有不测风云,正当汤姆坐在窗户边上享用着自己的早餐,看着自己的爱车时,突然一辆大货车斜着开出了公路,正好撞在了他的哈雷摩托上,而且由于冲击力度太大,摩托车瞬间面目全非。看着这辆刚买的摩托车已经牺牲到连尸体都所剩无几,汤姆克心里很郁闷,一想到好不容易攒钱才买到自己最喜欢的一辆,这么一会儿就报废了,他更是无比烦恼。这时一位旁观者看出了汤姆的心思,拍了拍汤姆的肩膀劝他想好的一面。

汤姆也知道烦恼是没有用的,于是对周围的人说:“唉,我以前总说,要

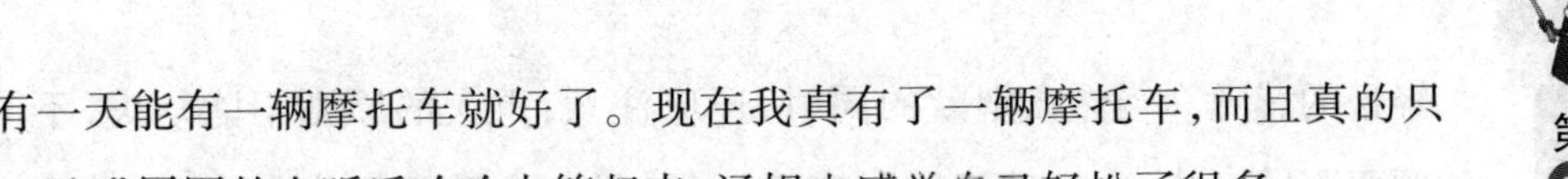

是有一天能有一辆摩托车就好了。现在我真有了一辆摩托车,而且真的只有一天!”周围的人听后哈哈大笑起来,汤姆也感觉自己轻松了很多。

对于汤姆来说,车被撞已无法挽回,但他并没有把这件事看得很重,而是转移了自己的注意力,一句无心的解嘲利用幽默的力量,既减轻了自身的痛苦和不愉快,又给围观的人带来了一片欢乐,获得了生活中的快乐。

事实上,在现代社会中,我们每个人每天都会遇到和汤姆一样的小灾难,面对不幸,我们应该注意观察生活中的某些时刻,发现其中令自己开心的因素。生活并不会轻易提供让我们快乐的理由,这时候就需要我们努力花时间主动寻找让自己开心的事情。寻找微笑将有助于减少抑郁心态,放松心情并至少暂时远离生活的烦恼,而这些乐趣与美丽就是我们常常渴望的幽默的根源。

的确,许多人都喜欢幽默,尤其是现代生活中快速的节奏、沉重的工作负荷、少得可怜的沟通更令人喜欢幽默那种使人坦然、轻松地面对世界的特性;喜欢在自己的工作中从幽默的角度来审视人生;喜欢与那些浑身焕发出夺目的幽默光彩的人共事、交往。那么,在现实生活中,我们如何挖掘那些令人会心一笑的幽默素材呢?

1. 保持平常心

在这个世界上,凡事不可能一帆风顺,总会有烦恼和忧愁。当烦恼的事时常萦绕着我们心头的时候,我们要学习智者,用幽默化解烦恼,让还自己快乐地生活。

但我们必须做到万事应想得开,随时随地保持心里平衡,相信自己。不对自己过分苛求,每个人都有自己的抱负,有些人要求自己过高,根本非能力所及,于是终日郁郁不得志,这无异于自寻烦恼。有些人做越多事情越想得到它,反而往往适得其反,正所谓凡事不要太过强求。

2. 培养深刻的洞察力

它可以帮助你提高观察事物的能力,培养机智敏捷的能力。只有迅速地捕捉事物的本质,以恰当的比喻、诙谐的语言进行表达,才能使人们产生

轻松的感觉。当然在幽默的同时,还应注意,重大的原则不能马虎,不同问题要不同对待;在处理问题时有灵活性,做到幽默而不俗套,使幽默为人类精神生活提供真正的养料。

触类旁通发散思维制造幽默

我们都知道,幽默是一种智慧,是一种机智,是生活的调味品,是人际关系的润滑剂和成熟的表现,它具有穿透力,它能给人们带来轻松的笑声和欢乐,减少矛盾和冲突,缩短人与人之间陌生的距离。然而,幽默所体现出的是不肯向传统思维低头的不羁。如可以将抽象难懂的问题具体化,能使深奥的语言变得浅显易懂,同时还能给枯燥干瘪的语言润色,变得更加丰满,另外,还能产生让人们联想的"弦外之音、言外之意"。幽默的方法很多,比如自相矛盾、借用修辞、多向思维等,这些都是人们常用的幽默方式,而且每一种方法中都闪现着智慧。但每一种方法都需要我们做到触类旁通。

在美国一所学校里,有一位年轻的女历史老师正在给她的学生上课。

和往常的上课模式一样,她在课堂上提问:"'不自由,毋宁死。'这句话是谁说的,知道的人请举手。"教室里鸦雀无声,无人应答,年轻的女教师对此很失望。

这时,学生中有个人用不熟练的英语答道:"1775 年,巴特利克·亨利说的。"女教师听到这一回答很欣慰,于是,她马上说:"这位同学回答得太对了,你们看到没有,他是一个日本留学生,而你们生长在美国却回答不出,你们多么可怜!"

这时,从教室内传来一声怪叫:"把小日本干掉!"女教师听到声音,不由气得满脸通红,大声问道:"谁,这话是谁说的?"静了一会,教室一角有人答道:"1945 年,杜鲁门总统说的。"

1945 年杜鲁门总统的宣言的确说过类似的话,而那位学生引用得多么

贴切。

在特定的环境下引用别人的话语、格言，可以达到幽默的效果。每一句话都有它产生的场合和特定的思想和内容，虽然是同样的语言，场合变了，思想和内容也会跟着发生变化，就会产生幽默。可见，制造幽默我们一定不能固守传统的思考、说话方式。

那么，具体说来，我们该如何运用发散思维制造幽默呢？

（1）歧义。对于原本意思连贯的一句话，你可以先说一半，然后停顿一下，这样，对方会跟着你暗示的方向进行联想，此时，你再说出另外一半，导致最终的话语含义却出人意料，造成恍然大悟的笑。

（2）双关。有时候，同一个词语，却有截然不同的几个意思和读音，为此，我们便可以利用词语的多义、多音来表达两种不同的含义，让对方在领会中产生会心的微笑。

美国第 38 任总统杰拉尔德 · R. 福特就喜欢用双关语制造幽默。

有一次，他回答记者提问时说："我是一辆福特，不是一辆林肯。"

很明显，福特总统的这句话是"话里有话"，我们都知道，林肯和福特都是两种汽车的品牌，但在档次上却有很大的区别，林肯是汽车里最高级的，而福特则是廉价的、普遍的、大众化的，同时，林肯和福特又是两位总统的名字。因此，福特总统是想表达自己的谦虚，同时，也为了标榜自己是大众喜欢的总统。福特巧借同名来比拟，以显示自己是大众喜欢的总统，不仅十分幽默，而且十分巧妙。

（3）歪解。就是歪曲、荒诞的解释，它所寻求的原因不需要正当的、逻辑层面的，甚至可以是似是而非的、驴唇不对马嘴的。

某学校有个调皮的学生，一次翻墙被校长捉个正着，校长严肃地问："你为什么翻墙？"学生挺着胸脯，指着上衣说："美特斯邦威，不走寻常路！"

校长吃了一惊，又问："这么高的墙你怎么翻过去的？"学生抬起一条腿，指着裤子说："李宁，一切皆有可能！"

校长很无奈地说："翻墙的滋味怎样？"学生指着鞋说："特步，飞一般的

感觉!”

次日,学生从学校的正门走出,校长故作惊奇说道:“今天怎么不翻了?”学生指指全身说:“安踏,我选择我喜欢!”

校长却说:“我要记你大过!”学生听后很不满地问:“为什么?我又没犯错!”校长冷笑道:“动感地带,我的地盘我做主!”

这则幽默用了很多广告语,它使人发笑的地方就在于很多地方出现了与传统思维的碰撞与摩擦,从而产生了使人惊讶后感到好笑的效果。正是这其中的出乎意料和略微的荒诞不经使得幽默本身充满了活力,给人以快乐感。

(4)啰唆:与长话短说相反,它致力于短话长说,将一个简单的事实复杂化,以制造幽默。

例如,你见王伟了吗?去女厕所——的隔壁了。

(5)降用:故意用一些严肃的、庄严的、术语化的词来说有些细小、次要的事情。

(6)对比:利用不和谐的事物比照来构造幽默。

(7)倒置:把话语的正常顺序和事物的正常关系逆转过来,从而构成滑稽可笑的效果。

(8)别解:对词做另外的解释,使之偏离常规的含义,故意望文生义或望字生义。

(9)拟人与拟物。

我们平时不仅可以把物拟人化,同时人也可以拟成无生命的东西来达到幽默的效果。把物当做人来描写,使物活起来,更具人性化。把原来适用于物的词语来描写人,使人变成某物,更加形象化。由于比拟的主客双方具有许多相同之处,所以可以放在一起,进而使用修辞中的拟人或拟物的手法来制造幽默。

博学广识，幽默的底蕴需要学识

我们都知道，幽默是一种特殊的情绪表现。幽默是一种经过艺术加工的语言形式，是艺术化的语言；幽默是一种艺术方法，用这种方法造成以笑为艺术手段的文学艺术作品。一个人只有具有审时度势的能力、广博的知识，才能做到谈资丰富、妙言成趣，从而做出恰当的比喻。因此，要培养幽默感必须广泛涉猎，充实自我，不断从浩如烟海的书籍中收集幽默的浪花，从名人趣事的精华中撷取幽默的宝石。

小李是一个公司的培训师，主要是负责公司的新人培训工作。公司对由他培训的员工都对他留下了很好的印象。因为他不但能使学员在轻松欢快的氛围中学到知识，而且能在这种积极氛围的推动下将知识消化吸收。而这主要是因为小李很善于运用幽默，并且非常注意运用幽默的讲课方式帮助学员培养学习的兴趣。他的课总是笑声此起彼伏，高潮迭起，学员们的学习热情也很高涨，为此，很多同事都对他的教学方法产生了好奇："你是怎么做到在演讲中将幽默运用得如此得心应手的？"对此，小李倒也直言不讳，他把自己的心得与同事分享了一下。

刚从事这一工作的时候，小李是个性格内向的人。后来，他开始喜欢和朋友们在一起交流。但即使如此，他也不会霸占别人说话的机会，而是把多半时间花在听上。尤其是朋友正在说一些幽默的段子，他总是聚精会神，把讲话人在展现自己幽默时的语气、表情、动作等深深地印在脑海里，回去反复体味、琢磨、总结，将他人的这些特点消化吸收变成自己的东西，从而不断地创新。

另外，他很注意收集他人的幽默。他非常喜欢读书，而且涉猎的范围相当广泛。他在看书时有一个习惯就是每遇到一些名人幽默的故事或者素材就随手记录在一个小本子上。通过读书和记笔记，他的知识体系日趋完善，

积累的材料不断丰富，这也正是他能在讲台上触类旁通，有举不完的幽默例子的原因。

为了培养自己的幽默感，小李还经常看一些娱乐节目，一些主持人的妙语连珠、搞笑功夫都给他留下了深刻的印象。他经常去模仿那些主持人的幽默方式，经过自己的改造运用到演讲中，经常收到奇效。

的确，不是每个人都会幽默，但是幽默可以培养。和案例中的小李一样，博览群书、拓宽自己的知识面是积累幽默的一种途径，只有当知识积累到一定程度，与不同的人在各种场合接触，才会胸有成竹、从容自如。

因此，为了开发你的幽默潜能，你不妨从以下几方面做好积累：

1. 广泛阅读

幽默是一种智慧，想做出精辟的比喻和巧妙的调侃都要“肚子里有货”才行。广博的知识和丰富的经历都是可贵的谈资，只有在此基础之上才能有妙言、出奇语，而书籍，无疑是它们最大的供货商。

2. 收集他人的幽默

从现在起，你每天看一篇关于幽默的资料，不仅看，看了以后还要记下来；每天搜集一个以上的幽默故事，不仅自己去搜集，还要和别人分享；讲述一段幽默笑话，总结一条以上的幽默。只要你持之以恒、锲而不舍地朝这个方向努力，你的幽默灵感就会如长江之水一样源源不断。

3. 多参加社会交往，多接触有幽默感的人

这种影响产生于无形的潜移默化中，使你在增强幽默感的同时扩大交际面，增强社交能力。为此，要调整好心态，多学习一下有幽默感的人，多关注他们的幽默言辞及方式。俗话说，近朱者赤，近墨者黑，经常与他们相处，时日久了你自然会与他们一样变得风趣幽默。

4. 要在日常生活中有意识地加强一些幽默训练

在日常生活和工作中，除了那些必须要加以严肃对待的场合和情况下，你可以试着让自己变得轻松些，可以说一些有趣的话，对待那些让你生气的事，你不放大度些，试想，如果是一个幽默的人遇到这样的事，他会怎么处

理？另外，在日常生活中，你可以调动起自己所看到的、听到的、读到的一切材料，或取其一点，或相反相成，或望文生义……加以联系、比较、生发，说不定就能达到一语惊人的“幽默”！当然，幽默的产生并不需要你过多准备和酝酿，它往往是猝然间诞生的，这门艺术只能经过长期的学习和实践才能获得。

总之，幽默时刻体现智慧，每个人都想熟练地运用幽默，并且使自己的幽默高雅并且让人回味无穷。这需要我们平时注意观察身边的事物，注意知识的积累。通过自身的努力一定可以成为幽默高手。

打造高品位，幽默才有含金量

在日常生活中，我们与人交往，表现出来的便是谈吐和举止，是修养的表现。它一定程度上是所受教育的表现，但又在一定程度上又是自我锤炼的结果。因此，我们的谈吐反映着我们的心理、思想和学识。良好的修养虽然不会让人瞬间喜欢你，却能在无形中逐渐为你加分，让人慢慢地钦佩你和欣赏你。同样，幽默作为一种语言艺术，也是一种高雅的生活情操。善用幽默的人不仅受人喜爱，而且能获得别人更多的支持和帮助。

因此，幽默的情趣应该高雅，幽默虽包含着引人发笑的成分，但它绝不是油腔滑调的故弄玄虚或矫揉造作的插科打诨。有幽默感的人，大都有较高的文化水平和良好的品德修养，而一个不学无术的人则往往只会说一些浅薄、低级的笑话。如果一直以低级趣味来取悦他人，那只能算是哗众取宠，不能算是真正的幽默。情调高雅的幽默总是与于诙谐的言语中蕴涵真理，体现着一种真善美的艺术美。而且高雅的情调有益于人们的身心健康，能保持正确的价值观，并以其为标准，指导人们的言行。因而，幽默必须是健康乐观、情调高雅的。美国著名小说家马克·吐温很善于运用言语幽默。

有一次，他到一个小城市去，临行前，有人告诉他，那里的蚊子相当多。

果不其然，到了那里以后，当他还在旅馆登记房间时，就有蚊子开始在他面前飞来飞去，店主正在尴尬、不知如何处理之时，马克·吐温却满不在乎地说："你们这里的蚊子比传说的还要聪明，它竟然会预先看好我的房间号码，以便夜晚光顾。"大家听了不禁哈哈大笑。于是全体职员出动，想方设法不让这位作家被那预先看房间号码的蚊子叮咬。

面对让人厌烦的蚊子，马克·吐温并没有对旅馆的管理员恶言相向，而是用"聪明"、"光顾"等很体面的词汇幽默地提醒了旅店的管理员。言语幽默最能体现受人欢迎的潜在特质，言谈明显具有雅俗之别，言谈优雅者也往往是言谈幽默者。高雅的幽默在深层的变化渊源与内核上赋予平常的言谈以意蕴深长的力量，并从色彩和情调上给人着迷的缤纷和欢悦。谈吐隽永每每使人心中一亮，恍如流星划过暗夜的太空，光华只在瞬间闪耀，美丽却在心中停留。

一次，老张妻子不在家，中午无人做饭，便来到楼下餐厅就餐，他坐了很久，看着别的客人吃得津津有味，只有他的桌上空无一物，却仍无侍者来招呼。于是老李起身问老板："对不起，请问我是不是坐到观众席了？"

面对服务员的服务不周，老张并没有大声谴责，反而用幽默得体的语言提醒对方，表现出良好的个人修养，这就是个人高雅的情调对幽默的提升作用。

的确，幽默是一种机智，是生活的调味品，是人际关系的润滑剂和成熟的表现，它具有穿透力，它能给人带来轻松的笑声和欢乐，消减矛盾和冲突，缩短人与人之间陌生的距离。对于每个人来说，幽默是人们的一种精神食粮，它可以减少人们的压抑与忧虑，维护心理的平衡，给人一种轻松愉快的感觉。不过幽默的技术含量并不低，浮躁的心态、虚伪的言辞、狭隘的心胸、浅薄的见识或者迟钝的心智都会让你难以掌握幽默的精髓，只有从容、宽大的心态以及丰富的学识才能让自己成功驾驭幽默。而在你努力提高幽默的能力、修身养性、博览群书的同时，日渐平和的心境和不断累积的智慧都能让你深谙幽默之术。

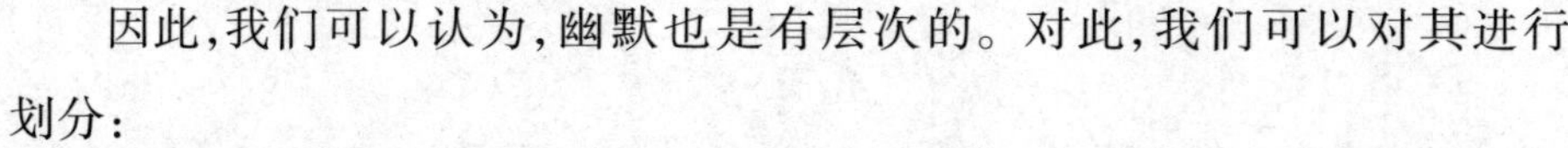

因此，我们可以认为，幽默也是有层次的。对此，我们可以对其进行划分：

1. 如果是低智慧性、低可笑性的玩笑，那就只是胡言乱语，自己笑不出来，也无法令人发笑，只能让他人作呕。

2. 如果是低智慧性、高可笑性的玩笑，充其量只能滑稽贫嘴，也只能令人发笑，而不能深入人心。

3. 如果是高智慧性、低可笑性，那只能算作恶语伤人和讥讽，只能伤害他人而不能令人会心一笑。

4. 如果是高可笑性、高智慧性的，那就是幽默风趣，表现为耐人寻味、令人敬佩。

因此，我们要培养个人的幽默鉴赏能力，包括培养对幽默的认识能力、表现能力，还要有幽默的分辨能力，要能分辨高雅幽默和粗俗幽默、智慧幽默和简单搞笑。

除此之外，拥有高雅的情调要在平时注意陶冶情操，乐观对待现实，幽默是一种宽容精神的体现。要善于体谅他人，使自己学会幽默，就要学会雍容大度，克服斤斤计较。生活中如果多一点幽默就会多一点趣味和轻松。

第2章 妙趣横生的百变幽默技巧

每个人都追求快乐、渴望远离痛苦，幽默便是一种神奇的力量，一个善于制造幽默的人总能左右逢源、受到人们的喜欢，他们似乎总是个开心果，无论走到哪里，都给人们带来欢声笑语。同时，幽默也能给自己一个良好的心态，它具有无形的保护剂作用，它发挥得越好，就越能保持个人所需要的精神上、生理上的平衡。但幽默并不是与生俱来的，也并不是每个人都了解幽默的方法和窍门，下面就介绍几种幽默技巧，帮助您掌握幽默的奥妙。

幽默胜在凝练中透露精髓

说起幽默,我们可能有所不知,它竟然是一个舶来品。再翻看现代汉语词典,幽默的意思是指有趣或可笑而意味深长。《辞海》上的解释为:"通过影射、讽喻、双关等修辞手法,在善意的微笑中,揭露生活中的讹谬和不通情理之处。" 幽默与滑稽、讽刺不同,滑稽是在嘲笑、插科打诨中揭露事物的自相矛盾之处,以达到批评和讽刺的目的;讽刺则是用比喻、夸张的手法对不良或愚蠢行为进行揭露、批评或嘲笑;而幽默与两者既有联系又有区别。在我们日常的工作和生活中,尤其是在我们写作博文或发表言论过程中,幽默也是屡见不鲜,并不陌生。然而,对于如何运用幽默艺术达到我们所希望的语言效果,却并非我们想象中的那样容易。

总的来说,一个幽默高手在说话时,往往能达到"三言两语"就"语出惊人"的效果,这也是幽默的精髓所在——凝练。

曾经有一个外国记者不怀好意地问周恩来总理:在你们中国,明明是人走的路为什么却要叫"马路"呢? 周总理不假思索地答道:"我们走的是马克思主义道路,简称马路。"

这位记者的用意是讥讽中国人,但是周总理把"马路"的"马"解释成马克思主义,恐怕是这位记者始料不及的。这就是高智慧性、高应变性的幽默,也是我们努力的方向。

古时候,有个客栈老板,脾气非常暴躁,经常和来吃饭住店的客人发生争执甚至拳脚相加。

一天,有个客人来喝酒,客人只喝了一口,嘴里便叫:"好酸,好酸!"

老板大怒,认为客人是故意找碴儿,于是,不由分说就把客人绑起来,吊在屋梁上。这时来了另一位顾客,问老板为什么吊人。老板回答:"我店里的酒明明香醇味美,这家伙硬说是酸的,你说该不该吊?"

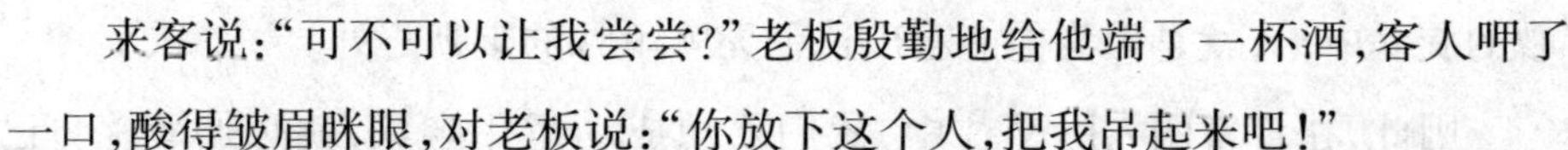

来客说:“可不可以让我尝尝?”老板殷勤地给他端了一杯酒,客人呷了一口,酸得皱眉眯眼,对老板说:“你放下这个人,把我吊起来吧!”

幽默的语言往往给人以诙谐的情趣,使人在笑意中有所领悟。幽默是缓解紧张、祛除畏惧、平息愤怒的最好方法。故事中,后一个顾客的回答是很机智的,他尝到了酒酸,但却不说“酸”字,幽默地请老板把自己吊起来。这样说,显得含蓄,既收到了强烈的讽刺效果,又很具艺术化。

从实质上讲,幽默的内在含义在于机智而又敏捷地指出别人的缺点或优点,在微笑中加以肯定或否定。幽默并不是油腔滑调、卖弄口才、玩文字游戏,也就是说,真正的幽默往往胜在凝练。把那些本来直说的话用幽默的方式表达出来,语言越是精练,越会产生一种耐人寻味的效果。但这一前提必须看出语言环境中的幽默之处。

在美国一次议员演讲大会上,有两个议员发生了争执,其中一个议员是个严肃的人,另一个议员则脾气暴躁。事情是这样开始的:当另一个议员在做一个很漫长的演讲时,这个议员觉得对方占用的时间太长,就走到对方跟前低声说:“先生,你能不能快点……”话未说完,那个正在演讲的议员便回过头来,用严厉的口气低声呵斥他道:“你最好出去。”然后仍旧继续演讲。

这个受了委屈的议员怒气冲天,迫不及待地想报复,但一时又找不到什么方法,最后这个议员去主席那里申诉。这个议员找的是麻省省议会的主席柯立芝。他觉得柯立芝一定会替他当场主持公道的,但是,柯立芝却以一种非常幽默的方式把这件事解决了。

他走到柯立芝面前说:“柯立芝先生,你听见某某刚刚对我说的话了吗?”

“听见了,”柯立芝不动声色地答道,“但是,我已经看过了有关的法律条文,你不必出去。”

机智的人往往不仅善于以局外人的身份化解他人的争吵,而且更善于打破在与人交往时因发生矛盾而出现的僵局。柯立芝的这种回答实在是太聪明了,他把那位议员的愤怒当成了玩笑,他没有让自己卷入这种儿童式争

吵的旋涡中去,就是因为他能看出这种无聊争吵的幽默之处。

因此,在日常的人际交往中,我们要想成功运用幽默,就必须锻炼自己的说话能力,从提升自己的语言功底,而高屋建瓴地把握幽默语言艺术、达到“语不惊人死不休”的目的!

善于联想,巧用幽默引申含义

幽默具有一种魔力,它的力量体现在它可以润滑人际关系,消除紧张,解除人生压力,提高生活的品质。它可以把我们从个人的体壳中拉出来,使我们和他人相处不至于紧张;它可以化解冰霜,使我们获得益友;它还可以使我们精神振奋,信心倍增,使我们脱离许多不愉快的事情。幽默更是一种智慧的体现。生活中的任何人,都希望自己是个懂得制造幽默的人,然而,幽默不会凭空出现,是需要我们寻找其根源的,这其中就避免不了联想这一思维模式。因此,我们有必要提高自己的观察力和想象力,运用联想和比喻,要有意识地训练自己对事物的快速应变能力和分析能力。

所谓联想,指的是由于某人或某种事物而想起其他相关的人或事物;由某一概念而引起其他相关的概念。在人际交往中,如果我们懂得根据现有情况做文章,顺势联想但幽默效果明显,而且很颇有点太极中顺水推舟,以无形克有形的意味。我们先来看下面两个幽默故事:

杰克就职于一家大公司。他有个生活习惯:他喜欢隔三差五地到公司楼下的一家理发店理发,并经常趁着工作时间溜出去。

一天,杰克正在享受着理发师为他提供的服务时,他发现公司经理居然也进了这家理发店,并很巧合地坐在了他的邻座上,而且已经认出了他。这下子,他是躲也躲不掉了。

“好啊,杰克,我说你怎么不在公司,原来是溜出来理发了,你要知道,这可是违反公司规定的。”

“是的，先生，我是在理发。”杰克并不否认，反而很镇定地说：“可是你知道，我的头发是在工作时间长得呀。”

经理一听，勃然大怒：“不完全是，有些是在你自己的时间里长的。”

“是的，先生，您说得完全正确。”杰克答道：“可我并没有把头发全部剃掉呀！”

杰克的这一回答，不免让人会心一笑。这里，杰克是怎么制造出这一幽默的语言效果的？因为他善于联想，能根据公司经理的话做进一步引申，从而将计就计为自己找到一个“开脱”的理由。我们姑且不论其行为正确与否，也不论老板听完一席话之后是否欣赏他的聪慧与口才进而提拔他，单就这幽默的对答就体现出杰克的信心与机智，这也是解决这一难堪问题的最好的方式。

事实上，联想是心理学家较早研究的一种心理现象，目前为止，人们总结出的一般性联想规律有四种，即相似联想、接近联想、对比联想、因果联想。同样地，这些联想的规律也可以运用到幽默制造的过程中。

1. 相似联想

就是由某一事物或现象想到与它相似的其他事物或现象，进而产生某种新设想。

职员：“先生！”

老板：“什么事？”

职员：“我老婆要我来要求您提拔我。”

老板：“好吧！我今晚回家问问我老婆是否同意提拔您。”

在案例中，这位老板也是运用类似联想的方法制造幽默，达到了“以其人之道还治其人之身”的效果，从幽默的背面蕴涵着对职员的鞭策，通过对自己的取笑来达到激励对方积极向上的目的。

2. 接近联想

事物之间，在某些方面，比如，时间和空间上会有一定的相似性，对这些相似性进行联想，会产生某种新设想的思维方式。

3. 对比联想

某些事物之间的某些联系是表现在相反方面的。对比联想就是根据这一联系,从而形成比较强烈的对比,它反映出了事物间共性和个性的和谐统一。

4. 因果联想

因果律指对逻辑上有因果关系的事物产生的联想。

娜佳问莎莎:“莎莎,上次我们在这见过一只小猫,它现在怎么样了?”

莎莎回答:“娜佳阿姨,难道你真的不知道吗?”

“我什么也没听说,难道它死了吗?”

“没有。”

“那么它跑了?”

“没有。”

“你们把它送给朋友了?”

“没有。”

“那我就不明白了,它现在怎么啦?”

“它已经长成大猫了。”

善于联想的人,生活是多面性的。他似乎有用不完的幽默语言,在生活中,左右逢源,挥洒自如地处理、解决所遇到的问题。因此,在说话时,我们可以根据别人言行举止中的事理或一般的道理、规则,似乎合逻辑地推理出含有新意、具有幽默感的结果或命题。

比喻修辞在幽默中最常用

在生活中,我们常常羡慕别人有幽默感、有制造幽默的天赋,实际上,幽默的力量是属于自己的,是你和你在人生中所演的角色所拥有的。我们同样可以借助幽默的语言艺术来自由自在地表现我们自己,表达我们的想法,

并表露我们的感受。当然,我们必须学会掌握各种幽默技巧,这其中就包括比喻修辞,因为它在幽默中最常用。

一个编辑收到一封作者的来信,信中说:“先生,星期天你退回了我的一篇小说,可你根本就没有读完。因为我故意把几页稿子粘在一起,你退给我时它们仍粘在一起。由此可见,你一直在糊弄作者,你是个文化骗子。”编辑回信说:“早餐时,有一份煎鸡蛋,如果知道它已经坏了,大可不必把它吃完。”

此人就是后来《福尔摩斯探案》的作者阿瑟·柯南道尔。此处,他运用的便是比喻的修辞手法,他把这位未读完的撰稿人的小说比喻成已经毁坏的煎鸡蛋,形象生动地表明其已经没有可读性。

那么,什么是比喻修辞呢?

思想的对象同另外的事物有了类似点,就用另外的事物来描述思想的对象;即用某一个事物或情境来比喻另一个事物或情境。这种打比方的修辞手法就叫做比喻。例如,在莫里哀的喜剧《太太学堂》里,阿南解释人为什么“吃醋”,为什么生气:阿南:“我给你打个比喻,你就清楚了。你端着一碗汤,来了一个饿鬼,要喝掉你那碗汤,你不但生气,还要揍他,你说对不对?”尧:“对,这话我懂。”阿南:“‘吃醋’完全跟这一样,女人确实就是男人的汤。一个男的看见别人有时候想尝尝他的汤呀,马上就大发雷霆。”

比喻之所以能造成幽默氛围,是由于它往往用意料之外又在情理之中的话语使人获得“豁然贯通”的美感享受,或是混淆崇高与鄙俗的区别,使得情感郁积得到巧妙释放,从而转化为幽默的笑。

著名文学理论家乔纳森·卡勒的定义:比喻是认知的一种基本方式,通过把一种事物看成另一种事物而认识了它。也就是说,找到甲事物和乙事物的共同点,发现甲事物暗含在乙事物身上不为人所熟知的特征,而对甲事物有一种不同于往常的重新认识。

比喻的条件:本体和喻体必须是性质不同的两类事物;本体和喻体之间必须有相似点。

比喻在幽默方面的作用如下：

第一，使用比喻产生幽默，能使听者对本体与喻体之间产生的联系进行联想，以产生深刻的印象，并使语言文采斐然，富有很强的感染力。比如，人们常用流星来比喻那些美好之短暂；用甘霖比喻苦尽甘来的喜悦等。

第二，用比喻法描写事物，可使事物形象鲜明生动，加深的印象；用来说明道理，能使道理通俗易懂，使人易于理解。

第三，对深奥的道理进行比喻，能起到将复杂、难懂、晦涩的道理和语言浅显化，将陌生的东西变得熟悉，能把抽象的东西具象、形象化；甚至化腐朽为神奇，强化语言的形象扩张力。

第四，比喻中，语言越是夸张，其幽默的强度就越大。如李白的“飞流直下三千尺”，我的“脸皮厚得可开荒”。

第五，使用比喻制造幽默，比喻得越贴切，越能展现生活的气息，幽默越是活泼生动。如“做生意不登广告，就好像在黑暗中向女人眨眼一样”、“丈夫就好像火一样，稍稍不加注意就往外窜出去了”、“女子是世上的盐，世上若没有这种盐，人生就毫无滋味。盐固然是提味，不可少的，然而用时，要有节制。”

第六，要善用博喻、倒喻、反喻、缩喻、扩喻、较喻、回喻、互喻、曲喻，因为它们的为人少用及难度偏大；反之更显喻方的想象力。

运用比喻时应注意以下几点：

第一，喻体必须要使受方清楚，一般要常见、易懂，但在聊天中要会顺手牵羊或顺势而为，能及时从对方的信息中及时把握机会，创造具有想象爆发力的比喻。

第二，比喻要贴切，必须对喻体和本体的共同点做认真的分析概括。

第三，比喻要注意思想感情。感情色彩不得体，语言表达就失去了丰富光彩。

运用各种修辞制造别样幽默

我们都知道,幽默语言是运用意味深长的诙谐语言抒发情感、传递信息,以引起听众的快慰和兴趣,从而感化听众、启迪听众的一种艺术手法。幽默的含义是有趣或可笑且又意味深长。幽默是思想、学识、品质、智慧和机敏在语言中综合运用的成果。然而,语言的幽默与词语修辞手段的运用密切相关,语言成了形式,修辞手段成为载体,从词语别解、夸张、仿造、反语等修辞手法的运用中,能传输各种意味深长的幽默。因此,巧妙借用修辞的幽默法会使你的幽默更加形象、生动,更容易为人们所接受。

巧用修辞法就是指幽默依赖比喻、类比、拟人、借代、双关、歇后语、飞白等修辞手法表达出来,从而增加幽默语言的效力,做到事半功倍的语言效果。

玛丽女士是一家大型化妆品公司的总裁,虽然这家公司成立的时间不长,但却发展迅速。每次提到自己的成绩时,玛丽女士都很感激自己的两个助手:琳达和文森。的确,他们为公司的发展立下了汗马功劳。因此,玛丽女士很信任他们,并把他们当成自己的"左右手"。不过,相比之下,玛丽更器重文森,他比琳达更聪明、思维更活跃。只是年轻好胜的他很爱闯祸,但从来没有因麻烦缠身而影响工作。

文森有位好朋友霍华德。霍华德是当地著名的律师,他在法律界可谓战无不胜,而且办事效率很高,所以文森称他为"快枪霍华德",但上天毕竟是公平的,他有着超乎常人的才能,却没有与之相匹配的相貌。而实际上,霍华德确实是个长相丑陋的人。

一次,玛丽女士举办了一个大型宴会,宴会前,她告诉文森可以带上自己的好朋友们。文森当即就想到了自己的铁哥们"快枪霍华德"。

宴会上,霍华德问文森哪个是玛丽女士,于是文森指给了霍华德。不一

会,霍华德手里拿着酒杯走到了玛丽对面,对她问好:“亲爱的玛丽女士,您好”。玛丽看见来者先是一怔,她身旁的朋友也意识到了来者的相貌很影响气氛,玛丽随即问了一句:“你是谁?”这句话使这种紧张的氛围加重了。

正在人们犹豫的时候,霍华德说道:“您好,我是您左手握着的那把快枪。”玛丽恍然大悟,感觉很失敬,连忙微笑着与霍华德握手,周围的人也都笑了起来,同时对这名没有谋过面的著名律师赞许有加。

在特定的环境下引用别人的话语、格言,可以取得幽默的效果。这里,霍华德使用的便是“引用”这一修辞。

采用修辞能将抽象难懂的问题具体化,能使深奥的语言变得浅显易懂,同时还能给枯燥干瘪的语言润色,变得更加丰满,还能产生让人们联想的“弦外之音、言外之意”。总之,妙借修辞可以使你的幽默锦上添花,所以人们常常用此法来制造幽默。

那么,除了“引用”这一修辞之外,还有哪些修辞手法可以帮助我们达到幽默的效果呢?

1. 反语法

反语,也就是正话反说或者反话正说,本身要表达此一层含义,但却说出与之完全相反的话。

2. 对比法

在生活中,我们发现,在内容与形式或者开始与结果上会存在某些强烈的不协调、不对称,于是形成了不和谐的对比。这种强烈的反差必然会产生幽默或可笑情趣。

3. 倒置法

倒置就是把原本正常的事物之间的联系或者关系颠倒过来,以产生可笑的效果。倒置的表现形式是多种多样的,在一定的情景下有角色的倒置、事理的倒置、语言的倒置等。

4. 夸张法

在这里主要指的是语言上的夸张,也就是修辞学上常说的“夸张”修辞。

夸张辞格的最大特点当然是“言过其实”。事实上夸张辞格无论夸张到什么程度,夸张都要在本质上符合事实或者说它需要具备这样的品质与本领本质上符合事实表述上言过其实。这两点是合二为一,并真正涵盖了夸张这一修辞格的真正含义。

趣味多多的偷换概念幽默法

偷换概念是歪解的一种方法。所谓偷换概念,是指将对方说话的原意,以另外一种概念来解释。从概念上讲,偷换概念犯的是一种逻辑谬误。犯下这谬误者会把对方的言论重新塑造成一个容易推翻的立场,然后再对这个立场加以攻击。偷换概念可以是修辞学的技巧,也可以用来对人们游说,但事实上,这只是误导人的谬误,因为对方真正的论据并没有被推翻。

“偷换概念”之所以能造成幽默效果,是因为幽默的思维主要不是实用型的、理智型的,而是情感型的。因此,对于一般性思维来说是破坏性的东西,对于幽默来说则可能是建设性的。

请看下面这样一段一位家教老师和一个孩子的对话:

老师:“今天我们来温习昨天教的减法。比如说,如果你哥哥有五个苹果,你从他那儿拿走三个,结果会怎样?”

孩子:“结果嘛,结果他肯定会揍我一顿。”

从数学科学的角度来看,孩子的这种回答是十分愚蠢的,因为老师问的“结果怎样”很明显是“苹果还剩下多少”的意思,属于数量关系的范畴,可是孩子却把它转移到未经哥哥允许拿走了他苹果的生活逻辑关系上去。不过,恰恰是因为偷换了概念才使这段对话产生了一种幽默的效果。

可见,偷换概念的幽默往往使人出乎意料,所以取得的效果也会非同凡响。事物发展的结果有多种可能,按照以往的逻辑思维,可以让我们对其产生多种想象与预测。而偷换概念后的结果与这些想象推测的结果又是完全

有分歧的，想象的结果与实际的结果之间产生了强烈的反差，这样产生出的幽默效果要强烈得多。

类似的例子在生活中很常见，我们来看这样一个例子：

甲："你说踢足球和打冰球比较，哪个门好守？"

乙："要我说哪个门也没有对方的门好守。"

常理上来说，甲问的"哪个门好守"应该是指在足球和冰球的比赛中，对守门员来说，本方的球门哪个更容易守，而乙的回答一下子就转移到比赛中本方球门和对方球门的比较上去了。

偷换概念这种技巧就是把概念的内涵暗暗地偷换或者转移，概念偷换得越离谱、越隐蔽，概念被偷换得越是离谱，所引起的预期的失落、意外的震惊就越强，概念之间的差距掩盖得越是隐秘，发现越是自然，可接受的程度也就越高。概念被偷换了以后道理上讲得通，显然这种"通"不是"常理"上的通，而是另一种角度上的通，但正是这种新角度的观察显示了说话者的机智和幽默。一般情况下，人们在进行理性思维的时候有一个基本的要求，即概念的含义要稳定，双方讨论的应该是同一回事，只是双方在理解和运用上不同罢了，因而产生不同的效果，从而产生幽默。

换一个角度看问题，看似漫不经心，其实是有备而来。我们常说，幽默来源于生活，但往往并不就是生活本身，也就是说，生活是非常现实的、常规的，它不像幽默那样充满着虚虚实实、夸张离奇的喜剧色彩。比如，在正式的工作场合中，人与人之间最恰当的交际方式是尽量简要、明确地进行语言的表达和思想的沟通，这一点非常必要。幽默时则不同，明明要说甲事，却可以从与之看似无关的乙事说起。本来要表达一种意思，但却偷换了概念，表达的是另一回事，这就是我们经常采用的偷换概念式的幽默技巧。需要指出的是，现实生活中人们的偷换概念是无意中发生的，而当它成为一门幽默技巧时则是有意设计的，并有很强的针对性。

冷幽默语言的妙用

在生活中，我们经常提到"冷幽默"一词。所谓冷幽默，是那种淡淡的、在不经意间自然流露的幽默，是让人发愣、不解、深思、顿悟、大笑的幽默，是让人回味无穷的幽默。之所以称为"冷幽默"，是因为不仅要幽默，还要"冷"。冷幽默带有一点黑色幽默的成分，但又区别于黑色幽默，可以理解为意图不明显的幽默。当事人在讲一个冷幽默的时候，并没有刻意地要达到幽默的效果，是一种很随意的幽默，笑不笑由你。其实我们生活的周围，到处是冷幽默的影子。

我们来看下面几则笑话：

笑话一：

幼儿园里，阿姨问小朋友："谁在家里最听妈妈的话呀？"

小朋友们齐声回答："我爸爸"。

笑话二：

有一家三口住在大山里。一天，女儿想出去玩，女人道："别去，外边有狗熊！"女儿不信，女人便对男人说："你去外面扮下狗熊！"

男人立马套上熊皮跑到树林里，这时来了一只真狗熊，吓得男人跑回屋子里，把门堵上。

女儿看看门外，又看看扮成狗熊的爸爸，小声道："哈哈，原来你是怕老婆呀？"

笑话三：

学校规定老师上课不许接电话。

一天，学生们正上物理课，老师电话响了。

老师纠结地看了半天，问学生："领导电话，接不？"

学生一致回答："必须接！"

然后老师出去大喊一句:“老婆干啥啊?我上课呢!”

笑话四:

一个房客对她的房东阿姨抱怨道:“今天我一定要告诉您,我忍了好久。”

阿姨问道:“怎么啦?”

房客没好气道 :“您租给我的房间有蟑螂和老鼠。”

阿姨脸色一变说:“什么?你……你……你……你怎么能在我的房间里养宠物?”

从以上几则笑话中,我们发现,冷幽默后半部分总会出乎人的意料,但是人的好奇心却让听者继续猜。最终导致的结果就是“注意力集中和思维地投入”这个思维过程的加长或加深。

由于冷幽默大多无聊,内容奇怪,实用意义并不大,所以有的人听得冷幽默越多就越不冷。原因和上面那种出乎听者意料之外的情况相反。当听者,对冷幽默怀有消极态度时,听者在听完前半部分的内容时心理会暗示,这个笑话将会出现一个极其无聊、极其不好笑的“后半部分”。这时,听者不会对这个话题产生好奇心,同时也不会把注意力集中在这个笑话上面。结果就是“注意力集中和思维投入”这个思维过程的变短或者没有。在这个时候,听者不但不会觉得冷反而会觉得说冷幽默的那个人很无聊,无所事事。

让我们领略一下白岩松在与学生对话中的冷幽默:

学生:“你为什么看来冷冷的,难道你也有危机感?”

白岩松:“我喜欢把每一天当做地球的末日来过。”

学生:“那你什么时候才会笑?”

白岩松:“会不会笑不重要,重要的是懂幽默。”

学生:“如果有一天你的缺点多于优点,怎么办?”

白岩松:“没有缺点也没有优点的主持人,连评论的机会都没有,有缺点我觉得幸福,它可能是优点的一部分。”

学生:“我是学历史的,能当新闻节目的主持人吗?”

白岩松:“今天的新闻就是明天的历史”。

这里,在回答学生的各种尖锐的问题上,白岩松使用的就是幽默法。当学生质疑他是否有危机感的时候,他的回答是“要把每一天都当做世界末日来过”,只有细细咀嚼才能品出其中之味。而对于优缺点这一提问,他的回答体现出来了他的自信,的确,每个人都有自己的缺点,为自己的缺点而幸福是一种自信。而对于“今天的新闻就是明天的历史”这句话很有趣,言外之意“条条大路通罗马”,年轻人需要努力。他的回答简短而简单,化解了学生对他的误解,使学生更深入地理解白岩松。

有人说,语言的最高境界是幽默。不管怎么说,在短短的问答中能否运用幽默、运用多少幽默,是衡量语言水平的重要标准。拥有幽默口才会让人感觉你很风趣,有很高的文化素养和丰富的文化内涵,折射出一个人的美好心灵。因此,即使你是个不善幽默的人,偶尔制造出一点黑色幽默,也会让我们的生活增添几分乐趣。

巧用孩童式的幽默来逗趣

幽默,是思想、才学和灵感的结晶,能使语言在瞬间闪现出耀眼的火花。它往往以温和宽厚的态度,夸张或倒错的方式,俏皮而含蓄的语言,进行讥刺、揶揄,使人们在会心的微笑中有所警觉。而现实生活中,很多人一脸严肃,即使是轻松的话题也显得分外凝重。实际上,如果能在谈笑风生中把某种信息传给对方,不是更好吗?因此,无论是内向或外向的人,对生活都可以采取幽默的态度。我们先来看看下面这个笑话:

老师:“小波,你为什么上课吃苹果?”小波:“报告老师,我的香蕉吃完了。”

听完学生小波的回答,我们在感叹孩子调皮的同时,也不免为他的童真而感动。这里,老师强调的是“上课”,即吃东西的时间,是状语,幽默主体小

波强调的是“苹果”，即吃什么东西，是宾语。他误解了对方话语的重点，所以形成了幽默。看得出来，这种误解是无意的误解。

其实，生活中，面对严肃、凝重、尴尬的语言环境，我们不妨也和这个孩子一样逗逗趣。我们把这种制造幽默的方式叫做孩童式的幽默。

有一家人决定进城里去居住，于是到处找房子。全家三口，夫妻二人与一个五岁的孩子。他们好不容易找到了一家愿意出租房子的主人，于是敲门，小心问道：“我们一家三口有租到您房子的荣幸吗”房东看了这一家三口，说：“很遗憾，实在对不起，我们不想租给有孩子的住户。”夫妻一听，很失望，带着孩子无奈地离开。那个五岁的小孩，从头到尾都看在眼里，只见他又折回去敲房东的大门，房东开了门，五岁的小孩子精神抖擞地说：“老大爷，我租房子，我没有孩子，只有两位大人。”房东听了高声大笑，他们由此租到了房子。

小孩子没有心机，没有谋略，但这些话出自一个五岁小孩之口，自然天性，可信可赖，又蕴涵着最大的幽默，体现其聪明才智。幽默需要童心。在强大的理性社会里，不仅仅成人的童心被泯灭，就是儿童也有成人化的趋势。幽默呼唤童心常在。

具体来说，孩童式的幽默通常可以用于以下几种语言环境：

1. 尴尬时

在交际中，难免发生一些尴尬、不好应付的事情。此时可采用转换的方法，从事物的另一面入手，转换其思维方法，另辟蹊径，从而达到预期的目的。

有一次，英国首相、陆军总司令丘吉尔去一个部队视察。天刚下过雨，他在临时搭起的台子上演讲完毕下台阶的时候，由于路滑不小心摔了一个跟头。士兵们从没有见过自己的总司令摔过跟头，都哈哈大笑起来，陪同的军官惊慌失措，不知如何是好。

丘吉尔微微一笑说：“这比刚才的一番演说更能鼓舞士兵的斗志。”效果的确如丘吉尔所戏言的，士兵们对总司令的亲切感、认同感油然而生，必定

会更坚定地听从总司令的命令,英勇地去战斗。

这里,丘吉尔运用得体的风趣幽默性谈话,表现出其风度、素质,赢得士兵们的好感,使他们在忍俊不禁中,借助轻松愉快的气氛,完成任务。

可见,我们与人同笑,不仅能使他人的幽默力量帮助我们消除工作中的紧张,驱除挫折感,而且也能把别人最希望从他的工作中得到的给他,那就是更轻松、更坦诚与人分享的豁朗态度。

2. 应对他人的攻击时

此时,采用恰当逗趣式的幽默谈吐,应对周旋,能使彼此沟通,缓和气氛,优化关系,也显示了自己的风度与力量,对维护自身的形象,收到积极的交际效果。

3. 逗趣式幽默还可以帮助我们在日常生活中表现出活跃、活泼、亲昵。

当然,无论在哪种情况下使用孩童式的逗趣,但都应符合公认的美学标准。否则,就会显得庸俗,有损威望。另外,我们若不能领略别人的幽默力量对我们有所裨益,也就不太可能以自己的幽默力量来激励别人。为了表现我们重视别人给我们带来的好处,为了通过自己来激励别人,我们何不与人同笑,笑尽天下可笑之事呢?

以谬制谬的幽默言辞

在日常交际中,面对他人的谬论,如果我们一本正经地摆事实、讲道理,多费口舌不说,倘若碰到一个蛮不讲理的人,他还有可能胡搅蛮缠、大讲歪理。因此,一种极为可取的方法是,我们先不妨“默认”对方的谬论,然后再以此为前提,用同样荒谬的言论予以反击。这样,既能反驳对方的观点,又能产生幽默效果,让对方心甘情愿地接受,这种方法就是以谬制谬的幽默言辞。

一个小男孩去面包店买了一个两便士的面包,发现面包比平时要小很

多，于是对老板说："你不觉得这面包比平时要小吗？"

"哦！那不要紧，这样你拿起来就方便了。"显然，老板在诡辩了。

对此，小男孩没有争辩，只给老板一个便士就走出了面包店。

老板赶紧大声喊他："嗨！你没有给够钱啊！"

"哦，不要紧，"男孩不慌不忙地回答，"这样，你数起来就方便多了。"

针对面包店老板的荒谬言论，那个小男孩进行了有力反驳，以其人之道还治其人之身。他先假设对方观点是合理的，然后将对方貌似合理的论点加以引申，推向极端，以显露其不合理的本质，从而推倒对方的观点，这样的反击真是大快人心。

我们再来看下面一个故事：

从前有个吝啬的地主，雇了三个小孩当长工。一年冬天，大雪纷飞，滴水成冰，孩子们要求地主给点柴火，好能生火烧炕来取暖。

但是，狠心的地主却说："怕什么冷？俗话说，小孩屁股三把火，要烧什么炕？"硬是让孩子们睡凉炕。

有一天，地主家来了客人，地主便吩咐小长工去烧开水，可是等了老半天，还不见开水烧出来。地主急忙到厨房一看，只见地上放着一壶凉水，三个小长工屁股对着水壶，正坐着聊天！地主看了勃然大怒，大声喝道："你们在搞什么名堂？"

"烧开水呢！"

地主听完，更是火冒三丈："你们连火都不点，这样怎么烧开水？"

其中一个小长工不慌不忙地答道："老爷，您不是说过吗？小孩屁股三把火，我们三人共有九把火，怎么会烧不开呢？"地主又气又恼，要发作却又说不出话来。

长工在这里巧妙地引用了地主曾说过的话，并机智地把地主驳得又气又恼，但又无可奈何。

"以谬制谬、以毒攻毒"，是在言语论辩中用对方的荒谬逻辑推出更为荒谬的事物来反驳对方，可令对方哑口无言。对方搬石头砸自己的脚，观点不

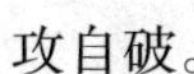

攻自破。

洞察对方的荒谬论点，看其论点是否真实，其论据是否能支持论点，推理过程是否符合逻辑；如果结论是否定的，就可以把对方的荒谬论点夸大，使其暴露得更为明显，以达到反驳的目的。

因此，在使用这一幽默技巧的时候，还需要注意以下几点：

1. 洞察出对方的谬论

首先听出对方的话中含义，这一含义无论是话里还是话外。如果我们过于“糊涂”，那只能被人“玩弄于股掌之中”而“毫无招架之力”。

2. 找到对方谬论的“漏洞”

以第二则故事为例，地主谬论的漏洞就在于“小孩屁股三把火”，这一漏洞也就是我们反驳对方的立足点。

甘罗的爷爷是秦朝的宰相。有一天，甘罗看见爷爷在后花园里走来走去，不停地唉声叹气。

“爷爷，您碰到什么难事了？”甘罗问。

“唉，孩子呀，大王不知听了谁的挑唆，硬要吃公鸡下的蛋，命令满朝文武想法去找，要是三天内找不到，都得受罚。”

“秦王太不讲理了。”甘罗气呼呼地说。他眼睛一眨，想了个主意，说：“不过，爷爷您别急，我有办法，明天我替您上朝好了。”

第二天早上，甘罗真的替爷爷上朝了。他不慌不忙地走进宫殿，向秦王施礼。

秦王很不高兴，说：“小娃娃到这里捣什么乱！你爷爷呢？”

甘罗说：“大王，我爷爷今天来不了啦。他正在家生孩子呢，托我替他上朝来了。”

秦王听了哈哈大笑：“你这孩子，怎么胡言乱语！男人家哪能生孩子？”

甘罗说：“既然大王知道男人不能生孩子，那公鸡怎么能下蛋呢？”

在这则故事中，甘罗的聪明之处就在于抓住了秦王的谬论——公鸡能下蛋，然后加以联想，制造出男人生孩子的理论，从而让秦王的理论不攻

自破。

总之，用以谬制谬的方法来反驳他人，既能迂回达到自己的目的，又能制造出幽默的氛围，让双方在微笑中接受彼此的观点！

糊涂一点，装糊涂的幽默技巧

俗话说："一句话把人说跳起来，一句话把人说笑起来。"同样地，最重要的幽默技巧也在于语言的技巧。谐趣的"谐"字，左边是"言"旁，右边是一个"皆"字，意思是谐趣者，尽皆"言语"也。装傻、装糊涂，故意装不懂，有时也能产生一种幽默的效果。许多小品演员就是运用这一艺术。莎士比亚在他的著作《第十二夜》中，让主人公薇奥拉说出了这样一句话："因为他很聪明，才能装出糊涂人来。彻底成为糊涂人，才有足够的智慧。"在一些意外的场合，常常碰到一些意想不到的事情，处理不好就很尴尬。此时要化解尴尬，不妨假装糊涂。人称"第一傻"的喜剧演员范伟，在他与赵本山和高秀敏合作的多个小品中，都是以"傻"来突出幽默效果的。特别是在三次春节联欢晚会上的"忽悠"，他那股装傻劲，把问题推到了极致，产生了幽默。

有两个信教者一起去问牧师在做祈祷时能否吸烟。其中一个信教者上前问："请问牧师，在做祈祷时能否吸烟"？牧师生气地回答："不能。"这个信教者闷闷不乐地退了下去。另一个信教者上前问："请问牧师，在吸烟时能否做祈祷，"牧师高兴地回答："当然可以啦！"

"在做祈祷时能否吸烟"与"在吸烟时能否做祈祷"是一个本质相同的问题，用不同的问法，特别是第二个装傻的方法问出来，效果就明显不同了。

其实，生活中，很多时候我们装装糊涂，很多问题便可迎刃而解。

苏格拉底的妻子是个泼妇，常对他发脾气，而苏格拉底总是对旁人自我解嘲道："有这样的老婆好处很多，可以锻炼我的忍耐力，加深我的修养。"

一次，老婆又发起脾气来，大吵大闹，很长时间还不肯罢休，苏格拉底只

好退避三舍。他刚走出家门，那位怒气难平的夫人突然从楼上倒下一大盆水，把他浇得像只落汤鸡。这时，苏格拉底打了个寒战，不慌不忙地说："我早就知道，响雷过后必有大雨，果然不出所料。"

听完苏格拉底的话，我们不禁佩服他大肚能容的气度。生活中，如果我们也能和苏格拉底一样糊涂一点，那么，便少了很多争执、很多烦恼。

其实，我们每个人都不可能事事顺心，那些不如意的事都是客观存在的，然而，它们并不是不可遏制的洪水猛兽，它们是可以被控制、被消除，甚至被其他感觉所代替的。而要做到这一点，就需要我们凡事糊涂一点，少一点斤斤计较，少一点针锋相对。而这其中，幽默具有无形的保护剂作用，它发挥得越好，就越能保持个人所需要的精神上、生理上的平衡。

实际上，糊涂的幽默技巧可以帮助我们成功解决很多问题：

1. 回击对方

你也许是个聪明人，但在一些使人难堪或尴尬的场合时你最好能够装一下糊涂，这样不但可以帮你从这种窘境中解脱出来，还可以起到讽刺对方的幽默效果。

普希金年轻的时候并不出名，有一次，他在彼得堡参加一个公爵的舞会。他想邀请一位年轻而漂亮的贵族小姐跳舞，这位小姐十分傲慢地说："我不能和小孩子一起跳舞"。

普希金微笑地说："对不起，亲爱的小姐，我不知道你正怀着孩子。"说完，礼貌地鞠了躬。

普希金的糊涂很巧妙地回击了无礼的贵族小姐，使自己很体面地下了台。

因此，糊涂、巧妙的幽默的回答能抬高自己、保护自己，取得心理上的平衡。

2. 摆脱窘境

一次，拍完电视剧，有人给女主角来紧急电话，导演慌忙去找。这时，女主角已去浴室洗澡。

导演跑去找她。A 室、B 室、C 室 外面都放着拖鞋。这三间浴室属于明星专用,一进门是更衣室,对面玻璃门内是浴室。

导演不知道女主角在哪个房间,一急没敲门就推开了 A 房间的门,这也很难怪他,因为他只想女主角在浴室,哪知她刚刚回到更衣室,正蒙着头巾在擦头。

女主角“啊”的一声,急忙转身隐蔽。同时导演也叫了一声赶紧把门关上。

“啊,对不起,大三郎先生。”

导演顿时喊出了男明星的名字!室内的女主角一定在惊恐之余长吁了一口气……

可见,有时装糊涂的方法还可以使他人免于难堪,这不但表现了糊涂后面的机智,同时也给自己和他人都留下回旋的余地。

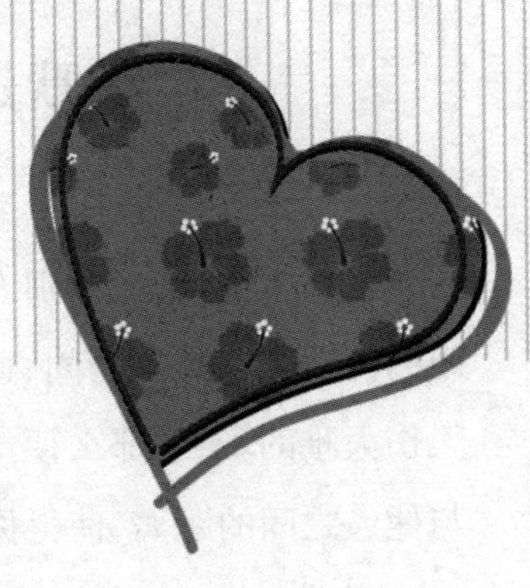

第3章 助你高效交流的幽默沟通术

一个人无论从事什么工作，无论处在何种地位，与人交往是不可避免的。而现实生活中，无论是谁，都愿意和一个有幽默感的人相处，而不愿和一个整天板着脸毫无趣味的人相处。掌握一些交流的幽默沟通术，不仅能帮助你更好地与他人进行有效的沟通和交往，还能帮助你处理一些特殊的人际关系问题，让你能顺利地摆脱困境，与他人建立和谐的关系，从而赢得别人的信任和喜爱。

幽默迅速“破冰”,拉近距离

在日常生活中,和别人第一次尤其是陌生人之间的接触,总会有一定的距离使双方感到有隔阂,此时,如果适当地运用幽默,在与对方交谈时开个无伤大雅的玩笑,那么便能使彼此神经放松,营造无拘无束的氛围,缩短你与他人之间的距离,使得你和别人的关系亲密起来。

西方有句谚语:“一个国家最古老、最宝贵的财富是幽默。”没有幽默的语言就成了公文,没有幽默感的人就会像一座雕像。死板的公文、毫无生气的雕像使你不会得到别人的亲近和喜欢。所以,要想拉近和他人的关系一定要学会幽默。

每个人都喜欢生活在愉快的氛围中,因此,你如果能说出使人如沐春风的话,必定能广结善缘。卡耐基有句名言:“关于沟通,除了词汇之外,最重要的就是‘趣味’!”幽默的作用可见一斑。生活中离不开幽默,是幽默令生活更多姿多彩,使人轻松愉快,增添生活情趣。

林语堂曾说:“达观的人生观,率直无伪的态度,加上炉火纯青的技巧,再以轻松愉快的方式表达出你的意见,这便是幽默。”所以,幽默不是滑稽,也不是尖酸刻薄,它包含了智慧、亲切、诚恳,并带有人情味,你可以用它来拉近与别人的距离。幽默感是一种人格吸引力,能反映一个人的修养和情调。在人际交往中,机智风趣、谈吐幽默的人往往拥有更多的朋友,我们谁都不愿同动辄与人争吵,或者同郁郁寡欢、言语乏味的人交往。幽默可以说是一种润滑剂,它使烦恼变为欢畅,使痛苦变成愉快,将尴尬转为融洽,让你牢牢地吸引住对方。

在我们的现当代历史上,有几位大师一级的学者,他们每当讲课或者讲话的时候,其开场白妙趣横生,既风趣幽默,又折射出他们的风格。

同样地,在社交场合,在和不太熟悉的人闲谈时,适当加入幽默,会让接

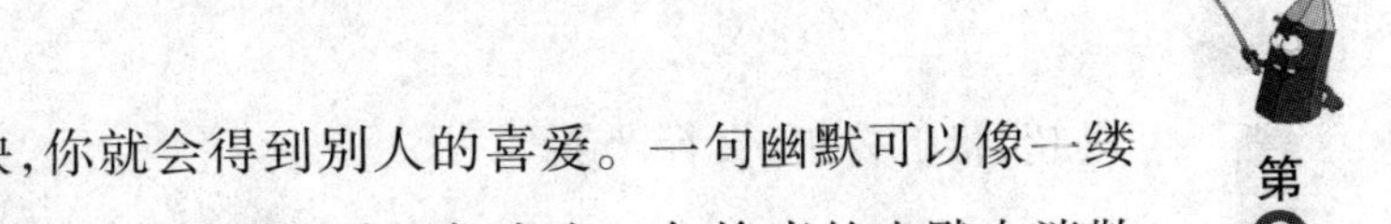

下来的交谈变得轻松愉快，你就会得到别人的喜爱。一句幽默可以像一缕阳光驱散重重乌云，一切的怀疑、郁闷、恐惧，都会在一句恰当的幽默中消散无踪。幽默运用得法，可以使一个敌对的人哑口无言，还可以解除尴尬的局面，赢得别人的鼓掌喝彩。当然，幽默和个人的性格以及知识积累有关，要让自己能够在需要时幽默起来，平时就要多观察生活中的细枝末节并多积累他人的幽默。

言语幽默瞬间博得他人好感

幽默是语言的艺术，也是制造快乐的艺术，幽默能够引发喜悦，给人们带来欢乐，使别人获得精神上的快感，我们与幽默的人相处会感到愉快，而与缺乏幽默感的人相处，则是一种负担。因此，与人交往之处，如果你希望瞬间赢得对方的好感，就要善于运用幽默这一不可缺少的社交生活润滑剂。

在某种意义上来说，培养自己的幽默感，也就是培养自己的处世、生存和创造的能力。有较强生存能力的人，通常也是一个有影响力和感染力的人。幽默像是击石产生的火花，是瞬间的灵思，所以必须要有高度的反应与机智，才能发出幽默的语句，幽默可能化解尴尬的场面，也可能作为不露骨的自卫与反击，但更重要的还是让你赢得了他人的好感。

张大千是我国现代著名的画家，他颌下留长须，讲话诙谐幽默。

一天，他与友人共饮，座中谈笑话，都是嘲弄长胡子的。张大千默默不语，等大家讲完，他清了清嗓门，也说了一个关于胡子的故事。

三国时期，关羽的儿子关兴和张飞的儿子张苞随刘备率师讨伐吴国。他们两个为父报仇心切，都争当先锋，却使刘备左右为难。没办法，他只好出题说：“你们比一比，各自说出自己父亲生前的功绩，谁父功大谁就当先锋。”

张苞一听，不假思索顺口说道：“我父亲当年三战吕布，喝断坝桥，夜战

马超，鞭打督邮，义释严颜。”

轮到关兴，他心里一急，加上口吃，半天才说了一句：“我父五缕长髯……”就再也说不下去。

这时，关羽显圣，立在云端上，听了儿子这句话，气得凤眼圆睁，大声骂道：“你这不孝之子，老子生前过五关斩六将之事你不讲，却专在老子的胡子上做文章！”

在座的无不大笑。

张大千巧妙地套用了关于胡子的幽默故事，不仅使自己摆脱了困境、反击了友人善意的嘲弄，而更多的是博得了大家一笑，也使所有宾客都从心底里佩服他的风趣幽默。可见，张大千先生的幽默水平已到了可以任意发挥的程度。

一个具有幽默感的人，他最大的魅力并不只是谈吐风趣，他还懂得用幽默或幽默感，来增进与他人的关系，并改善自己的人格和品质。

幽默感是指一种能力，是理解别人的幽默和表现自己的幽默的能力。幽默是一种艺术，具有幽默感的人，生活中充满了情趣，许多看来令人痛苦烦恼的事他们却应付得轻松自如。

因此，如果你想在与人交往时给人留下一个良好的印象，就要善于运用幽默的力量。无论是在别人家做客，还是在自己家待客，充满幽默的言谈气氛相信是我们每个人都需要的，当你走入室内，就要将你的幽默表现出来。一个面带怒容或神情抑郁的人，永远都比不上一个面带笑容或幽默的人。

在这个竞争越来越激烈的社会，幽默感对我们来说，显得越来越重要了，因为他不仅能为严肃凝滞的气氛带来活力，更显示了高度的智慧、自信与适应环境的能力。如果你确实想成为一个具有幽默感的人，千万不要假冒幽默，而应该努力培养你的悟性，使你无论到什么地方，都备受欢迎。

因此，你需要记住的是：

开玩笑，并不是不分场合的，否则，不仅玩笑达不到效果，可能还会招致别人的反感。

另外，开玩笑也应该多考虑他人的感受，对于他人的生理缺陷，是不能拿来开玩笑的，这是在故意揭别人的“伤疤”，把自己的快乐建立在别人痛苦的基础之上。要知道，恶作剧可能会导致意外，但并不是所有人都能接受你的恶作剧，如果玩笑可能刺伤在座的任何一个人的话，你还是不要说出来的好。因为受到伤害的人会因为别人的笑声，内心更为痛苦，甚至对你产生怨恨。

巧用幽默打开最佳的沟通局面

与人交往的过程中，很多时候，我们常常因为交流双方的不熟悉、沟通存在目的性或者沟通双方的不善言辞而无法打开和谐的沟通局面。此时，只有幽默才能使双方内心的紧张和重压释放出来，化做轻松的一笑。因此，在沟通中，幽默的语言如同润滑剂，可以使我们从容地摆脱沟通中可能遇到的困境。

在社交中，谈吐幽默的人往往易于取胜，没有幽默感的人则往往会失败。在交际场合下，幽默的语言极易迅速打开交际局面，使气氛轻松、活跃、融洽。

常在小区活动室玩牌的老王好久没来了。这次一来，牌友老孙就问：“老王啊，怎么这几天都没看见你啊？”

老王一脸的严肃，说：“别提了，我被‘双规’了！”

老孙吓了一跳，问：“啊？怎么回事儿？贪污了？”

老王一笑，说：“哈哈，我儿子、儿媳妇找我谈话喽，宣布我必须在规定时间、规定地点接送小孙子上幼儿园。”

众人这才明白，哈哈大笑，气氛一下子变得轻松融洽。

案例中的老王便是运用幽默法打开与众人交谈的局面的，的确，与人交往，若总是抱着严肃的态度，那么，交谈氛围也会变得凝重。如果换一种心

态，适度幽默一下，就会显得诙谐有趣，大方自然，你也会让别人感受到你的开朗和快乐。

会调侃的人懂得如何给生活添加佐料，受到不公平待遇也会泰然处之，即使心情郁闷，也能通过开玩笑的方式给别人传达某种信息，实质上这种人热爱生活，大智若愚，充满了人格魅力，现实生活中会得到众多朋友的喜爱，因此成功的机会自然比一般人多。

可见，在社会生活中，不论你只是其中的普通一员，或是身居要职，善于运用幽默的力量，总能让自己获益匪浅。你不仅要善于幽默地调侃他人，也要接受他人的幽默调侃，如此才能赢得友谊，成功建立社交关系。在社交活动中游刃有余，赢得成功。《围城》里的方鸿渐是一个颇具幽默感的人。

在方鸿渐刚回国时，他在家乡的一所中学作了一次演讲。方鸿渐说："吕校长，诸位先生，诸位同学：诸位的鼓掌虽然出于好意，其实是最不合理的。因为鼓掌表示演讲听得满意，现在鄙人还没有开口，诸位已经满意得鼓掌，鄙人何必再讲什么呢？诸位应该先听演讲，然后随意鼓几下掌，让鄙人有面子下台。现在鼓掌在先，鄙人的演讲担当不了那样热烈的掌声，反觉到有一种收了款子交不出货的惶恐。"

这个开场白显然很成功，让方鸿渐立刻受到众人的欢迎。幽默是一瞬间智慧的火花，让生活充满乐趣。

幽默是社会活动的必备礼品，是活跃社交场合气氛的最佳"调料"。与人交往，恰逢时宜的一句话就能缓解尴尬的交际氛围，帮你打开一道宽阔的交际之道。那些会说话的人往往巧妙运用幽默的力量，轻松拂去沟通伊始的那种冷漠，改变人们的心情和处境，建构起特有的幽默氛围。我们如果把交际中的人们划分为两种人——枯燥的人和有趣的人，那么富有幽默感的人可谓有趣的人。"酒逢知己千杯少，话不投机半句多"这句话，可以证明这一点！

那些生活经验丰富的人无不重视幽默的力量。使用幽默的语言，是展现你风采的一种重要形式，它同时是一种默契形式，能使得你与他人之间的相处变得宽容、友善，幽默使严肃的话题变得轻松。幽默的人善于拨动笑的

神经，使严肃的话题变得轻松，让对方丢掉紧张的情绪。幽默是一种艺术、一种润滑剂，面对严肃的话题时幽默一下，会产生较好的效果。

当然，最好的幽默话题往往是那些内责或中立性质的。因此，你可以以你自己为幽默的对象，针对自身的一些小缺陷或者不足开个玩笑，好像自我打趣似的，就不会触犯别人。相互攻击有时也很风趣，但对于初学者来说不应该尝试，应该避免使用。

沟通障碍用幽默巧妙化解

语言的表达是人们沟通的主要方式，语言障碍无疑是人际交往的大敌。在人际交往中，人们在沟通的过程中，常常会因为交流不当而陷入沟通障碍之中，此时，用一句幽默的话将那些不愉快的事付之一笑，从而使紧张的气氛即刻云开雾散，这就是幽默的力量。

因此，幽默可以使人笑着面对矛盾，轻松化解尴尬。

著名发明家爱迪生常被采访的记者围住，回答他们提出的各种刁钻古怪的问题，显示了非凡的智慧与幽默。

一次有人问他是否需要给某个修建中的教堂安装避雷针，爱迪生回答说："一定要装，因为上帝往往是很大意的。"记者问他是如何想象上帝的，爱迪生回答："没有重量，没有质量，没有形状的东西是不可想象的。"

这里，面对记者刁钻的问题，爱迪生采取的便是幽默回答的方法，巧妙地让自己摆脱了尴尬。

一般来说，沟通障碍的形成原因是多方面的，但无论哪种情况，只要我们具备处理复杂问题的应变能力，便可巧妙化解，具体来说，我们可以在以下几种情况下利用幽默化解沟通障碍：

1. 指出别人的过失

幽默是教育最主要的、第一位的助手，幽默往往比单纯的说教、训斥或

嘲弄使人开窍得多。有时候，我们确实需要以有趣并有效的方式来表达人情味，给人们提供某种关怀、情感和温暖。

有位大法官，他寓所隔壁有个音乐迷，常常把音响的音量放大到令人难以忍受的程度。这位法官无法休息，便拿着一把斧子来到邻居家门口。他说："我来修修你的音响。"音乐迷吓了一跳，急忙表示抱歉。法官说："该抱歉的是我，你可别到法庭去告我，瞧我把凶器都带来了。"说完两人像朋友一样笑开了。

这位法官并不是想把邻居的音响砸坏，而是恰当地表达了对邻居的不满。

2. 展现你的品质

有一位小伙子，刚开始学骑车。当他骑到马路边上时，看到前面有人，就连声喊叫："别动！别动！"那人闻声站住了，但最终还是被小伙子撞倒在地。

小伙子放下自行车，扶起这人，连声向他道歉，那人拍拍身上的土，幽默地说："原来你在打靶呀，叫我别动就是为了练瞄准呀！"

当我们把重点放在宽容的时候，就会忽略其中的恶意和偏执。给自己轻松，同时也给别人宽容。真正的优越感不是来自争执时占了上风，而是来自于对别人的宽容。有了这种轻松的豁达，幽默感自会产生，善于发现幽默的机会是心胸豁达的表现。

3. 回答严肃话题

苏格拉底是古希腊伟大的哲学家，他年轻时有一头非常漂亮的头发。后来，由于他潜心研究哲学，用脑过度，年纪大后，脑门和后脑勺上的头发都掉光了。一个有着一头漂亮金发的年轻人揶揄地问他："尊敬的大哲学家，是否头发越少，就意味着学问越多呢？"苏格拉底说："那可不一定，如果脑子里面是空的，即使长着一头浓密漂亮的头发，又有什么用呢？"

有了幽默、洒脱的态度，能够巧妙地让对方接受严肃的话题。事实上，正是幽默的言谈，才让严肃的话题有了活力，有了打动人心的感染力。

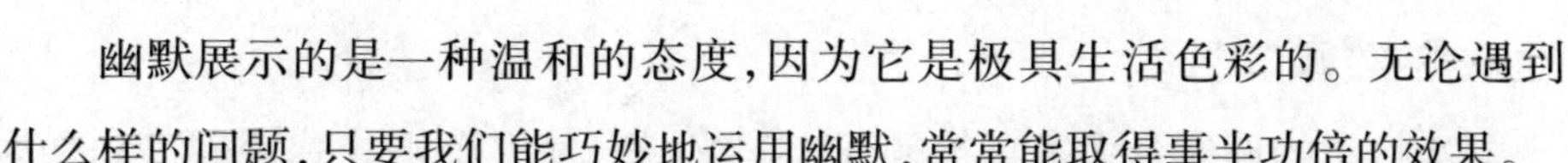

幽默展示的是一种温和的态度，因为它是极具生活色彩的。无论遇到什么样的问题，只要我们能巧妙地运用幽默，常常能取得事半功倍的效果。

总之，幽默能够创造和谐愉悦的气氛，使对立的双方产生心理上的转变，消融抵触情绪，使严肃的话题变得轻松，易于被对方所接纳。幽默是一种有价值的思维品质，它表现为机智地处理复杂问题的应变能力。幽默来源于对世间事物的洞察，含笑面对人生中的矛盾或冲突，它常是人们处于困境时实现自我解脱的一种方法。其实，在生活中的任何场合、遇到沟通障碍，都可以利用幽默巧妙化解，只要你细心观察，多多联想，并注意积累自己的知识，相信你会让生活的每个角落都充满笑声。

拒绝枯燥，幽默让交流变得生动有趣

如果说语言是人们交流沟通的媒介，那么幽默的语言便是通向对方心灵的桥梁，它能让你风趣诙谐地表达自己的某种心愿，并以最快的速度直抵他人的心灵。因此，幽默是最受欢迎的生活艺术，幽默的语言体现的是一种修养，它能让与人交往变得更为轻松，也会令人如沐春风！

的确，人际交流的最大杀手便是枯燥，话不投机半句多，谁也不愿与一个严肃、沉重的人交谈沟通，幽默的言谈可以给他人带来欢乐，也能让自己拥有愉快的心情。拥有幽默的人生活愉悦，并能拥有快乐的人生。有一位聪明的小伙子，用一连串的成语为自己的婚礼增添了无穷的欢乐。

小伙子姓张，新娘姓顾，他借两人的姓做了一次堪称经典的恋爱过程介绍："我是新郎，我姓张，我的新娘姓顾。我们在还没有认识时，我是东'张'西望，她是'顾'影自怜。我们认识之后，我'张'口结舌去找她，她说她已经心有所属。我于是'张'惶失措，劝她改弦更'张'，在我的再三请求下，她终于'顾'此失彼。我大'张'旗鼓地追求她，她左'顾'右盼地等着我，时间久了，我便明目'张'胆，她也无所'顾'忌。于是，我便请示她择吉开'张'，她

也欣然惠‘顾’。”

小伙子的调侃令大家喜笑颜开，满堂生辉，使整个婚礼弥漫着其乐融融的气氛。这个故事也从一个侧面说明，幽默的成语具有神奇的魅力。熟语具有很强的生命力，在我们与他人交谈的过程中，风趣巧妙地运用它，会让他人感受到我们的内在素质和幽默感，提升在他人心目中的地位。

用过于严肃的态度生活，难免太过沉重；人生不如意者十之八九，若总是唉声叹气，生活必然会一片灰暗。如果换一种心态，调侃一下生活，就会显得诙谐幽默，大度自然，每天都会很阳光、很快乐。会调侃的人懂得如何给生活添加佐料，受到不公平待遇时也会泰然处之，即使心情郁闷，也能通过开玩笑的方式给别人传达某种信息，实质上这种人热爱生活，大智若愚，充满了人格魅力，现实生活中会得到众多朋友的喜爱，因此成功的机会自然比一般人多。

以下方法可帮助你成为社交场上的活跃人物。

1. 拿自己开涮

懂得运用自我贬低、自我解嘲这种方法制造幽默的人往往都是幽默高手，会收到欲扬先抑、欲擒先纵的效果。众人将在哄笑声中重新把你抬得很高。自我贬抑既可活跃气氛，又能博得他人的好感。

美国著名影星洛伊从20世纪20年代到80年代一直活跃在银幕上，但她在晚年的时候却日渐发胖。正因自己身体太胖，朋友多次邀请她一起去海滨浴场游泳，她都不好意思去，尽量找各种理由推辞。

在一次记者招待会上，一位娱乐记者偏偏就针对这个问题向洛伊提问：“洛伊女士，您是不是因为自己太胖，怕丢丑才不去海滨游泳的?”

洛伊想了一下，爽快地回答：“我是因为自己胖才不去游泳的，我怕我们的空军驾驶员在天上看见我，以为他们又发现了一个新大陆。”

在场的人听后，发出阵阵欢呼声和笑声，不由得鼓起掌来。

洛伊出语不凡，用自嘲的口吻、夸张的手法化解了尴尬，既没有被记者牵着鼻子走，又很好地活跃了招待会的气氛，同时还给大家留下一个良好的

印象，显示出自己豁达的心胸和诙谐的人格魅力。

2. 调侃对方

在社交中，对于那些自己关系亲密的朋友，可以以对方为幽默的对象，开句玩笑，互相贬低一番，这并不坏事，反而会使朋友间亲密无间。但要记住的是，你的玩笑一定是不带恶意和偏见的。

3. 夸张赞美

抬高他人有时候也能产生幽默效果，但这种方法并不等同于虚伪的恭维、奉承，善意的抬高会立即使整个气氛变得异常活跃。老朋友、新同事见面后，不免介绍、寒暄一番，这是个极好的活跃气氛的机会。

4. 搞恶作剧

恶作剧也是一种幽默的表现方式，它的幽默来自于出人意料性。朋友之间，可以互相调侃，可以突破紧张的、受束缚的社交规则，当然，不能否认的是，对于那些不喜欢恶作剧的人，最好少用。

5. 寓庄于谐

在社交生活中，你不需要时时紧绷着自己，自始至终保持庄重气氛就会显得紧张。即使是那些需要庄重的场合、面对那些严谨的问题，同样可以用风趣、幽默的语言来表达。

幽默让沟通轻松进入深层次

我们都知道，语言是沟通的媒介，而让语言通向他人的心灵没有任何有效的方式，只有依靠幽默。它可以消除内心的紧张，化解生活的压力，它还可以有效地降低人们之间的摩擦，缓和矛盾和冲突。因此，幽默的语言不仅是打开沟通局面的良方，而且是通向对方心灵的桥梁，它能让你风趣诙谐地表达自己的某种心意，并以最快的速度直抵他人的心灵。

有一天，法国画家奥拉斯・韦尔纳正在勒芒湖边作画，一个女青年向他

走了过来,并对画家的作品提出了一些修改意见。

第二天,在一艘回巴黎的船上,他又碰到了这位女青年。这位女青年对他说:"先生,一看你就是个法国人,听说大画家奥拉斯·韦尔纳也在这艘船上,你能介绍他给我认识吗?"

"小姐,你真的很想见他吗?"

"是的,先生,我非常想见他,要知道,他可是我心中的神话。"

"哦,亲爱的小姐,不必那么麻烦了,因为昨天上午你已经认识他了,并且你还给他当了一回绘画老师呢!"

这里,奥拉斯·韦尔纳刚开始结识这位女青年的时候,并没有道明自己的身份。而很明显,当他开完玩笑后,女青年便了解,自己身边的先生便是自己"心中的神话",并且,"这个神话"并没有端着高高的架子,而是如此幽默、风趣、平易近人,于是,两个绘画爱好者的深层次交流便开始了。

据说,新中国成立前上海有位大学教授叫姚明晖,他身体瘦弱却总是穿着宽大的袍子。到了冬天,天气变冷,姚教授头上戴头大风兜,从远处看去只露出一副眼镜、一个尖尖的鼻子,一撮翘翘的山羊胡须,十分滑稽。

一天上课,姚教授和平时一样的装束,走进教室。只见黑板上不知哪个调皮学生用漫画笔法赫然画了一只人面猫头鹰。而那人面画得活像这位满腹经纶的老教授。姚教授站在黑板前面看了一会儿,脸上毫无愠色。拿起了一支粉笔,一本正经地在漫画旁写道:"此乃姚明晖教授之容也。"写完之后,大家笑了,姚先生也笑了。那位提心吊胆的漫画作者舒了一口气,对教授产生了一种高山仰止的尊重和敬意。

当姚教授看到黑板上的漫画时,他知道那是学生们的恶作剧,是学生们在笑话他那副尊容,这时他如果冲学生们发火,那么结果只能变得更坏,自己丢的脸更大,所以他不冲学生们发火,而是自己主动地指出黑板上画的就是我姚明晖,在这种情况下,学生们只顾笑,而忘记他丢了脸面,并且此举还会让学生们由衷赞叹那博大的胸怀。同时,只有在这种良好的师生关系下,学生的学习兴趣才会被激发出来。

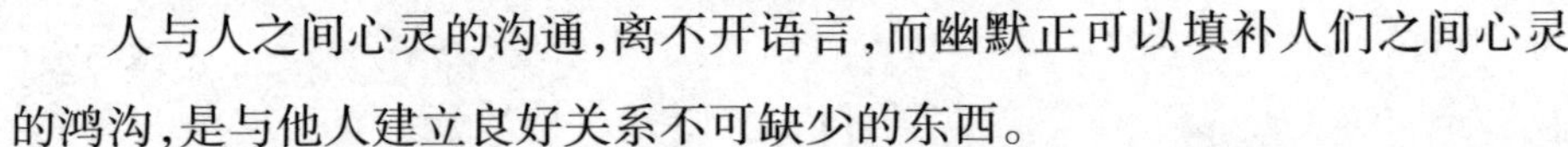

人与人之间心灵的沟通，离不开语言，而幽默正可以填补人们之间心灵的鸿沟，是与他人建立良好关系不可缺少的东西。

要知道，朋友、同事相聚，最忌一个人唱独角戏，大家当听众。成功的社交应是众人畅所欲言，各自表现出最佳的才能，作出最精彩的表演。为了达到这一目的，就必须寻找能引起大家最广泛共鸣的内容。有共同的感受，彼此间才可各抒己见，气氛才会热烈。所以，作为沟通的一方，你应该联系各种因素制造幽默范围，让沟通进一步进行，以免出现冷场的尴尬。但要做到这一点，你还必须谨记：

1. 控制自己的情绪，做个“冷面笑匠”

制造幽默、开玩笑，是要达到让大家笑的目的的，为此，关键是你自己不能先笑，更不能提前给听众“打预防针”。假如笑话还未开始，你便说：“我讲个笑话给你听，这个笑话可好笑了！”这样，对方便会产生一种心理预留机制，他们在内心会产生一种想法：你的笑话肯定不好笑，你才会这么说，我就不笑给你看！所以，讲笑话前一定不能实现透露，出其不意才会制造幽默。

2. 讲笑话的窍门在于共鸣

制造幽默的题材最好要有处境感，如果把有外国处境的笑话直接搬到香港，可能会因为文化差异而让人笑不出来。如在北美洲，有人会停下车，脱下鞋和袜子，伸出双脚到车窗外透气，外国人天天都能见到，便觉得很好笑，但这种情境在香港并不常见，香港人便无法感受。

第4章 令人心服口服的幽默说服术

说服，在我们的工作、生活中随处可见。它犹如一盏明灯，为知识欠缺者增加见闻；它像一座警钟，使濒临深渊者迷途知返。美国心理学家特鲁·赫伯说："幽默是一种最有趣、最有感染力、最具有普遍意义的传递艺术。"幽默意味着心态开放、笑对人生。利用幽默说服别人，将使你获得更多的信服。因此，要想劝导成功，我们除了有理之外，还要求方法正确巧妙，巧用幽默、丝丝入扣、娓娓道来等，则更能深入人心、令人心悦诚服。

幽默的说服方式更易令人接受

在生活中，我们与人交谈，有时是抱有一定的目的的，其中多半是为了说服对方。如何说服对方？自然是运用语言的艺术，但有时候直截了当地阐明我们的思想与观点，并不能让对方接受，甚至还会引发矛盾，双方陷入交流的尴尬境地。此时，我们不妨运用间接的、令人发笑的语言艺术——幽默。恰如其分的幽默，可以摆脱窘境，缓和紧张的说服气氛，让对方在笑声中接受我们的观点。同时，在说服中运用幽默，可以在突出思想性的前提下，用生动活泼的语言来表现你的睿智和风趣，增强说服的吸引力、感染力和有效性。

在一家饭馆里，一位顾客突然喊了起来："服务生，快点过来看！"所有人都看着他，服务生急忙赶来，问道："您有什么吩咐，先生？"

顾客指着自己的饭碗说："快帮我把这些石头从饭碗里面抬出去！"服务生马上明白了是怎么一回事，立刻给这位顾客换了一碗米饭。

在这个例子中，顾客就是运用幽默的方法，使服务生知道"米饭不干净"的事实，并且通过委婉暗示的方式让服务生找到解决问题的办法。顾客这样做，既让对方认识到了问题，又让对方保持了应有的尊严和风度，因此，不愧为一种一箭双雕的好办法。

可见，采用幽默的方式比板起面孔教训他人的效果要好得多，幽默的方法往往能显示口才的魅力，使事情得到圆满的解决。

幽默的语言为人类增添无穷的希望和活力，能够把生活变得健康、活泼，使你的人生富有诗意。

在一次内阁会议之前，罗斯福同国务卿赫尔打趣说："你是否认为我说得太多了，以至于其他人都不能插上一句嘴？"

赫尔说："是的，总统先生。在一次记者招待会上，有新闻记者要我谈谈

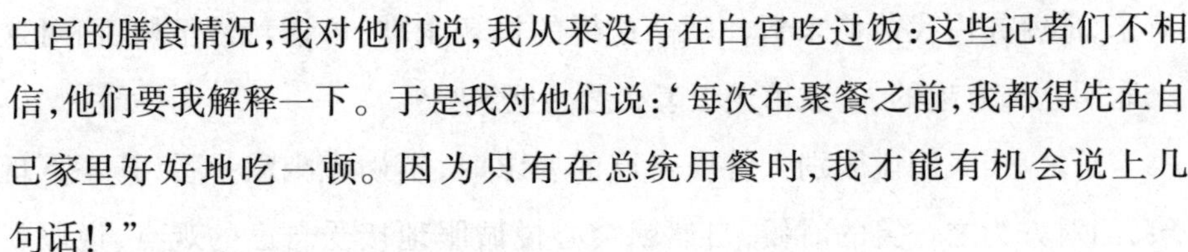

白宫的膳食情况，我对他们说，我从来没有在白宫吃过饭：这些记者们不相信，他们要我解释一下。于是我对他们说：‘每次在聚餐之前，我都得先在自己家里好好地吃一顿。因为只有在总统用餐时，我才能有机会说上几句话！’”

赫尔说完之后，罗斯福不好意思地笑了。

这里，赫尔指出罗斯福总统的错误时，也没有直接指出，而是利用一句“每次在聚餐之前，我都得先在自己家里好好吃一顿。因为只有在总统用餐时，我才能有机会说上几句话！”这句话来打趣，使总统领会到他的言外之意。

可见，在别人犯了错误你不得不要求对方改正时，千万不可直截了当地指出，而应该采用委婉的方式对对方进行暗示，让他明白自己的错处或隐私，并自觉地改正。这样，既可以使对方避免尴尬，也可以使你的建议能够更好地被人接受和执行。

下面，我们会看到美国谈判大师荷伯·科恩是如何运用这种方式，最后荣幸地住进总统的房间的。

有一次，荷伯乘飞机到墨西哥城主持一次谈判研讨会。抵达目的地后才发现旅馆已经客满，无法为他提供房间。

面对这种情况，荷伯决定施展自己的看家本领。他找到旅馆经理，问道：“如果墨西哥总统来了，你们会怎么办？你们肯定会为他提供一个房间的，对不对？”

经理回答：“当然，先生。”

荷伯一听，笑着说：“好吧，他没有来，所以，我就先住他那间。”

经理被他的机智和幽默折服了，最后，荷伯顺顺利利地住进了“墨西哥总统的套房”。但是，有一个附加条件，那就是：如果总统来了，他必须立即让出。当然，这种可能性几乎为零。

在这个例子中，荷伯和旅馆经理开了一个玩笑，先假设总统到来，旅馆肯定会为总统提供房间的。那就是说，旅馆还是有房间的，既然总统现在没

有来,那就先由我荷伯来暂住吧。这样的机智幽默,可谓巧妙至极,面对这么聪明这么有趣的人,旅馆老板怎么忍心拒绝呢?

总之,当我们说服别人答应自己的要求时,不妨先幽默一番,开一下玩笑,当对方为之一笑的时候,自然就会心悦诚服地接受自己的观点,说服就会取得令自己满意的效果。

深入浅出,用小幽默说出大道理

幽默是一种语言的艺术,它更是一种智慧,一两句就把那畸形的、讳莫如深的东西端了出来。这也就是人们常说的"小幽默蕴涵大道理"。因此,在说服他人的过程中,我们也可以深入浅出,借鉴小幽默来达到说服目的。

一次,爸爸带着儿子旅游,不巧的是,在半路上就开始下起了雨,阴霾的天气让儿子很郁闷,于是开始抱怨起天气来。这时,爸爸先跟儿子讲了一个故事:

有两个台湾观光团到日本伊豆半岛旅游,路况很坏,到处都是坑洞。其中一位导游连声抱歉,说路面简直像麻子一样。

而另一个导游却诗意盎然地对游客说:"诸位先生,我们现在走的这条道路,正是赫赫有名的伊豆迷人酒窝大道。"

听完爸爸讲的故事,儿子说:"爸爸,我们是不是该取消去承德避暑山庄的计划?"

的确,从这位父亲身上,我们除了看到他的机智幽默,更看到了他的睿智。面对儿子对天气的抱怨,他并没有直截了当地告诉儿子:抱怨毫无作用,而是借用一个幽默的小故事,让儿子明白一个道理:虽是同样的情况,然而不同的意念就会产生不同的态度。思想是何等奇妙的事,如何去想,决定权在你。

的确，幽默的真正作用并不仅仅在于单纯地搞笑、诙谐，而是同时传达另一种意思，体现的是一种智慧。

幽默是一种智慧，它可以给人带来快乐和轻松。在与人交流中，如果多用幽默的语言沟通，相信你的沟通和说服一定会很出色。

苏联作家高尔基曾在苏联作家协会理事会的第二次全体会议上作了一次简短的讲话。他在批评一些诗作缺少生活时说：——同志们，诗人很多，但有巨大诗才的，在我看来却太少。他们写的诗长达几公里。（笑声）——我不想谈论伟大的诗歌和大诗人，我在这方面是外行，我失掉了这方面的鉴赏力，我念诗很费力。（笑声）——不久以前，我在一个作者的作品里找到了这样的句子："他举起手，想摸摸她的肩膀，正在这时候，无畏的死神追上了他"。（笑声）说得多别扭啊！

这里，高尔基在批评那些缺少生活和闭门造车的人时，使用的便是引用法——引用具体的、滑稽的诗句，这样，不仅能让在座者看出具体存在的问题，还能起到批评指正的作用。

还有这样一个故事，传说汉武帝晚年时很希望自己长生不老。

一天，他对东方朔说："相书上说，一个人鼻子下面的人中越长，寿命就越长。'人中'长一寸，能活百岁，不知是真是假？"

东方朔听了这话，知道皇上又在做长生不老之梦了。

皇上见东方朔似有讥讽之意，面有不悦之色，沉下脸说道："你怎么敢笑话我？"

东方朔脱下帽子，恭恭敬敬地回答："我怎么敢笑话皇上呢？我是在笑彭祖的脸太难看了。"

汉武帝问："你为什么笑彭祖呢？"

东方朔答："据说彭祖活了800岁，如果真像皇上刚才说的，那他的人中就有8寸长。那么，他的脸不是得有丈把长吗？"

汉武帝听了，也哈哈大笑起来。

世上最危险的说服对象莫过于皇帝了，因为一句话说不对，就有可能招

来杀身之祸。东方朔把道理寓于幽默之中，委婉地说明了所谓的传说其实都是谬传，博得了汉武帝的笑声，这笑声中可以听出有着赞许之意。

很多时候，一些看似幽默、有趣的生活现象却对人们起到警示的作用。正如司马迁说：幽默是“谈言微中，亦可解纷”。有的“虽不合大道，然令人杰和悦”。幽默的语言可以创造良好的交流氛围，可以减轻彼此的压力，用小幽默说服他人更能让人领会你的话中含义。

具体来说，用小幽默说法他人需要做到以下几点：

1. 先调节气氛

诚然，幽默能起到消除尴尬、缓解矛盾、调节沟通气氛的目的。但无论是说服陌生人，还是你的老朋友、老同事，过于直白都难免不宜，这时就要适时地调节一下气氛，使谈话不至于停顿。另外，先调节气氛，有助于我们适时地引用小幽默。

2. 适当地引导

我们沟通的对象是有差异的，有些人善于交谈，在交谈中表现出愉快的情绪，而有些人择是不善言谈的，有些人不仅很难将自己的意思表述完整，而且在交谈中还总是跑题，不知所云。这样的情况，如果你硬性打断或者强行将对方拉回沟通主题上，都会伤害到对方，让彼此陷入尴尬，最好的办法还是使用幽默，巧妙地、不着痕迹地引导对方始终围绕着主题说。

需要提醒的是，幽默是一种语言智慧的体现，不是讲笑话。如果我们把讲笑话当成幽默，那就大错特错了。

总之，妙用小幽默形容、描绘某事物往往能显示出形象、生动、逼真的长处，给人俏皮、诙谐之感，使语言表达的艺术性大增，从而使其妙趣横生，余味无穷。但需要注意的是，小幽默用得巧，可使言语生辉；用得不当，就会适得其反。因此，值得重点注意的一点是，运用小幽默要适当，做到少而精，切不可滥用。

用幽默的方式表达劝言更诚恳

与人交流，不仅是一种思想感情、看法等的表达，更是一种信息的交换、思想的交流。很多人都会有这样的感觉：和有的人一起交谈，会觉得谈得很尽兴；而和有的人一起交谈，总感觉很别扭，不能畅所欲言。造成这种不同感觉的主要原因之一就是谈话气氛，它是谈话能否顺利开展的前提。同样地，向他人劝言也需要营造良好的范围，只有让他人感受到你的真诚，才会心悦诚服接受你的意见。

作家威廉·戴维斯曾经说过："我喜欢的幽默，是能使我发笑5秒钟而沉思10分钟的那一种。"确实，将严肃的事情用轻松的方式来表现的幽默，最能够达到劝导和说服别人的效果。强势的管理作风往往容易产生反效果，倒是用"以柔克刚"的方式最容易收服人心。

在美国的一个偏僻的小镇，总是发生交通事故，这主要是因为两点：第一，地点偏僻，不好管理，每天有大量的火车出入，道路狭窄弯曲；第二，司机经常疲劳驾驶。而作为这一辖区的警察局长麦克对此深感头疼，虽然他也明白下属们管理这一工作的艰巨，但他的上级领导根本不体谅，他们只要结果，因此，在这一辖区工作了十年，麦克一直没有升迁的机会。而最近，州政府颁布了一道命令，将这一季定为交通安全季，为了配合这个主题，举办了一场交通安全竞赛。为了这件事，麦克压力大增，每天一出家门便是满脸愁容。

一天，他和往常一样，拖着疲惫的身子回到家，将帽子随手一扔，便端着啤酒苦闷地坐在沙发里，孩子和老婆看见后也不敢吭声，纷纷躲回卧房里。

他打开电视，电视正演脱口秀，表演者说起话来不但妙趣横生，而且字字珠玑，他忍不住哈哈大笑，这一笑把心头的压力释放了不少。看完脱口

秀之后，他躺在沙发里深思，忽然间，他的眼睛为之一亮，心中有了一个灵感。

隔天，局长召集所有警察，开始积极地行动起来。三个月很快地过去了，州政府派人审查各镇的交通情况，包括交通阻塞情况、车流量控制、违规件数等，当然最重要的还是交通事故的发生率，然而，稽查人员审查的结果却让大家都跌破眼镜，没想到记录一向不好的小镇居然连一次车祸的记录都没有。

原来，麦克想出了一个好点子，他把公路上的所有警告牌都换了，而新牌子上面则写着“请开慢一点，我们已经忙不过来了！殡仪馆启”。很有意思吧？

局长通过这个幽默小语，对来往的司机进行了心理暗示，司机们看到这个幽默的提醒，不知不觉地把车速放慢，小心开车。的确，没有人喜欢强硬的手段，如果警告牌上写着“超速，罚一万！警察局启”，不仅守法的人看了不舒服，那些超速者更不用说了。利用一个小小的幽默，把交通安全的概念以最贴近人们生活的方式传递出去，让人们不知不觉地产生了“死亡随时在身边”的恐惧感，即使车速再快的司机看了也忍不住要放慢速度。死亡，是一件再严肃不过的事了，谁说严肃的事一定要用严肃的方式来表达呢？如果通过幽默的方式可以巧妙且有效地达到目的，不是别具意义吗？

因此，生活中，在劝说他人时候，我们需要明白，严肃的事不妨用幽默方式表达，那么，对方更能感受到你的诚恳，当然，我们的语言除了要具备幽默因素外，还需要注意以下几点：

1. 不要把语言重点放在那些无用的事上

2. 说话要直截了当而且中肯

如果你想听者的注意力集中在你说的事情上，你在说话时，首先就必须达到一个最基本的要求：集中一点，不要分散火力，相信你肯定会击中靶心。

3. 不要夸口

言过其实、夸海口都容易为接下来受到听者的质疑和责难埋下伏笔,因此,在陈述时,你一定要多动脑筋,为自己留有余地。

4. 不可盛气凌人

即使你在你所陈述的问题是个专业人士,你也没必要觉得自己高人一等。

5. 要为对方提出最好的建议

如果你认为对方现在的做法不够完善,那么,在幽默地指出对方的不足时,你就需要为其指出一个更为明确的方法。

逆耳的劝说可以用幽默含蓄表达

人们常说:"良药苦口利于病,忠言逆耳利于行。"但实际上,并不是所有人都能接受逆耳的忠言,过于直白生硬的说服往往很难令人接受。因此,我们在说服别人时,应该尽量运用委婉的说服方式,这样不仅可以让对方乐于接受我们的说服,而且也会给我们的说服留有回旋的余地。幽默就具有这一股强大的力量,它能帮助人们营造良好的劝说氛围。

在一家高级餐馆里,一位顾客坐在餐桌旁,很不得体地把餐巾系在脖子上。餐馆的经理见状十分反感,叫来一个服务生说:"你去让这位绅士懂得,在我们餐馆里,那样做是不允许的。但话要尽量说得和气委婉些。"服务生接受了这项任务,来到那位顾客的桌旁,有礼貌地问:"先生,你是想刮胡子,还是理发?"那位顾客愣了一下,马上明白了服务生的意思,不好意思地笑一笑,取下了餐巾。

这个小故事中的服务生是十分机智的,试想,如果他直接指出来:"你又不刮胡子,又不理发,为啥要把餐巾系在脖子下",就显得生硬不友好,直白地表达让顾客面子上过不去,很容易激起反感、对立情绪,甚至顾客会拂袖

而去，给餐馆造成经济和名誉上的损失。而他选择以幽默的方法把自己的意思隐藏起来，留给顾客作出正确的判断：刮胡子和理发需要把毛巾系在脖子下，现在既不是刮胡子又不是理发，所以不应该把毛巾系在脖子下。这样他既表达了自己的观点，礼貌地暗示顾客有失体统之处，圆满地完成了经理交与的任务，交际的效果是积极的。

可见，在劝说他人的时候，如果你的意见是逆耳的，那么，你就不妨放弃直接劝说的方式而改为幽默、含蓄地表达，让对方自己找出正确的方法远比你直接指出来要好得多。

众所周知，马克·吐温是美国著名的喜剧大师，无论是写作还是日常生活，他的语言都充满了诙谐，尤其在嘲讽方面，他可谓登峰造极。

马克·吐温有一次坐火车去上课，因为离开课的时间已经不多了，他十分着急，但是火车的速度并没有因为他着急而开得更快。于是马克·吐温打算和列车员开个玩笑。当列车员过来检票的时候，马克·吐温取出了一张儿童票递给他。这位列车员也挺幽默，故意假装仔细打量了马克·吐温半天说："看不出您还是个孩子啊！"

马克·吐温回答："我现在已经不是孩子了，可是我买票上车的时候确实还是个孩子。"

在这则幽默故事中，马克·吐温使用的也是幽默的技巧，他的话可谓藏而不露，不动声色地表达了自己的观点。

那么，在使用幽默法表达逆耳的劝说时，我们该注意些什么呢？

1. 要学会倾听

只有用心倾听，才能听清楚、听明白对方的想法，观点等，说得对还是不对，是不是紧扣主题的，才能及时发现问题，及时采取措施。

2. 及时打断对方

如果你发现对方的观点或做法错误，就要及时打断对方，以免让对方错得更加"离谱"，观点"跑"得更远，但是，并不是说你一发现就要阻止对方，而是应该找对点，找对让对方停止的点。否则，对方说了半截，明显没有说完，

你的打断会让对方很难堪。

3. 不要直接否定对方

如果对方的做法或者观点不妥，你固然需要指出来，但是也不能因此就直接让对方闭嘴，更不能直接否定对方。

4. 抓住主要问题

谈话必须突出重点，扼要紧凑。因此，谈话应迅速转入正题，阐明问题实质；要知道，言语啰唆是对信息实质不理解的表现，是谈话效率的大敌。

5. 掌握评论的分寸

即使你运用幽默法劝说别人，措辞要有分寸，表达要谨慎，要采取劝告和建议的形式，以易于被对方采纳接受，而不能含沙射影、取笑他人等。

迂回表达，意曲理不曲

我们的生活中，幽默无处不在。无论是工作、学习还是生活，幽默都可以让我们增添欢乐的情趣，驱走乏味和平淡。因此，幽默总是能为各种交流环境增添不少乐趣，有利于制造和谐、轻松的劝说氛围。因此，在说服他人的时候，我们也可以借用幽默的力量。尤其是当我们所提出的意见和建议可能会伤害到他人的感情与自尊的时候，迂回地表达，也能达到意曲理不曲的效果。

比如，某人打算向朋友提出一项要求，但不知对方会不会答应。当然，这一要求一旦被对方拒绝，肯定会使人难堪，甚至会伤及多年的情谊。而幽默往往是解决这种令人困窘局面的最好办法，也就是说，他应该以开玩笑的方式提出自己的要求。如果朋友由于种种原因不可能或者不愿意满足这一要求，他可以同样以开玩笑的方式婉转地予以拒绝。这样，任何一方都不会感到为难或自尊心受到损害。如果以幽默的方式所提出的要求为对方所应允，那么，两人经过半开玩笑的一番交流后，便可转入严肃认真的

"谈判"。可以说,幽默作为一种不得罪人的"侦察方式",起到了试探的作用。

我们先来看下面一则故事:

寒冬时节,很多人都选择坐公交车出行。在拥挤的公交车上,常会相互碰撞、身体互相挤来挤去的。

一天,有一个人终于耐不住这种压力了,他大声喊道:"喂,各位,大家都吸一口气,缩小些体积,我实在被挤得受不了了,快成照片了!"大家一起都哈哈大笑起来。一车陌生人立即变得亲切起来,也暂时忘记了挤车的烦恼。

可见,即使是陌生人,在遇到问题和摩擦时,如果能恰当地运用幽默方式去处理,也是一件化干戈为玉帛的好事。的确,幽默是"一种优美的健康的品质"。幽默是沟通人与人之间鸿沟的桥梁,是调节人际关系的润滑剂。幽默的语言能使局促、尴尬的场面变得轻松缓和,也能使人立即消失拘束或不安,甚至能调解小矛盾。

某杂志社往全国各地寄发了大量订阅单。预约期到了,可收回率却不高,于是他们又进行了一次全国性征订。这次的征订单上画了一幅漫画:负责订阅的小姐因为没有收到贵公司订阅的回音,正在伤心哭泣,弦外之音不言而喻,结果收回率大增。

这种推销可以说是高级的强迫推销,它不会使客户反感,而且收效很好,原因便在于它的含蓄和幽默。幽默的人本身就很容易打开别人的心扉。不但容易打动异性的心,也容易打动客户、合作伙伴的心。

当然,在说服他人的时候,如果不是临场发挥,一般都要事前做好准备,特别是正式场合的幽默表演要做好设计。用哪些话更贴切,产生的幽默效果更好。哪些话先说,哪些话后说,都要在内容上有所考虑。就是临场发挥的幽默,也是平时的设计和积累的自然流露。

那么,具体来说,我们在说服他人的时候,怎样才能做到迂回表达呢?

1. 借用幽默讲明利害关系,让对方自己得出结论

也就是说，在制造幽默的时候，要本着向对方分析做或不做一件事的后果，让对方在仔细思考的基础上作出决定。其实，也就是讲明利害关系，迫使对方不得不接受你的建议，作出让步。

那些出色的谈判大师，总是工于心计，巧于言辞，能够在谈判桌上运用自己的口才和智慧，与谈判对手展开智慧和谋略的较量。在很多时候，他们也会运用这种方式，“恐吓”或者“威胁”对方，让对方不得不作出有利于自己的决定。

2. 幽默表达，博众人一笑

李某帮朋友参加一个谈判会，双方僵持不下，他急了说道：“今天这件事要是谈不成，我保证你不会看到明天的太阳。”

对方深思了一会儿，问了一下李某在哪里高就。

李某实话实说，“我在气象台工作”。

在座的人大笑，被李某的幽默感染，对方也立即答应了谈判条件。

看完这个故事，我们必当会心一笑，李某虽然开了个玩笑，但却真正让对方接受了谈判条件。

因此，在我们试图使别人接受我们的劝说时，不妨使用一下这种迂回表达的方式，只要使用得巧妙，就会取得事半功倍的效果。

言反意正，让对方领会得更深刻

说话是一种艺术，在生活中有许多人可以用正话反说，或反话正说的方法把普通平常的事情说得生动幽默。我们在说服他人的过程中，常会出现一种情况，如果从正面劝服，对方不一定能接受，也不一定能深刻认识到我们的观点，那么，此时我们不妨选择正话反说的方法，也能达到言反意正的效果。比如，一个朋友好久不见，突然见面发现他长胖了。你可以这样调侃：“你看起来越来越有膘了！”这带点戏谑性的幽默似乎不太难。如果换成

正话反说:“啊! 你怎么越来越苗条了!”幽默的表达令你的朋友嗔怪地笑起来。

正话反说是一种颠倒黑白是非而产生的幽默,它是通过一种语言的反差达到幽默的效果。在向别人提出建议或意见时,正话反说可以在幽默诙谐中表达自己的观点,让听者在比较舒坦的氛围中欣然接受信息,达到比直言陈述更为有效的说服、沟通的目的。

约翰先生坐在车厢里很有礼貌地问坐在身边的一位女士:“我能抽烟吗?”

女士很客气地回答:“你就像在家里一样好啦!”约翰先生只好将烟盒重新放回衣袋里,叹了一口气说:“还是不能抽。”

这位女士说的是一句客气话,她的话并不幽默,幽默的产生来源于约翰先生的回答“还是不能抽”之中隐含的那个判断:在家里就不能抽烟,因为受妻子“管制”;现在如同在家里一样,自然还是不能抽了。这个结果一出现,使大家就看清了约翰先生“妻管严”的形象,那种夸张的无可奈何的神态惟妙惟肖,令人忍俊不禁。

美国作家马克·吐温就是深谙正话反说制造幽默的人。

马克·吐温收到一位初学写作的青年的来信。写信人对这样一个问题颇感兴趣:听说鱼骨里含有大量的磷质,而磷则有助于补脑,那么要成为一个举世闻名的大作家,就必须吃很多很多的鱼才行,不知道这种说法是否符合实际。他问马克·吐温:“您是否吃了很多很多的鱼,吃的又是哪种鱼?”

马克·吐温回信说:“看来,你得吃一条鲸鱼才成。”

在这则故事中,马克·吐温是怎么让这位青年认识到“吃鱼和是否能成为著名的大作家之间并无多少关系”的这一观点的? 就是正话反说,因为没有谁会真正吃一条鲸鱼,从反面夸张地开个玩笑,对方也就自然认识到自己原本观点的荒诞可笑了。

当我们需要表达内心的不满、希望对方接受我们的改善方法时,也可以

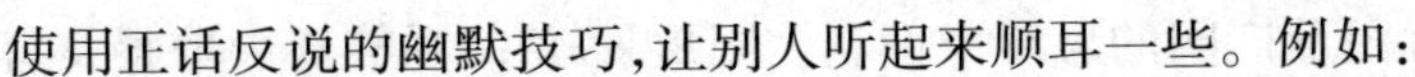

使用正话反说的幽默技巧，让别人听起来顺耳一些。例如：

杰克和他的情人想喝咖啡，但端上来的咖啡差不多只有半杯，这时杰克笑嘻嘻地对咖啡店主人说："我有一个办法，保证叫你多卖出三杯咖啡，你只要把杯子倒满。"

杰克巧妙地运用正话反说的幽默来表达失望感，却不致给对方带来难堪。也许杰克并没有喝到满满一杯咖啡，但杰克一定会得到友善、愉快的服务，咖啡店主人或许还会请杰克下次再光临该店。

这种正话反说的幽默技巧不仅被广泛使用，其实古人中的智慧者很久以前就已经能够成熟运用这种技巧了。

秦朝的优旃是一个有名的幽默人物。有一次，秦始皇要大肆扩建御园，多养珍禽异兽，以供自己围猎享乐。这是一件劳民伤财的事，但大臣们谁也不敢冒死阻止秦始皇。这时能言善辩的优旃挺身而出，他对秦始皇说："好，这个主意很好，多养珍禽异兽，敌人就不敢来了，即使敌人从东方来了，下令麋鹿用角把他们顶回去就足够了。"秦始皇听了不禁破颜而笑，并破例收回了成命。

优旃的话表面上是赞同秦始皇的主意，而实际意思则是说如果按秦始皇的主意办事，国力就会空虚，敌人就会趁机进攻，而麋鹿用角是不可能把他们顶回去的。这样的正话反说，因为在字面上赞同了秦始皇，优旃足以保全自己；而真正的含义又促使秦始皇不得不在笑声中醒悟，从而达到了他的说服目的。

以上这些幽默故事，虽然都使用了同一种幽默技巧——正话反说，但很明显，在表明自己的观点之前，制造幽默的人都是藏而不露的。不过需要注意的是，即使是通过正话反说让对方领会得更深刻，也需要露中有藏，藏中有露。如果藏得太密太深，幽默效果就荡然无存了。所以在使用这种技巧时一定要注意藏之有度，要让人们经过短暂的思索后立即能判断得出个中意味。

正话反说，兼具机智与幽默之美，如果运用得当，可使话语蕴藉、含蓄而

别具情趣，给听者留下广阔的思维空间，让人回味无穷，在笑声中取得良好的交际效果。

运用比喻，幽默暗示对方

培根说："善谈者必善幽默。"幽默的特征和妙处在于，通过自觉运用影射、讽喻、双关、对比、夸张等多种修辞手法，以表面滑稽形式的逗笑来含蓄地揭示生活中的乖讹和违情背理之处。幽默的谈吐是一个人的思想、学识、智慧和灵感在语言运用中的结晶，是一瞬间闪现的光彩夺目的火花。在现实生活中，我们在说服他人的时候，总会因为各种原因使得我们不便直接表明观点，这时如果运用比喻，把"词锋"隐遁或把"棱角"磨圆一些，使语意软化，含蓄地表达自己的见解，来烘托本来要直说的意思，既可以化解彼此的尴尬，又便于听者接受，运用得当，不乏幽默诙谐。

运用比喻法暗示对方，就是以生动的比喻为依据，用形象的喻体所包含的浅显之理，寄寓一个鲜明深刻的题旨，从而巧妙地达到令对方信服的谈辩目的。

在语言表达中，多用比喻的表达方式，往往更令人明白易懂，同时也为沟通和说服工作增色不少。

道家学派的庄子，有一次去拜访他的同学惠施。当时惠施已经是相国了，他听说庄子要来，便认为是来同自己夺权的，于是派手下的人去抓庄子。庄子知道了，没有躲避，而是直接到惠施的府上，惠施只好当面接待庄子。

庄子没有告诉他说是来看望老同学的，也没有解释自己无意于他的相国地位，而是说："我听说古时候有种鸟，它从东南起飞，又向西北飞去。这只鸟非梧桐不栖、非醴泉不饮、非竹实不食。此鸟在飞行中，看见一只乌鸦对自己喊：'你不要来抢夺我的食物，这个老鼠是我的'。可这只飞鸟一句话

也没说，不屑一顾地飞走了。”

庄子说完，惠施满面羞愧。

在这则故事中，庄子并没有直接表明自己无意于惠施的相国地位，而是先打了个比方，让惠施打消了这一“小人之心”。试想：如果当时庄子向惠施解释，惠施能完全相信吗？说不定还会惹来杀身之祸。而用一个简单的比喻，不但把事情说清楚了，而且还嘲讽了惠施，这就是语言的功力。

在现实生活中，我们对他人进行说服与沟通，如果也多用贴切的比喻来说明问题，矛盾不就迎刃而解了吗？

同样地，很多时候，我们若想说服那些不怀好意者，也大可引经据典，从而以眼还眼，以牙还牙。

晏子是齐国的大夫，有一次他出使楚国，楚王和他的左右想要羞辱他一番，便故意与晏子站在前庭说话。

这时，武士押着一个人从楚王面前经过，楚王问道：“绑的是什么人？”武士回答说：“是齐国人。”楚王瞅了一眼晏子，挑衅说：“齐国人生来就是盗贼吧？”

晏子针锋相对，说：“大王，江南有橘树，把它移栽到江北，就变成了枳树，之所以如此，那是随着地方的不同而发生变化。当今的齐国人，在齐国不偷不盗，很守本分，到了楚国就胡作非为，大偷特偷起来，这大概是楚国的恶习熏染的吧。”

楚王听后无言以对，只好说：“晏子果然是贤人，贤人不可以戏侮；戏侮不成，反倒自讨没趣。”

这里，晏子同样是运用比喻的手法，先不对对方进行反驳，而是引经据典，加以暗示，让对方自己发掘言语的失误之处。当然，此处，晏子是具有相当的自信的。否则缺乏自信，反驳的矛头就指向了自己。

有时候，出于某种需要，利用事物之间所具有的某些类似的属性，让过对方原来的话题不予直接地反驳，而转移到实质相同但形式相异的另一话

题上去。乍看去是“另起炉灶”，实则包含着一个暗示对方原来论点虚假和错误的结论，让人们从这一影射中自己去品味、体察其中隐含的耐人寻味的意旨。

在暗示对方的过程中，巧妙地运用比喻的手法，利用事物之间的相似性、相关性和相对性，借实比虚，借浅比深，借比求同，借比显异，让人们在事物的相互比照中更具体、更深刻、更全面地悟出事物的性质和道理来。

喻证法又分明喻证法、借喻证法、博喻证法、引喻证法四种。

1. 明喻证法，这是相对于修辞中明喻的手法而言的，也就是说，在说话时，可以同时摆出借用的喻体事物和与之相似的本体事物，然后显示出两个事物间的相似性。

2. 借喻证法，这就是在言谈中运用借喻的手法，即在言谈中不提本体和喻体事物，而只言所借的喻体事物，让听者自己感悟本体和喻体之间的相似性、联系等。

3. 博喻证法，即在言谈中使用三个或者三个以上的比喻，从而从不同角度、层次或者阶段去表明事物间的性质、道理、联系等。

4. 引喻证法，即引用寓言、典故、神话传说等证明所喻本体事物的道理。

运用这一手法时，应注意以下几个问题：

一是比喻者与被比喻者要类相异、理相同。只有类相异，才能作比喻；只有理相同，才能由此及彼作推理。

二是比喻要贴切，即喻体与本体在比喻点上要有内在的性质联系，存在共同的道理。反之，若两者毫无共同之处，却去牵强附会，只能让人啼笑皆非而不屑一驳。

三是喻证法虽然形象生动、浅显通俗，但由于喻体本体毕竟是两类不同的事物，具有不同的本质属性，因此，它推出的结论带有一定程度的或然性。

动用反问式幽默征服对方

在日常生活中,我们与人沟通,都希望对方能接受我们的观点,但直接陈述我们的观点,有时候并不能起到我们预期的效果,此时,我们不妨使用反问式的方法,让对方自己回答出我们的答案,往往更能征服对方。

反问是用疑问的形式表达确定的意思,以加重语气的一种修辞手法。反问只问不答,答案暗含在反问句中。人们可以从反问句中领会表达者的真意。反问也叫激问、反诘、诘问。从反面提问,答案就在问题中,这种运用疑问的语气来表示肯定或否定的意思和强烈感情的修辞手法叫做反问。反问也叫激问、反诘、诘问。运用反问,可以起到加强语气和发人深思的作用。

有一位妈妈和儿子对话。

妈妈:“你要哪个苹果?”

儿子:“我要大的。”

妈妈:“你应该懂礼貌,要小的。”

儿子:“妈妈,懂礼貌就得撒谎吗?”

儿子在反问中,把礼貌与扯谎这两类不同性质的事情扯在一起,既令人发笑,又令人有所领悟。

有一位青年专爱抄袭别人的作品,签上自己的名投给报刊编辑部。有一天,他来到某杂志社问及自己所投的一首诗能否发表。编辑问他:“年轻人,这首诗是你自己写的吗?”

青年:“是的,每一行我都付出了艰辛的脑力劳动,每个字都是我心血的结晶。当然是我自己写的。”

编辑很有礼貌地站起来,向他伸出手来:“那么,莎士比亚先生,见到您我很高兴,我以为您早已不在人世了呢!”

这里，编辑并没有直接表明青年人的诗是抄袭的，而是运用一句很有韵味的反问："莎士比亚先生，见到您我很高兴，我以为您早已不在人世了呢！"指出了青年人的不诚实。

《五代史·伶官传》中记有这样一则故事：

唐庄宗李存勋是一个昏庸无道的君主，他极爱打猎。

有一次，他带领人马杀气腾腾来到中牟县打猎。中牟县令闻讯赶忙前去迎驾。县令跪在庄宗马前，为民请命，希望在打猎时不要践踏农民的庄稼。庄宗大怒，呵斥县令道："你给我滚开！"

伶官敬新磨见势不妙，便带领他的演唱人员把县令捉至庄宗面前，斥责他说："你身为县令，难道不知道我们的天子爱打猎吗？"

县令低着头说："知道。"伶官道："既然知道，你为何要放纵你的百姓种田来向皇上交纳赋税？为什么不让你的百姓饿着肚子把田让出来给君王打猎？你说，该当何罪？"说完，便恳请庄宗杀掉县令。其他人也一齐唱和道："请君王让我们把他杀掉！"

庄宗听后置之一笑，要大家放了县令。

这则故事中的伶官是个智者，面对昏庸无道的皇帝即将杀害忠臣良将，他并没有直接阻止，因为这样做的结果只能让自己也招致杀身之祸，此时，他选择了反问式的幽默，从反面提问："你为何要放纵你的百姓种田来向皇上交纳赋税？为什么不让你的百姓饿着肚子把田让出来给君王打猎？"很明显，这个问题的答案是利于这位县令的，于是，唐庄宗自己得出了正确的结论，放了县令。

的确，在劝说别人时，有些话是不能直接说的，说了会得罪对方，影响彼此之间的关系。倘若对方是你的顶头上司，一句话不对往往会影响到自己的薪水和升迁。在这种情况下，不妨和案例中的伶官一样，采用步步追问的方式，将对方的思路慢慢地引向自己的目的。

当然，除此之外，我们还需要注意以下几点：

1. 反问别人时，一定要注意自己的语言不要有任何的针对性，感情色彩

要鲜明。

2. 要让对方认识到问题的答案,否则,对方按字面意思来理解,那就适得其反了。口语中,有表情、语气、语调来帮助,一般不会让人误解。

不过,一定要注意,运用这种方式时,千万不要操之过急,不要把自己的追问变成逼问,否则就会激起对方的反感情绪,这对自己是非常不利的。而如果运用得当,巧设问题,并且善于察言观色,根据对方的表情和心情巧妙提问,就会收到令自己满意的效果。

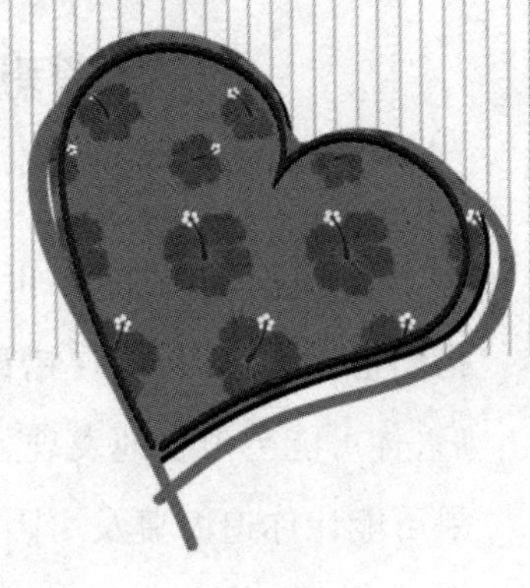

第5章 保留他人面子的幽默批评法

人非圣贤，孰能无过？无论是谁，都有犯错误的时候。在生活中，我们也有必要指出他人的错误，如果这时你给予的是过激的、不适当的批评，只会让他在错误的路上越走越远。实际上，批评是一种艺术，而且是更高的艺术。即使你信奉“忠言逆耳利于行，良药苦口利于病”，但也别忘了，人都是有自尊心的。如果你想用“嘴”来说动别人的“腿”，幽默就是最好的方式。总之，如果你需要批评他人，那么请在批评时记得给人一个台阶，尽量用幽默使你的批评妙趣横生，既精辟入理又轻松愉快，这样才能起到事半功倍的效果。

动用幽默，批评也能说得悦耳动听

人无完人。在这个世界上，没有人不会犯错误。生活中，我们常常需要指出他人的错误，但在错误面前，你可能要忍不住大发雷霆，但狂风暴雨过后，你可能会沮丧地发现，你的“善意”并没有被对方所接受，甚至，换来的结果可能让你追悔莫及。因为批评对谁来说，都不是一件让人愉快的事，也没有谁喜欢被他人否定，但是如果我们能够掌握适当的批评技巧和方法的话，让他人接受批评也并非难事。

我们都知道，幽默的力量在于为他人创造快乐、营造良好的交流氛围，因此，批评他人时，若能适当地使用幽默这个撒手锏，不仅能帮你解决棘手的问题，而且还可以让你的沟通能力锦上添花。

查尔斯·史考勃是美国著名的钢铁大王。他经常回去巡视自己的钢铁厂。这天中午，他还是和往常一样，没事来到车间，看到有几个工人在抽烟，而就在他们的正上方，高悬着一块大牌子——“禁止吸烟”。

史考勃并没有发火，而是思考了一下，面带微笑地朝吸烟者走去，友好地递给他们几根雪茄，幽默地说：“诸位，如果你们能够到外面抽掉这些雪茄，我将感激不尽。”工人们都不好意思，马上把烟火掐灭，并对史考勃产生了好感和尊敬之情。

如果你是史考勃，你会怎么做？会不会走上前去，指着那个大牌子说：“你们不识字吗？”事实上，很多人都会这样做。我们经常看到一些人尤其是领导者这样训斥自己的下属：“就你这种饭桶，才会做这种事。”“你为什么老是犯这种低级错误，我真不知你是如何在这个部门混到今天的。”“你总是没有一件事做得成功，你白领公司的薪水你惭不惭愧？要是别人早就自动卷铺盖走了，你还有脸混在这里。”像这样的人，要赢得下属的尊敬与合作真比登天还难。

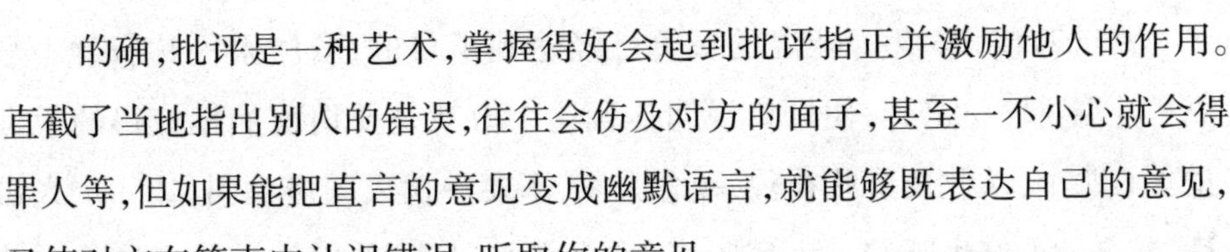

的确，批评是一种艺术，掌握得好会起到批评指正并激励他人的作用。直截了当地指出别人的错误，往往会伤及对方的面子，甚至一不小心就会得罪人等，但如果能把直言的意见变成幽默语言，就能够既表达自己的意见，又使对方在笑声中认识错误，听取你的意见。

1890 年，美国著名的幽默作家马克・吐温和一些社会名流参加道奇夫人的家宴。不一会儿，就出现了大宴会上经常发生的情况：人人都在跟旁边的人谈话，而且同一时间讲话，慢慢地，大家便把嗓音越提越高，拼命想让对方听见。

马克・吐温觉得这样有伤大雅，太不文明了。而如果这一时间突然大叫一声，让大家都安静下来，其结果肯定会惹人生气，甚至闹得不欢而散，怎么办呢？

马克・吐温心生一计。他对邻座的一位太太说：“我要让这场吵闹静下来，法子只有一个。您把头歪到我这边来，装成对我讲的话非常好奇的样子，我就这样低声说话。这样，旁边的人因为听不到我说的话，就会想听我说的话。”

“我只要唧唧喳喳一阵子，你就会看到，谈话会一个个停下来，最后，除了我的声音外，其他什么声音都没有。”

接着，他就低声讲了起来：“11 年前，我到芝加哥去参加欢迎格兰特的庆祝活动时，第一个晚上设了盛大的宴会，到场的退伍军人有 600 多人。坐在我旁边的是××先生，他耳朵很不灵便，有聋子通常有的习惯，不是好好地说话，而是大声地吼叫。他有时候手拿刀叉沉思五六分钟，然后突然一声吼叫，会猛地吓你一跳。”

说到这里，道奇夫人那边桌子上闹哄哄的声音小了下来。然后寂静沿着长桌，一对对一双双蔓延开来，马克・吐温用更轻的声音一本正经地讲下去：“在××先生不做声时，坐在我对面的一个人对他邻座讲的事快讲完了……说时迟那时快，他一把揪住她的长头发，她尖声地叫唤，哀求着，他把她的领子按在他的膝盖上，然后用刺刀猛然一划……”

到这时候，马克·吐温的玩笑已经达到了目的，餐厅里一片寂静。马克·吐温见时机已到，便开口说明他玩这个游戏是要请他们把应得的教训记在心头上，从此要讲些礼貌，顾念大家，不要一伙人同声尖叫，让一个人讲话，其余的人好生听着。大家听了，哄堂大笑，只是他们脸上的表情都有些尴尬。

可以说，马克·吐温是个深谙批评之道的人，面对嘈杂的聚会环境，他并没有采用大声制止的方式，而是从幽默的角度和大家开了个玩笑，让大家在哄堂大笑的同时，认识到自己的失礼从而加以改正。

总之，批评是一种棘手的事，尽管你也许不想如此做，但当你又必须这样做时，你就要艺术地批评对方，从而不使对方产生敌对情绪，又能改变他们，激励他们按你的指引方向去做，从而起到通过批评而激励的作用！

先调侃自己，再幽默批人

在生活中，人们总是喜欢被肯定，没有谁喜欢被批评。因此，无论采用何种批评方法，不要一上来就开始你的“牢骚”，要先创造一个尽可能和谐的气氛。做错事的一方，一般都会本能的有种害怕被批评的情绪。如果很快地进入正题，被批评这很可能会产生不自主的抵触情绪。即使他表面上接受，却未必表明你已经达到了目的。所以，先让他放松下来，然后再开始你的“慷慨陈词”。要做到这一点，我们不妨先调侃一下自己，再幽默地批评他人。正如美国前总统柯立芝所说：“理发师给人刮胡子，他要先给人涂些肥皂水，这样就是为了刮起来使人不觉痛。”

一次，学校组织学生到报告厅看电影。看完电影进班后，学生们仍在谈论着电影中有趣的故事情节。

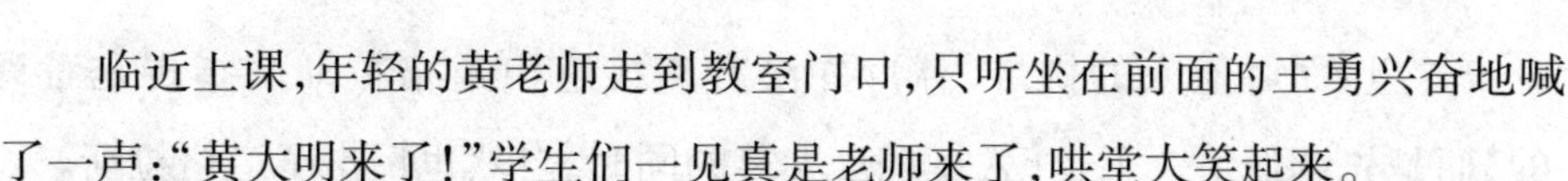

临近上课，年轻的黄老师走到教室门口，只听坐在前面的王勇兴奋地喊了一声：“黄大明来了！”学生们一见真是老师来了，哄堂大笑起来。

黄老师故意打岔说：“今天王勇怎么这样客气，竟叫我‘黄大爷’！”学生们笑得更响了。

接着，黄老师一本正经地说：“其实，我们在校园里不必这么客气，不管老师年纪大小，只要叫‘老师’就好了，不要叫‘大爷’、‘大叔’的，但也千万不能没有礼貌，直呼老师的姓名。”

几句装糊涂打岔的话，说得王勇脸变红了。

案例中的这位黄老师就是个很懂批评之术的人，面对学生的无礼，他并没有大发雷霆，也没有严厉地批评，而是先调侃一下自己，称自己为“黄大爷”，当学生们为此发笑时，他再以开玩笑的方式指出学生对老师直呼其名这一行为的不礼貌，让学生王勇认识到自己的错误，同时，也对其他同学起到教育作用。试想，如果这位老师在对犯错误的学生批评教育时，板起面孔训斥一通，严肃得没有一丝笑容，那么不是师生矛盾激化，就是呈现貌似平静实隐波澜的僵局，教育效果不佳，也会使学生背上思想包袱，心理负担颇重。

美国幽默术专家特诺·赫伯说过：“把幽默当作礼物送给别人，会增强你的吸引力。”社交场合离不开幽默的谈吐。运用幽默语言活跃气氛。幽默能激起听众的愉悦感，使人轻松、愉快、爽心、舒情，幽默可活跃气氛，沟通双方感情。幽默能融洽人际关系，生动地表达情感和态度，从而达到驳斥、批评他人的目的。

美国第16届总统林肯的长相平平，他自己对此也不避讳。他的政治对手道格拉斯在与他辩论时严厉指责他是个“两面派”。

林肯答道：“现在，请各位电视观众评评看，我如果还有另一副面孔的话，我会戴着现在的这副面孔吗？”结果引起观众哈哈大笑。

这里，面对他人的挑衅，林肯并没有直接道出道格拉斯的指责是荒谬的，而是先调侃了一下自己，在观众大笑的同时，自然也反击了道格拉斯。

美国哲学家帕克说："幽默的目的是审美的沉思。"也就是说，幽默是以表面上的滑稽和形式上的玩笑，起到实质上的庄重和内容上的严肃之效果。因此，真正的幽默要有意味深长的内涵，它不是简单的插科打诨而已。作为批评手段之一的幽默批评，更应是智慧的结晶，是启迪的艺术，是热情的开导，是真诚的帮助。很明显，先调侃自己，再幽默批评，则使得我们的批评动机更纯正，批评语言更温婉，也就更能起到指正的作用。

文学大师老舍在谈到文学创作时说："文字要生动有趣，必须利用幽默。"实际上，生活中我们批评他人也是这样，若要行之有效，不妨搞点"幽默"。因为幽默能寓"教"于乐、使人深思。如果你没有幽默，那无异于呆板的雕像；如果你的语言中不含幽默，那无异于枯燥的经文。生活中常有这样的体会：你咬紧牙关、心急如焚地硬去拧盖着的瓶盖儿，却怎么也拧不开；然而你心平气和下来，有时只轻轻一拔，瓶盖儿竟神奇般地打开了。——这便是幽默效应的一个形象写照。而实际上，我们在肯定幽默对批评的作用的同时，还必须认识到一点，如果我们在指出他人错误的同时，先把幽默的矛头指向自己，开一下自己的玩笑，博对方一笑，那么，此时你再进行幽默批评，对方接受起来也就更加乐意接受。

将错就错，令对方领悟错误

林肯说，"人人都喜欢受人称赞"，"人类本质中最殷切的需求是渴望被肯定"。人类与生俱来就有一种正常的心理防卫机制。在现实生活中，如果我们自身是被批评的对象，当自己受到批评的第一刻，往往也会有这样的第一反应："我真的错了吗？"紧接着，我们在内心深处就会开始在找理由为自己辩解。即使批评者苦口婆心地劝说，我们也不可能听进去，而如果我们自己领悟到错误,那么,我们接受错误所花的时间与精力将会相对减少很多。从这里我们得出一个启示,批评他人,哪怕是正确的批评,一定要考虑对方的心理,要善于应用对方易于接受的方式来表达。而在运用幽默法批评他人时,选择将错就错、让对方领悟错误的方法,无疑是一种效率极高的批评方式。

一个妇女在宴会上炫耀自己的家境富有,她说:“我常用温水洗钻石,用红酒洗红玉,用白兰地洗翡翠,用牛奶洗蓝宝石,你呢?”她问身旁的一位太太。

“哦,我根本不洗!”对方说,“只要这些东西沾上灰尘,我就把它们扔掉。”

这里,这位太太的回答可谓巧妙极致,她并没有直接反驳这位炫富的太太,而是先顺着对方的思维,表明自己“根本不洗”,然后再加以转折,给对方一个心理反差,认识到自己着实不该炫富。

美国军队有一条规定,军人一律不得蓄长发。而黑格将军担任北约部队总司令时,却蓄着长长的头发。

有一名被禁止留长发的美国士兵,看到画报上登载着长发的黑格将军像,便把它撕下来,贴在不许他留长发的办公室的门上。为了表示抗议,他还画一个箭头,指着总司令的头发,写了一行字:请看他的头发!

少校看见了这份别出心裁的抗议书,没有把这个愤愤不平的小兵喊来训斥一通,而是将那箭头延长,指向总司令的领章,也写了一行字:请看他的官衔!

这里,少校这样答复小兵的抗议是很幽默的。他也并没有指明小兵的做法是错误的,而是采用与小兵相同的“说话方式”,让小兵认识到自己的抗议是无效的。

可见,在批评他人的时候,顺势而为,就会产生一种加速度的作用力,相反的,产生的往往是阻力。就像是一个正在上坡的人,如果是给他喊加油,就相当于向上拉一把,可以让他更容易地越过陡坡。相反的,如果是讥讽和

打击，则往往会让他泄气，出溜到坡底。

如果你是一个深谙批评艺术的人，就要努力去满足下属的这种心理需求。那么，具体来说，我们该如何利用幽默法让对方认识到自己的错误呢？

1. 先肯定和表扬

既然批评的副作用如此大，而表扬的效果又如此好，那是不是就不需要批评，只用表扬就可以了呢？答案是否定的。凡事都要讲究辩证法。在日常生活中，面对他人的缺点、失误及小错误的时候，我们不妨先采取正面鼓励、肯定和表扬的方式，这样，会把对方的错误意识上升到最高点，在后面的批评指正工作中，对方的领悟也就越深。

一名小学生天生一副犟脾气。一次课间，因他的同桌以"打呆子"的方式同他开了个玩笑，众目睽睽之下，他的自尊心受到了伤害，恼羞成怒，一把揪住对方扭打起来，嘴里还直喊："今天被狗咬了！今天被狗咬了！"

此时已到上课时间，老师走进教室，看到这"热闹"的一幕，立即叫他们松手再说。但此学生就是"咬定青山不放松"。只见他额上青筋暴突，脸涨得通红，口中仍在喊个不停。老师灵机一动，接过他的话碴儿说："是呀，你今天是被小狗儿咬了一口，但是，我们只看到过狗咬人，哪有人咬狗的！狗咬了你，你也非要咬狗不可，这不是说明你与狗一般见识了吗？狗有狗的主人，你被狗咬了，你要去找狗的主人论理才对呢！"

几句话说得全班学生都笑了起来，这名学生也"扑哧"一笑，松了手。

2. 矛盾法得出正确结论

皮埃尔是巴黎的画家之一，他以前卫派自居。

有一次，他在塞纳河畔开了一个画展，把自己的作品都张挂起来。有个五十多岁的妇人从旁边走过，见了他的画说：

"哎哟，这画可真有意思。眼睛朝那边，鼻孔冲向天，嘴是三角形的呢！"

皮埃尔对老妇人说："欢迎你来参观，太太。这就是我描绘的现

代美。”

“哦,那太好了。小伙子,你结婚了吗?我把长得和这张画一模一样的女儿嫁给你好吗?”

老妇人的一句问话,使皮埃尔陷入双重标准的窘境。

这种主观世界与客观世界的矛盾,造成一种强烈的反差,形成一种幽默的氛围。

这种方法能制造幽默,因为它们常常把人置于几种不同的环境中,凸显人类的弱点,令我们惊讶、羞惭、深思,让我们觉得有趣、可笑、意味深长。

总之,批评他人时,我们的目的不是批评,而是指正,将错就错制造幽默更发人深省!

说点俏皮话暗示对方的错误

生活中,有时候,我们在需要指出他人的错误时,却发现如果直接指出,可能会带来一些负面结果,比如,伤害对方自尊心、伤害彼此间的友谊,或者让对方没面子等,此时,如果我们能以开玩笑的方式,和对方说点俏皮话,那么,便能起到暗示对方、让对方认识错误的效果。暗示批评法,即对事物表达自己的看法,不是通过直说,而是种种可能进行曲说,并达到幽默的效果。

从前,有个人请客,酒席间有一客人,刚一举杯就放声大哭。

主人忙问:“老兄为何临饮而哭?”客人回答说:“我平生爱的是酒,如今酒已死了,为何不悲不哭?”

主人笑道:“老兄差矣,酒怎么会死呢?”

客人故作沉痛的样子说:“既然没死,为啥没有一点酒气?”于是满座哗然。

这则故事中,客人发现主人吝啬,没有用好酒待客,但他并没有直说,而

以故意放声大哭诱发主人的疑问:为何临饮而哭?接下来,他依然不回答主人的问题,将主人的胃口吊高,最后才表明没有"酒气",这样旁敲侧击,真可谓迷离藏趣,令人会心而笑。

因此,当我们试图指出他人错误而发现这一做法可能会导致对方的抵触情绪时,就不妨说点俏皮话,让对方听出你的言外之意,使其认识到错误,从而加以改正。

具体来说,这一方法还可以分解为以下几种方法:

1. 影射

19 世纪意大利有个作曲家叫罗西尼。

有一次,一个作曲家带了份七拼八凑的乐曲手稿去向他请教。在演奏过程中,罗西尼不住地脱帽。

作曲家问:"是不是屋里太热了?"

罗西尼回答说:"不,我有见到熟人脱帽的习惯,在阁下的曲子里,我碰到那么多熟人,不得不连连脱帽。"

很明显,面对这份七拼八凑的乐曲手稿,罗西尼很想指出他的过错,但他没有点破对方"抄袭""拼凑",而是用富有幽默的"不住地脱帽"的动作和"碰到那么多熟人"的解释,委婉含蓄地暗示了自己尖锐的批评意见,这种批评虽不如直说那般鲜明尖锐,但它不仅生动形象,而且幽默、含蓄,更富于讽刺意味而且耐人寻味。

2. 巧借话题

一天,阿凡提去朋友家做客。那位朋友是个爱好音乐的人,他拿出了各种乐器,一件一件地演奏给阿凡提欣赏。

中午过了,阿凡提早就饿得难受,那位朋友还在没完没了地拨弄乐器,并问道:"阿凡提,世界上什么声音最好听?是独塔尔还是热瓦甫呢?"

阿凡提回答说:"朋友,这会儿,世界上什么声音都比不上饭勺刮着锅的声音好听呀!"

这里，假如阿凡提直接表明自己的想法："我早就饿了，你还没完没了地摆弄乐器干什么？"则显得不得体，所以他及时接过话题，临时用"饭勺刮锅的声音"与音乐家的乐曲声作对比，其实是以此暗示对方该是进午餐之时了。由于转折自然，表达得含蓄而幽默，在不损害对方自尊心的前提下令对方愉快地得到了暗示。

3. 设疑

一位吝啬鬼，更是小气得出奇。他在大杯子里仅仅倒上一丁点儿酒，刚好盖过杯底，一位客人向他要一把锯子。

"你要锯子做什么用？"

"为了把杯子的无用部分全部锯掉。"

这个富有讽刺意味的幽默，用的正是设疑的暗示之法。

4. 讳言婉语

人们在日常说话中，由于某些原因，需要避讳，于是出现了讳言婉语。从某种角度来看，讳言婉语实际上是一种巧妙的暗示，有时会产生幽默的效果。

一个泥瓦匠，因为他在喝得酩酊大醉时说了一句"沙皇陛下在我的屁股底下"，被告到法院。

法院经过认真审理，确认他有罪。记者们要报道此事时，又不能重复那句侮辱皇上的话，真是费尽了心思。

后来一个聪明的记者写的消息被各报采用。那位记者是这样写的："泥瓦匠安德烈被法庭判处有期徒刑三年，因为他泄露了一些有关沙皇住处的令人不安的消息。"

经过记者的一番处理，实言与讳言之间形成了夸张性的距离，令人忍俊不禁。

5. 弦外之音

吃饭时，丈夫尝了尝汤，问道："家里还有盐吗？"

"当然有，"妻子说，"我就去给你拿来。"

“不用了,亲爱的,我以为你把所有的盐都放在汤里了呢?”

这句话暗示妻子做的汤太咸,婉转道来,既亲切又幽默。

总之,说点俏皮话,开开玩笑,远比一本正经地指出他人的过失和不足更委婉含蓄、更易让人接受!

用幽默挽救过激批评的尴尬后果

在现实生活中,有这样一些人,他们心直口快,看到他人的过失和错误就忍不住要指出来,并且丝毫不顾及对方的面子和感受,但一阵狂风暴雨之后,他们才发现,原来自己真的“言重”了,此时,他们只能悔不当初,其实,面对这种情况还是有挽救措施的,那就是幽默,被批评的对象可能不会接受你的批评,也可能不接受你的道歉,但绝不会不接受幽默带来的快乐。老舍先生说过:幽默者的心是热的。可见,如果你借助幽默这种润滑剂,那么便能给对方一个台阶,给自己一个台阶,挽救过激批评带来的尴尬后果。

陈先生去看病,他等了半天也没有等到检查结果,于是,他很生气地对医生说:“你们的办事效率也太低了,要是我有疾病的话,估计现在都进天堂了。”

面对病人的抱怨,医生也很不高兴,就紧皱着眉头说:“你暂时还不会去天堂,但你的健康状况糟透了!你的腿里有水、肾里有石头、动脉里有石灰。”

陈先生一脸尴尬,挤出笑容说:“医生,如果你现在说我脑袋里有沙子,那么我明天就可以开始盖房子了。”两人相视而笑。

这则故事中的陈先生是个机智的人,当他发现自己的话可能让导致医生产生了不愉悦的情绪时,他就借助医生的话,开了个玩笑,让彼此心中释然。

当然,并不是所有人在过激地批评完他人之后,都能认识到自己的批评

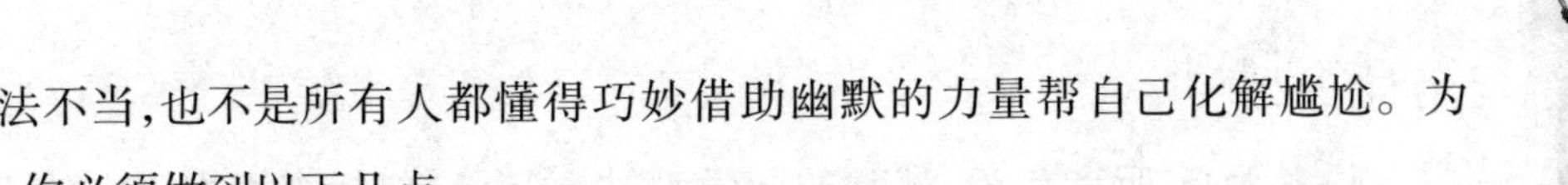

方法不当，也不是所有人都懂得巧妙借助幽默的力量帮自己化解尴尬。为此，你必须做到以下几点：

1. 先稳定自己的情绪

批评是一门学问，如果批评时言辞不当，有可能造成一些不好的后果。所以不要一批评起他人来，就猛下"虎狼之药"，怎么难听怎么说，这样的话，谁听了都不高兴，即使可能你是老师、是上级，嘴上可能碍于你是上级，不敢得罪，但难免怀恨在心，对你产生敌意。其实，恶意的批评并不能树立你的威信，反而会降低你的层次，让被批评者气不顺，心不服，严重时还会反唇相讥，激化矛盾。

作为批评者，如果你只图一时之快，用态度恶劣的批评伤害了对方，那么你就要及时补救，否则过后不管你如何弥补，你带给他的伤害永远存在。所以，你要控制自己的脾气。在每次感觉自己快要失控时，先冷静 5 分钟。等到能够平静地面对对方了，不妨试试把疾言厉色的批评或苦口婆心的劝诫换成幽默的一笑。

2. 见缝插针，找到制造幽默的关键点

在日常生活与工作中，如果你过激地批评了他人，那么，你一定要幽默风趣地给对方设置一个台阶下，便能瞬间解除尴尬，得到他人的理解和配合。其实，要找到这个台阶并不难。一些有趣的双关语、一个暗示性的动作、一则富有哲理的故事、一个形象的比喻……都能起到既点出对方的错误又不失风趣的效果。

一次英语课上，老师正捏着粉笔在黑板上书写句式，某个坐在前排的学生李岩觉得很无聊，就跟旁边的同学唧唧喳喳地说话。这下老师生气了，回过头对这位学生说："李岩，你知不知道自己的行为影响了课堂纪律？"李岩觉得很没面子，就低着头玩起了自己的钢笔，并不自觉地用钢笔敲打起课桌来。

老师发现自己刚才的话可能让李岩有点难以接受，于是，他接着说了句："李岩，英语课是不需要伴奏的。"老师头也没回地说道，说完继续

书写。

说者无心，听者有意，满堂的同学都被逗笑了，包括李岩本人。他不好意思地停止了敲打，并且还冲老师做了个鬼脸。

没想到老师这时却又回头了，刚好看到了李岩的鬼脸，她莞尔一笑，一边模仿小李的鬼脸，一边趁机说道："make faces(做鬼脸)!"

就这样，李岩有了台阶下，全班同学也无意中学会了一个新的英语单词。

可见，幽默风趣的语言能挽救由过激批评而导致的尴尬后果，能把原本严肃的事情变成一个玩笑，让人比较容易接受，也不会产生抵触情绪。

点到为止，幽默批评也要掌握分寸

每个人都是有自尊心的，直截了当地当众批评他人，或者会引起对方的强烈反驳，找到一些理由来为自己辩护；或者会以沉默相对抗，口服心不服，并从此积怨于心。所以心理学家都异口同声地说："不要当众斥责人。"这是很有道理的。委婉含蓄，点到为止，掌握批评的分寸，不失为一门幽默式的批评艺术。

小李今年才28岁，就当上了IT公司里的中层领导。究其原因，小李会说话是重要因素之一。他不仅会夸人，更重要的是，还会得体地批评人。听了小李的批评，不但让人感觉不到敌意，反而如沐春风，哑然失笑。

一次，小李手下有个姓张的程序员请假，理由是：外祖母过世，需参加葬礼。小李对自己部门的人了如指掌，他清楚地知道每一个人的家庭情况，像这个小张，明明外祖母健康得很，而且今天中午，小张的外祖母刚好来公司找过他。

虽然感到受了愚弄有点想发脾气，但小李还是冷静下来了。等心情平复后，他找来小张，笑眯眯地问道："你相信人会死而复生吗？"

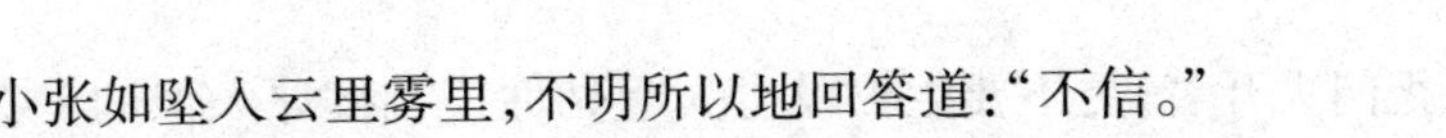

小张如坠入云里雾里,不明所以地回答道:“不信。”

这时,小李意味深长地笑着说:“跟你不一样,我可相信人会死而复生。你外祖母昨天刚刚过世,这不,今天中午又来看望你了!”

小张低下了头偷笑,然后不好意思地说了句:“对不起。”

不久,又发生了另一件事。小李给下属们布置了一个“作业”,让大家对业内知名人士的IT理论发表看法。属下们的稿子收齐以后,小李给其中一人写下了这么一段评语:“总分100分,给你10分。其中抄工6分,末尾的几句评论4分。其余90分都不属于你。”原来,这个下属的稿子中,绝大部分都是引用这位IT人士的理论和语录,少有自己原创的见解。

稿子被打回来后,那位下属看到这样幽默的评语,惭愧之余,更多了几分努力,还有对小李这个上司的尊敬,他马上补了一篇完全原创的稿子交给小李。

可见,用幽默的方式说严肃的道理,比直截了当的方式更容易让人接受。

的确,批评是一件严肃的事情,但这并不排斥应该让被批评者发出欢快的笑声。委婉含蓄,点到为止,使对方心领神会,回味无穷,能让被批评者在轻松、活泼、愉快的笑声中接受批评教育,认识到自己的缺点和错误,是开展批评的有效方法。

因此,你的批评是否是“成功”的,很大程度上取决于你批评的“度”的把握,没有人喜欢被批评,不要相信“闻过则喜”。如果你一味地指责别人或者简单说明你的看法,你将会发现,除了别人的厌恶和不满外,你将一无所获。然而,如果你能够让对方感觉到你是来解决问题纠正错误的,而不是仅仅来发泄你的不满,你将会获得成功。这里有几点小建议:

1. 不要在众人面前批评

被批评是一种他人对自己的肯定,因此,没有人喜欢被批评,更没有人喜欢被当众批评。这种否定,越是被第三者看到或者听到,被批评者越是无法接受。因此,从被批评者的面子角度考虑,我们要尽可能地避免第三者在

场，更不要把门大开着，更不要生怕没有人听见你正在批评人似的。在这种时候，你的语气越“温柔”越容易让人接受。

因此，即使是批评，你也一定要与对方直接交涉，尽量以私密的形式传达。如果你希望批评能够产生效果，绝对不可让对方的自我产生反抗。因为批评的目的是获得良好的结果，而不是要让对方的自我受挫。

2.“吻后再踢”，先赞扬对方

先称赞对方，给予对方亲切的言辞，会帮助你与被批评者之间建立良好的关系，这样，即使你对对方进行批评，他也能感受到，你的批评是为了助其改正缺点，是一种帮助。而如果你尚未开始批评，便横眉冷对，破口大骂，对方会立即产生一种反抗心理，绝对不会倾听别人的意见。称赞能使对方兴奋，也能使你发现对方的许多优点，当你批评他时，他必然会欣然接受。

3. 对人不对事

人无完人，谁都会犯错误，犯错误并不代表这个人如何如何错的只是行为本身，而不是人某个人。一定要记住：永远不要批评“人”。因此，批评时，一定要针对事情本身，不要针对人，更不要批评对方的人格等。

4. 为对方提供明确的解决问题的方法

任何批评，如果只是为了批评，那么，便是无效用的。令人心服口服的批评，也必当是建立在指点迷津的基础上的，你要告诉对方错在哪里，该如何改正等，一定要他明白：你不是想追究谁的责任，只是想解决问题，而且，你有能力解决。

5. 在友好的气氛中结束

在批评结束的时候，如果对方还心有不甘或者心生怒意，那么，这样的批评就不是成功的。因此，不要在事情还没解决之前就暧昧地搁置下来，到后来才再一次地讨论。应该在有了结论之后即刻结束批评。面谈结束时，必须好好安慰对方。因为留给对方的最后印象非常重要——要让他感觉到安慰而不是责骂，才能收到较好的效果。

不过，有一点尤其需要注意，那就是——切忌背后批评。如果你在背后批评他人，哪怕语言再幽默，也难免把人家的隐私张扬出去，搞得别人下不了台阶，而且这样会让对方误以为你别有用心。所以，批评要当面，幽默要恰到好处，才能消除误会顺利地交流。

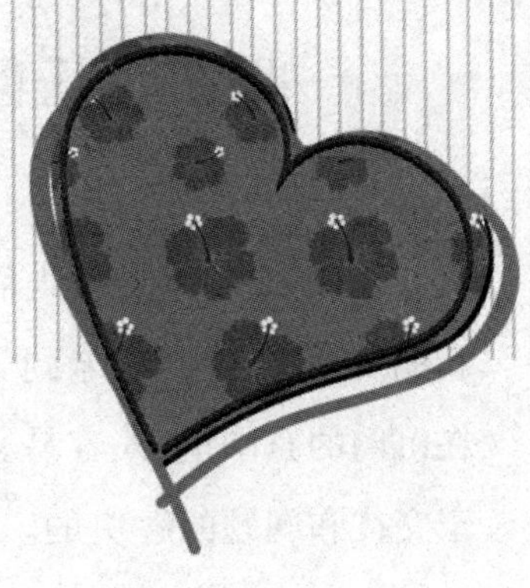

第6章 调节气氛营造氛围的幽默口才

在日常生活中，无论何种场合，我们并不能完全把握沟通的方向。因此，人们常常会陷入沉闷、尴尬的境地，此时，如果我们能适时开个玩笑往往能调节气氛，使紧张严肃的情境乃至僵局变得轻松、活泼，使陌生的心灵变得更亲近。同时，幽默还表现出一种诙谐，一种才华，一种智慧，使人们能置身于轻松有趣又能领悟哲理的环境中，那些善于通过幽默调节气氛、营造氛围的人往往在交际中都能左右逢源、游刃有余！

幽默在任何场合下都能营造轻松氛围

在任何交际场合，人们都讨厌沉闷的氛围，而喜欢轻松的气氛。无论是新朋友还是老同事、老同学，一见面，找不到共同话题，都会使得气氛沉闷。在沉闷的氛围里，人容易紧张，这时做什么事都会觉得不自在，这样是不利于交往和问题的解决的。所以摆脱沉闷的气氛无疑将会推动友谊的加重、情感的发展及问题的解决。一个小笑话、一句恰到好处的幽默来调节一下此刻的氛围，对摆脱沉闷、促进交流无疑是不错的选择。

有一位年逾80岁的老先生在接受身体检查时说："医生，你可记得上回你说我有一大堆毛病，说我得学会和这些毛病生活在一起？包括我的关节炎、视力减退、重听、高血压。"

医生回答说："相信我吧，你很快就能学会和这些毛病生活在一起的。"

"我知道。"老人也同意，"现在，我在想，您是不是可以再加一项，加上一个20岁的妻子"！

听完老先生的话，我们不禁被他的幽默感染。我们再看下面一则案例：

有一位负责人对他手下的职员说："我需要复印5份这种进展报表，立即就要！"这位职员按下复印机的按钮，立刻，25份复印件就出来了。

"我不要25份。"负责人说。这位职员笑着说："对不起，你已经要了这么多。"然后他俩大笑起来，笑复印机不懂人的语言。

这位职员以诙谐的话语缓解了紧张的气氛，并使上司接受了他在严肃与趣味之间找到的那种平衡与调和。当然，他的上司也有了意外的收获。他以更为轻松的心情，了解到自己忽视了一个与其他部门增进沟通的机会。多出来的那20份报表，可以用来帮助其他负责人了解本部门在做些什么。

可见，幽默不仅可以破除沉闷的气氛，还可以消除紧张，解除人的压力，

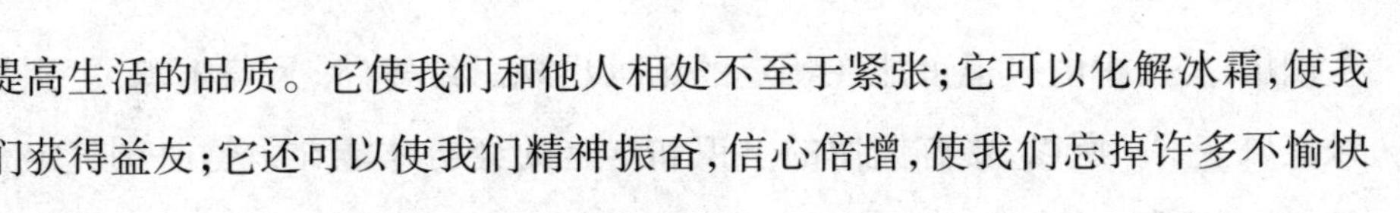

提高生活的品质。它使我们和他人相处不至于紧张;它可以化解冰霜,使我们获得益友;它还可以使我们精神振奋,信心倍增,使我们忘掉许多不愉快的事情。

在一个宴会上,一位诗人和一位将军坐在一起,他们彼此怀有敌意,将军不喜欢诗人,对他表示冷淡。每当女主人谈起诗的时候,将军就皱起眉头。

宴会进行到一半时,女主人说:"我这位诗人朋友现在要为我作一首十四行诗,并且当场朗诵。"

聪明的诗人推辞说:"哦,不,好心的太太,还是让我们的将军来发一枚炮弹吧!"

那位将军一下子乐了。举起酒杯,提议跟诗人碰一杯。此后,直到宴会结束,将军和诗人谈得非常投机,两人因此成了好朋友。

相逢一笑泯怨愁。豁达、自然、轻松的幽默方式可以使阻碍自己走向成功的矛盾变得缓和,从而避免出现令人难堪的场面,化解彼此之间的对立情绪,使问题得以更好的解决。

在以上三则案例中,我们从三个反面——生活、工作、交际表明了幽默的力量。实际上,幽默能在任何场合下都能制造轻松氛围。现代生活中,尤其是现代都市生活中,紧张、高节奏的运作,往往使人机械化;而幽默,能帮助你打破常规,享受创造的快乐。这种开拓性的创造思维,往往要突破固有的逻辑关系,有时甚至显得荒诞不经;而使人跳出原有的思维模式找到新的创造契机的正是幽默,但幽默本身并不一定是一种创造。

的确,幽默对调节氛围的效果是明显的,但幽默不是那么容易就顺手拈来的,也不是那么容易就取得良好效果的,这需要不断地学习、积累。

首先,要用知识不断地充实自己,没有丰富的知识,很可能搞不清对方在说什么。在幽默时,缺乏素材,找一些差强人意的说辞又会让人不知所云,不恰当的幽默还不如选择沉默。

其次,要用实践不断地历练自己,一个能淡定处世的人都有着丰富的人

生阅历，经历少的人很可能在特定的场景出现思维短路、呆若木鸡，更别提谈笑风生了。所以，要有渊博的学识和丰富的经历才能在关键时刻气定神闲、妙语解颐。

因此，把“因幽默的力量而享受趣味”加在你的日程表上，学会生活得更快乐，以轻松的心情面对自己，而以严肃的态度面对人生，掌握自己的幽默力量。

巧借幽默语言打破僵局

在日常生活中，我们与人沟通，并不总是能掌握沟通的方向，因此，常常会出现沟通难题，比如僵局。事实上，在我们的工作和生活中沟通僵局也是无处不在的，如约会的时候、面试的时候、主持会议的时候、和陌生人一同进餐的时候，因为许许多多意想不到的事件，人们常常会陷入僵局。这时，有些人会为此尴尬万分；有些人却能悄然化解；而有些人则能适时地用幽默化解僵局，让大家都松一口气。这些善用幽默打破僵局的人，大多数反应能力都比较强。

幽默是人整体素质的重要组成部分，是既受之于天又谋自于心的特有秉性，它是生活中不可缺少的调味品、润滑剂，有了它便能冰释误会，稀释责任，缓和气氛，减轻焦躁，缓冲紧张；有了它便能使陌路人相识，孤独者合群，戒备者松懈，对立者化友。心理学家瑟琳说过：“如果你能使一个人对你有好感，那么也就可能使你周围的每一个人甚至是全世界的人，都对你有好感。只要你不是到处与人握手，而是以你的友善、机智、幽默去传播你的信息，那么时空距离就会消失。”

被喻为“幸运之星”的美国总统里根上台后，打算选择国会议员斯托克曼担任联邦政府的管理与预算局局长，但是斯托克曼曾多次在公开辩论中抨击里根的经济政策。里根怎样打破僵局呢？

他给斯托克曼打了个电话:“自从你在那几次辩论中抨击我以后,我一直在设法找你算账,现在这个办法找到了,我要派你去管理与预算局工作。”

一个幽默的电话,不但打破了僵局,而且起到了化干戈为玉帛的作用。

幽默可以使人们拥有快乐的心态,可以帮助人从压抑中解脱出来。幽默的心态不仅能转移人的注意力,而且也能帮助人客观地看待自己,并能克服面前的障碍。这实际上是一种有效的角度转移,通过新的角度转移,减轻或消除了心理障碍,进而让沟通在轻松的氛围中进行。

适度的幽默对建立良好的气氛有两大好处:让大家精神放松,进一步密切双边关系,这样就可以营造一个友好、轻松、诚挚、认真的沟通氛围。

“二战”期间,艾森豪威尔前去视察一支陷入困境的部队。当时,他还是欧洲战场的盟军总司令。对于他的到来,美国士兵报以热烈掌声。他讲完话准备下台时,一不小心摔倒在泥浆里,滚了一身的泥巴,士兵们见状面面相觑,但艾森豪威尔站起身后竟风趣地说:“泥浆告诉我,我对你们的巡视是极其成功的!”士兵们哄然大笑。

艾森豪威尔用幽默瞬间打破了僵局。通过他的幽默语言,人们也看到了他的聪明机智,以及面对突然而至的僵局处变不惊的大将风范。幽默是一种智慧的表现,它不仅需要丰富的知识,还要善于体谅他人,而用幽默打破僵局则更需要审时度势的能力以及敏捷地捕捉事物本质的能力。

因此,善用幽默打破僵局的人,总能在第一时间感觉到某种不和谐的气氛,并且想到用合适的话语来打破僵局。这不仅能使当时的气氛得到缓和,还可使尴尬或气恼的双方都有台阶可下。这种人不仅观察事物的能力强,而且具备机智、敏捷的判断力。

善用幽默缓和激烈的火药味

生活中,在很多场合下,我们常常会看到这样一种情况,交谈的双方因

为意见不合、观点的对立、一些误解的产生或者交谈不投机等而使现场气氛凝重、尴尬，甚至导致当事者之间火药味浓烈。此时，幽默就是缓和气氛、缓减对立的最好办法。我们经常看到那些蓄势待发的“战争”很轻松地被某些幽默乐观的人三言两语的笑话化解了。因为此时，恰当地运用幽默往往能调节气氛，使紧张严肃的情境乃至僵局变得轻松、活泼、自然，从而减少双方的对立情绪。德国著名的演讲家海茵兹·雷曼麦说：“用幽默的方式说出严肃的真理，比直截了当地提出更能为人接受。”

工作日的某个早上，某一站公交车上来一群人。其中一前一后两个人，前面一个年轻人，后面一个老人。可能老人在后面动作幅度过大，弄痛了年轻人。年轻人站着不舒服，就建议老人稍微挪动一下。没想到这位老人火气很大，扯着嗓门大骂：“一个毛头小子，还乳臭未干呢，怎么你爸妈没教你要尊重老人？为什么要我动？”年轻人也不甘示弱，回了一句：“你这个人讲不讲文明？”这下矛盾激发了，老人一发不可收拾，叽里哇啦骂了一大堆。周围人都劝年轻人要大度点，不要和老人计较。小伙子脾气也算不错，后来就没吭声，大家安静了片刻。

过了会儿，老人要死要活地从小伙子后面挤上来，一边挤一边唠叨，“门口堵着就文明啦？不走进去才叫不文明……”于是两人又吵起来。周围劝架的声音是不少，但是没什么管用的，反而更有火上浇油的气势。

这时一位女乘客说：“哎哟，你们两个不要吵了。我搁在你们中间，你们俩你一句我一句，我在中间吃你们的唾沫星子都吃饱了。”

这位女乘客的一句玩笑话，既没有表明对谁偏袒，又说出了他们吵架的不良影响，话中有理，逗得满车的人大笑，在笑声中战争的硝烟慢慢地熄灭了。类似的例子在生活中不在少数。无论我们是否是事件的当事人，都可以借助幽默的方法，当双方火药味正浓的时候，你不妨站出来，说一句轻松幽默的话，让双方都暂时忘记矛盾，被你的幽默所吸引，被你的幽默感折服，还有这样一个例子。

有一次一对夫妇不知为什么吵了起来，这时儿子跑过来说：“停，不要吵

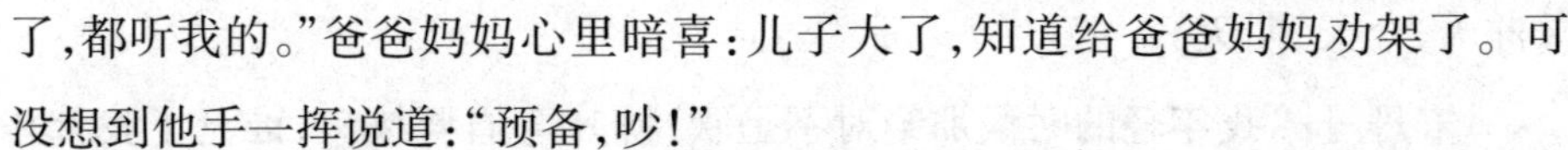

了,都听我的。”爸爸妈妈心里暗喜:儿子大了,知道给爸爸妈妈劝架了。可没想到他手一挥说道:“预备,吵!”

儿子如此乖巧可爱,在大人之间制造笑料,还有谁愿意继续吵呢?适时制造幽默,引对方发笑,则架不吵自灭。

一对青年夫妻为了一点儿小事在户外吵了起来,先是相互抱怨,进而大吵大闹。两人谁也不让谁,眼看就要大动干戈的时候,邻居李大叔拿着一把雨伞走到那对夫妻身旁,然后把雨伞撑开看着他俩吵架。见此情景,那对正在争吵的青年夫妻停了下来,用惊奇的语气说:“我说李大叔,这么好的天气你打雨伞干什么?”

李大叔一本正经地说:“当然是躲雨喽。刚才(你们脸上)乌云密布,(嘴里)雷声轰隆,待会肯定会下大雨。”

李大叔幽默的话语和滑稽的行为,把那对夫妻逗得哈哈大笑,火气顿时消了下去,“硝烟”被幽默驱赶得无影无踪。

由此可见,幽默在缓解对立情绪的氛围中有着神奇的效果。的确,我们每个人在社会生活中都不可避免地与别人接触,个人的、团体的,或为荣誉,或为金钱,或为地位,或为自由……这样,你也就不可避免地会参与各种社会生活,矛盾与冲突也就不可避免地出现,此时,如果我们能懂得适时幽默,可以缓和紧张形势,制造友好和谐的气氛,从而缩短双方的距离,淡化对立情绪,甚至会化敌为友,加深感情。

互动式的幽默令气氛热烈

在日常生活中,我们常常被那些相声艺术家的幽默表演逗得不亦乐乎,相声之所以有强大的魔力,是因为相声本身就是一种互动式的幽默。在沉闷、紧张的场合,人们如果能互相开开玩笑,现场的气氛马上就会被调动起来,而“你来我往”的幽默则会让气氛异常热烈。我们先看看赵本山的小品

《昨天、今天、明天》。

宋丹丹:“我年轻的时候那绝对不是吹,柳叶弯眉樱桃口,谁见了我都乐意瞅。俺们隔壁那吴老二,瞅我一眼就浑身发抖。”

赵本山:“哼——拉倒吧!吴老二脑血栓,看谁都哆嗦!”

这里,宋丹丹用了一连串词语夸张地形容自己,并使用“浑身发抖”这一词语,制造了幽默,但实际上,“浑身发抖”既可以是正常人心情激动时的表现形式,也可以是脑血栓患者难以控制的生理活动的表现形式。宋丹丹故意误解,赵本山刻意揭开,在这一来一往中,观众一旦体会到了宋丹丹的“失误”,当然要笑。

从这一小品中,我们也可以得到启示,日常生活中,我们不但要学会制造幽默,还要懂得领悟别人的幽默,并“配合”他人,让幽默升级,使周围的人都能开怀一笑。

这天中午午休时间,办公室内死气沉沉,活泼的小赵便开始拿邻座的老李消遣:“你说先有鸡还是先有蛋?”看着他那得意扬扬的样子,老李正好心情不好,有气正好没处发,便想着非把他气糊涂不可。

“对不起,条件不足,无法回答。”

“什么条件不足?”

“因为你没有说明是鸡与鸡蛋相比较,还是鸡与鸟蛋或者鸭蛋相比较。”

“当然是鸡和鸡蛋啦!!”

“条件不足,无法回答。”

“我不是说过是鸡和鸡蛋相比了吗?”

“可是你没有说明是鸡与蛋的概念上的比较还是事物上的比较啊。”

这时,办公室内的其他人也都围过来了,他们想看看这场“争夺战”到底谁输谁赢,事实上,此时他们已经因为老李和小赵这场荒谬的问答而笑起来了。

“这有什么差别?”

“当然有。所谓的鸡是人们对一种两条腿的、类似鸟的、可以从体内排

出一种卵石形物体的动物的称呼，而所谓的蛋，是人对这种动物从体内排出来的卵石形的、可食用的、可以延续这种动物种族的那种东西的称呼。当人类语言形成的时候或者说当人们给它们起名字的时候，它们已经同时存在了，所以说概念上的鸡与鸡蛋同时出现。如果要问鸡与鸡蛋这两种事物出现的先后顺序，那又是另一个问题。”

……

此时，周围的同事们已经笑得前俯后仰了。

“你还有完没完!”此时的小赵发现自己已经争辩不过老李了。

“当然有，最后一个。”

“什么条件?”

“因为你没有给出回答的范围。”

“这算什么?”

“这是最重要的一个条件。如果从进化论的角度来讲，人们所认识的鸡是从某种鸟类进化而来，而那时鸟与鸟蛋已经同时存在了，所以说鸡与鸡蛋同时出现。或者说先有蛋，后有鸡……如果从宗教角度来讲，所有事物都是上帝创造的，其中包括鸡与鸡蛋、鸟与鸟蛋。所以说鸡和鸡蛋同时出现……如果从政治角度来讲，月亮都可以说成是奶酪捏的，那么鸡与鸡蛋出现的先后顺序就取决于个人的权力大小、个人态度及周边关系等复杂的政治因素……如果从金钱的角度来讲，当数值高到一定程度时，就算承认鸡蛋是我下的也可以。”

……

此刻，同事们居然鼓起了掌，但不幸的是，部门领导却站在了门口，但这个有趣的午休还印在他们的脑海中。

在案例中，为什么人们会因为小赵和老李开的玩笑而发笑，甚至到最后大家都开始鼓起掌来？因为他们开的玩笑带来的幽默效应是此起彼伏的，虽然荒诞不经，但却很有笑点，尤其是老赵反复不断地解释“条件不足，无法回答”，更是让周围的人觉得好笑。

现实生活中，面对繁重、压抑的工作和生活，我们不必太过严肃，和大家开个玩笑，并巧妙应付他人的玩笑，幽默气氛便能被调动起来。

故弄玄虚的幽默引来专注的吸引

我们都知道，任何场合下，幽默可以融洽彼此之间的关系，活跃现场气氛，激发双方的沟通兴趣。幽默是一种美，更是一种机智。当然，幽默的方法很多，其中有一种可以让人一时摸不着头脑，那就是故弄玄虚。给对方设下一个圈套，让对方往里钻，上了你的当。这时你揭开了谜底，他恍然大悟，但是又被捉弄了，幽默效果随即就产生了。

一位牧师在讲坛上说教，马克·吐温对此十分讨厌，便想与其开一个玩笑。他对牧师说："牧师先生，你说得妙极了，不过，你所说的这些好像在哪本书上看到过，你说的每个字都在上面。"

牧师听后一脸不高兴。"我绝对不是抄袭的。"他争辩说。"但是那本书上确实和你讲得一字不差。"马克·吐温说。"那你把书拿给我看一看。"牧师也感到费解。没过几天，牧师收到了马克·吐温邮寄给他的书，他迫不及待地打开一看，原来是一本字典。

这里，马克·吐温开玩笑的方式是特别的。他讨厌牧师的说教，便想找个方法"证明"其说教是抄袭的。因此，马克·吐温采用故弄玄虚的方法，给对方设置了一个语言环境，然后为自己的幽默找了个证据——一本字典，从而制造了幽默。

李太太正在家看电视，一只皮球破窗而入，砸碎了李太太家厨房的玻璃。

不久，一个小男孩来按门铃说："爸爸一会儿就来给你装玻璃。"话音刚落，一个男子走上台阶，李太太把皮球还给了那个孩子，孩子抱着皮球带着一脸坏笑地走了。那人把玻璃换好后，说："10 元钱。""什么，你不是他的爸

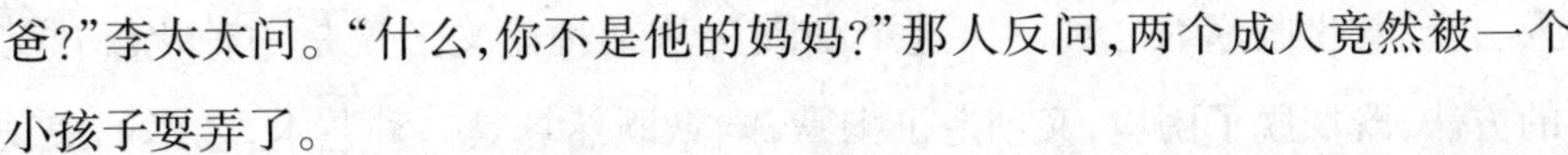

爸?”李太太问。“什么,你不是他的妈妈?”那人反问,两个成人竟然被一个小孩子耍弄了。

此处,我们当然不能承认孩子的做法,但这个孩子却制造了一个滑稽可笑的闹剧,他先欺骗那位装玻璃的男子,说李太太是他妈妈,又欺骗李太太说那位男子是他的爸爸,这样经过欺上瞒下,伪造身份,既拿走了球,又摆脱了自己的困境,还逃避了赔偿。

一位演说家公开指责喝酒的坏处。

“我希望所有的酒都在海底深处!”他喊道。

“我也是!”听众之中冒出一个声音。

“先生,恭喜你!”演说家宣布,“我看得出你是一个有奉献精神的人!能否请问你从事什么职业?”

“当然可以,我是一个深海潜水员。”

这位听众的幽默就是来自于他故意设置一个让别人产生疑问的语言环境,然后再给出一个完全出人意料的答案。

车尔尼雪夫斯基说过:“幽默,对自己和其他人的嘲笑,一个人在幽默中允许自己打诨说笑。因为他认为自己是可笑的,也想描摹自己的可笑之处,他的戏谑大部分都是挖苦揶揄,因为他感到了侮辱;而挖苦,则是受侮辱者的戏谑,刻毒的戏谑。一个幽默家在机智、嘲笑、诙谐以及装疯卖傻中可以变得这样难以辨认,那些不理解幽默的人竟然把他当做一个丑角,或者是个有点神经错乱的人,人们对哈姆雷特就是这样想的。然而他的装疯卖傻,其实是智者、哲人对人类弱点与愚蠢的嘲弄,他的笑,是对自己以及对人们的同情的微笑。”

故弄玄虚就是一种刻意设计的幽默的诡计,让我们经常掉进一个陷阱,而这种制造幽默的方法也是有讲究的。这里的讲究在于:

需要根据具体的语言环境和对方的特点来制定策略;

这个策略从表面看起来很隐蔽,不会有漏洞,否则别人不会入套。

当然,这种方法有点“损人利己”,因为自己毕竟是把“祸水”引向了他

人,自己却坐收渔翁之利。但这个幽默法从某种意义上说是一种化解攻势的方法,既摆脱了困境,又创造了幽默,幽默既然算是一种艺术,艺术的表现手法也应该是多种多样的。所以选择适合自己的,和自己的好朋友开个玩笑很惬意,对无故对自己有敌意攻击自己的人捉弄一下不为过,有时很有些黑色幽默的意味。

幽默言辞突破尴尬窘境

在生活中,我们每天都会接触很多人、很多事,但并不是所有的人和事都在我们的预料和掌控之中。有时候,我们会遇到一些尴尬的事,那么,此时,我们该怎么呢? 化解尴尬的方法自然很多,但最好的方法莫过于幽默。事实上,当交流陷入尴尬的境地时,无论是名人还是普通人,无论是随机应变还是荒诞的推理,一些幽默技巧的运用,可以让自己摆脱尴尬,有时甚至还会给对方以回敬,这就是幽默的超级效用。

一场多年未遇的大雪过后,人们大都选择公交出行,公交车上挤满了乘客。公交车艰难地向前移动,猛然一个急刹车,所有乘客的身子顿时集体前倾。在前倾过程中,一个小伙子猝不及防,嘴巴恰好贴到了旁边一位中年女士的脸颊上。

小伙子(红着脸):大姐,实在对不起啊!

女士(脸也红着):唉,都挤成这样了,没关系的。

小伙子:可不,车上这么多人,咱只能是无性别乘车了。

女 士 :那倒也是,不过您还是握紧把杆儿,再来一次姐姐就不干了。

小伙子(调皮地笑):要不,就当我是您妹妹吧。

女士(也笑了):您可别,姐姐不是同性恋。

女士的话音一落,全车人都被他们给逗笑了。

生活中有许多难言的尴尬,其实可以用幽默的方式化解。这位男士是

幽默的,更是机智的。因此,要想利用幽默言辞化解尴尬,就必须有高度的反应与机智。因为幽默就像是击石产生的火花,是瞬间的灵思,只有反应灵敏才能发出幽默的语句,才可能化解尴尬的场面。

林肯也是一个善于运用幽默化解尴尬的高手:

有一次,林肯正在演讲时,一个青年递给他一张纸条。林肯打开一看,上面只有两个字:"笨蛋"。

林肯的脸上掠过一抹不快,但很快便恢复了平静,笑着对大家说:"本总统收到过许多匿名信,全都只有正文,不见写信人的署名;而今天正好相反,刚才这位先生只署上了自己的名字,却忘了写正文。"

林肯的太太也是有名的泼妇,喜欢破口骂人。有一天,一个十二三岁送报的小孩因为不知道送报太迟了,遭到林肯太太的百般辱骂。小孩去向报馆老板哭诉,说她不该骂人过甚,以后他不去那家送报了。这是一个小城,于是老板向林肯提起这件小事。林肯说:"算了吧? 我都忍受她十多年了,这小孩才偶然挨一次骂,算什么?"这是林肯的自我解嘲。

从这里我们可以发现,幽默者多有宽广的胸襟与豁达的智慧。幽默是一种优美、开朗的品质,是思想、学识、经验、智慧和灵感在语言运用中的结晶,是造成语言生动形象的有效方法之一。

在这两则案例中,如果林肯一本正经地解释,恐怕不知要费多少口舌,而听者却仍然莫名其妙,也不能为自己摆脱困境。因此,我们要想利用幽默法突破尴尬窘境,就要和林肯一样,具备一种良好的心理品质,当然,这种心理品质是人们在长期的生活中养成的。它使人能够敏锐地发现生活中的趣事,既能看到可笑的一面,又能看到可爱的一面。有这种对生活的领悟,才可能理解幽默,才能有幽默的谈吐。

但必须强调,幽默并不是讽刺,它或许带有温和的嘲讽,却不伤人;它可以是以别人,也可以用自己为对象,而在这当中,便显示了幽默与被幽默的胸襟与自信。在社交场合,说话带些风趣和幽默更能体现出一个人的修养和礼仪,也展示出其人格魅力。

借助“自嘲”，这位宾客既展示了自己的博大胸怀，又维护了自我尊严。因为幽默大都避免使用激烈的言辞，它讲求寓深远于平淡，藏锋芒于微笑。但这是就一般情况而言，在某些特殊情况下，它也有一针见血的穿透力。

在与人交往的过程中，幽默能显示我们自尊优越的人格力量和旷达通晓的生命意识，更能显露我们的睿智与才华，展示我们的风采与魅力。如果遇到意外事件，或者难以直接回答的问题，可用幽默诙谐的方法来摆脱窘境，给自己下台的机会。不必捧腹大笑，不必脍炙人口，有时一个微笑，一个小小的恶作剧，就会让你豁然开朗。

幽默也可以让气氛变得很浪漫

我们都知道，爱情是我们生活的一部分。有人说：“爱是需要表达的。”爱情的表达，本无定式，直率与含蓄，各有价值。但是，我们中国人都习惯以含蓄为宜：一是使得话语具有弹性，不致由于对方一拒绝就不能挽回局面；二是符合恋爱时的羞怯心理；三是符合我国传统文化心理。正是由于这样，幽默作为一种含蓄的语言形式，人们因此乐于以此道在恋爱生活中表达爱的情感，使人在欢笑中体会到彼此的爱。

在两个人的世界里，幽默可以发挥令人意想不到的效果，它可以增进恋人之间的感情，调节气氛，制造亲切感，它还可以消除疲劳和紧张感，使两个人都能够轻松、快乐地面对生活。

硕士美女陈丽要结婚了，一向交友广泛的她，在身边众多男子中选择了李飞作为交换婚戒的对象。得知这个消息后，她的几个死党大感诧异，因为李飞既不是最帅也不是最有钱的男友。为什么是他？陈丽乐得合不拢嘴：“这个简单，因为他最能让我笑，最懂得浪漫！”

原来如此！他是以幽默感赢得了美人芳心，笑出婚姻，的确精彩。

接下来，陈丽聊到她和李飞谈恋爱的过程。

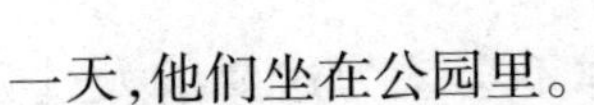

一天,他们坐在公园里。

李飞:“我的许多朋友都说你很漂亮。”

陈丽(非常高兴地):“真的吗?”

李飞:“可他们又说其实你不漂亮。”

陈丽(吃惊地):“哎哟!”

李飞:“是说你不是漂亮,而是迷人。”

陈丽(略喜):“是吗?”

李飞:“不过,你只能迷住那些没有经验的男孩子。”

陈丽(失望且困惑):“怎么说?”

李飞:“因为你跟他们一样年轻,一样纯洁,一样朝气蓬勃,一样活泼可爱。”

陈丽:(心花怒放地):“哈哈哈,你真坏!”

的确,那些在女人面前很“吃得开”的男人,无论长相如何,都有一套逗人发笑的本领。只要一与这种人接近,就可以立即感受到一股快乐的气息,使人喜欢与他为友。一个整天板着面孔、不苟言笑的“老古板”,是绝对不会受到女孩子们欢迎的。不少情感心理学研究者认为,男人由于平时比女人话少,所以,男人的语言的分量就更被女人所注意。不少男人也正是利用幽默的手段来填补自己语言的匮乏,所以,他的魅力便永驻于人们对他的幽默的回味之中。案例中的李飞能赢得芳心,原因是他善于通过幽默制造浪漫的恋爱氛围。因此,在你的情人面前能有幽默的智慧和情趣,既可以共享欢乐,又能更好地得到对方的爱情。

人们都清楚,在微妙的男女关系里,有不少微妙的心理因素支配着每一个细微的行动,如果你有技巧地掌握和运用这些因素,你就将胜券在握。

一位青年是这样向他的在银行储蓄所当出纳员的女友求爱的:“小姐:我一直在储蓄这么一个想法,期望能得到利息。如果星期六有空,你能把自己存在电影院里我边上的那个座位上吗?我把你可能已另有约会的猜测记在账上了。如果真是这样,我将取出我的要求,把它安排在星期天。不论贴

现率如何,做你的陪伴是十分愉快的。我想你不会认为这要求太过分吧。以后来同你核对,真诚的顾客。”

在这里,“储蓄”、“存在”、“记在”、“取出”、“贴现率”、“核对”、“顾客”,由于处在特殊的语言环境,就都具有双重意思,而且句句双关。风趣诙谐和真诚恋情从字里行间跃然而出,难怪他的女朋友抵挡不了这迷人的诱惑。

其实,幽默不是男人的专利,只要把握适度,女性也不妨在适当的时候“幽默一把”。任何游戏,都必须在理性和情感彼此感应下,产生共鸣,产生乐趣和情趣。而幽默用于情爱生活,由于条件有利,比靠纯粹游戏而产生趣味要容易些,他们都有取悦对方的心愿,只要一方做出努力,对方一点即通,自然生趣,爱的情感会又进一步。

总之,幽默是爱的伴侣,是爱的守护神。如果你懂得在爱中运用幽默,你最终将会有情人终成眷属。

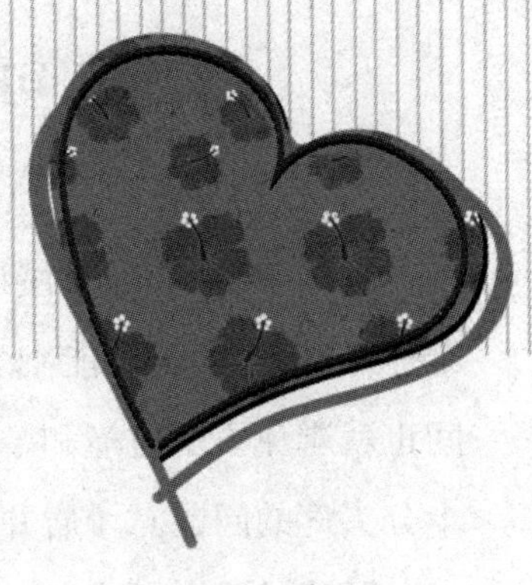

第7章 化解矛盾冲突的幽默说话术

俗话说，相识容易相处难，人与人相处、交流等，往往在利益、原则等方面存在不一致性，于是，矛盾与冲突就在所难免。那么，如何解决呢？最好的方式就是冷处理，将语言的应用发挥到极致。此时，幽默就成为一种选择，反击效能和控制度都有绝佳的效果。美国人鲁特克先生在《幽默人生》一书中指出，在人生的各种际遇中，幽默是人际关系的润滑剂。它以善意的微笑代替抱怨，避免争吵，使你与他人的关系变得更有意义；它能帮助你把许多不可能变为可能；它比笑更有深度，它产生的效果远胜于咧嘴一笑。

几句幽默让一切云淡风轻

人浮于事，人际交往是一生的主题。由于人是社会中的人，不是独立的个体，任何人都不可能割裂社会大框架的联系而独立存在，因此，人与人之间也就避免不了碰撞和摩擦，矛盾也就在所难免，矛盾成为人们难以处理和十分头疼的问题。矛盾并不可怕，可怕的是处理矛盾的方式。

既然矛盾在所难免，我们就要正视和解决。处理的方式行为既有人们习惯的方式，也有更加艺术的对待方式，关键是因时、因心、因境而为，没有一个统一并且可以参考的模式。一人一事，区别对待，是一种处理矛盾的必然要求。无论何种方式，矛盾的激化绝对不可取，解决不了矛盾，反而使得矛盾进一步激化，造成关系的极大损伤或彻底破裂。

因此，人们在处理矛盾的时候，尽可大而化之小而弱之，不可一味地上纲上线，更不可不加控制地激化。这就涉及艺术性的行为和方式。最好的方式就是冷处理，将语言的应用发挥到极致。于是，幽默就成为一种选择，反击效能和控制度都有绝佳的效果。

当矛盾的当事人是他人时，我们可以借助幽默的力量消除误解，退出纷争，这样的人，定会受到他人的欢迎和喜爱。凡具幽默感的人，所到之处便充满欢乐与融洽的气氛。

机智的人不仅善于以局外人的身份化解他人的争吵，而且更善于打破在与人交往时因发生矛盾而出现的僵局。

有一天，在拥挤喧闹的百货大楼里，一位女士愤怒地对售货员说："幸好我没有打算在你们这儿找'礼貌'，在这儿根本找不到！"

售货员沉默了一会儿说："你可不可以让我看看你的样品？"

那位女士愣了一下，笑了。售货员的幽默打破了他们之间的尴尬局面。

可见，事情变得很紧张、很严重时，能从这种白热化的僵局中看出其中

所包含的幽默成分，便可巧妙地避免麻烦和纠纷。如果那位售货员对于争吵也采取一种较真的态度，那对于大家又有什么好处呢？无非是更加激化双方的矛盾。正因为意识到这一点，这位售货员巧妙地批评了那位女士的无礼，从而制止了进一步的争论。

人生，只要不存在原则上的对立，就没必要发生战争。对待矛盾，不回避，不害怕，不退守，不易怒。人生需要更多的智慧，人生也必须有智慧解决问题。不以消灭对方或简单暴力结束彼此之间的关系，可以给自己和冲突方最大的回旋余地，何乐而不为？比如，对待一个长舌妇，以牙还牙就失去了身份。如果我们以语言的冷嘲热讽还击，必将使之生气并羞愧。

第一次世界大战爆发前不久，美国出生的女权主义者南希·阿斯特到布雷尼宫拜访了丘吉尔。丘吉尔热情地接待了她。在交谈中阿斯特大谈特谈妇女权力问题，并恳切希望丘吉尔能帮助她成为第一位进入众议院的女议员。

丘吉尔嘲笑了她的这一念头，也不同意她的一些观点，使这位夫人大为恼火。她对他说："如果我是您的妻子，我会在您的咖啡里下毒药的。"

丘吉尔温柔地接着说："如果我是你的丈夫，我就会毫不犹豫地把它喝下去！"

"二战"期间，丘吉尔发表演说，力主与苏联联合抵抗德国，一位记者问他为什么替斯大林讲好话？丘吉尔毫不在意地说："假如希特勒侵犯地狱，我也会为阎王讲话的。"

这里，我们以丘吉尔的说话艺术为例，并不是我们偏爱这位英国前领导人，而是因为其出色的幽默能力，使其他人都黯然失色。在这两种情况下，如果他不具备不急不躁的心态，不具备机智、敏锐的思维而与对方针锋相对的话，那么，只会引发更深层次的矛盾。

丘吉尔这样处理的好处在于，由表及里，举一反三，巧妙回击，将对方强有劲的攻势以一句轻松、幽默的语言进行回馈，言语间不带任何负面情绪，含笑回答，同时对方哽噎无言，黯然理亏，顿生无趣。一场矛盾陡然化解，同

时关系也不至于撕破脸皮甚至决裂。

因此，在人际关系中发生矛盾时，应当坚持一个处理的原则，那就是激化矛盾实属不明智，解决矛盾才是王道。此时，为了所谓的面子与对方争个面红耳赤着实不应该，而过于退让又会自身心情无比郁闷。总之寻找一个平和的处理方式，就是人们最为关心的事，冷幽默应首当其冲。

当然，幽默的运用，需要语言的掌控，需要机智的变化，需要不急不躁的心态，需要笑含春风，这样才能发挥极大优势，保护自己，回击对方，同时为后续一切留有可一定的余地。

转危为安，用幽默逃离困境

在社交场合中，由于自己的不慎，有时我们会使自己处于比较难堪的境地；或者我们遇到了缺乏教养的人、不怀好意的人、对我们有敌意的人，致使我们陷入比较难堪的困境。在这种情况下，如果我们抽身而退，固然可以逃离困境，但当了逃兵，总是不光彩的，也会给自己日后的社会交往带来消极的影响。有经验的人告诉我们，遇到这种情况，只有自己才能救自己，用自己的智慧来展示自己的幽默，三言两语就能使自己摆脱困境，维护自己的尊严，给对方以有力的回击，从而也把自己的人格魅力充分展现出来。

辜鸿铭是个古怪的学者，他一直在为一夫多妻制辩护。在一次宴会上，一个英籍贵妇问他："为什么一个男人可以娶许多女人，而女人则不可以反过来有很多男人呢？"

辜老答："男人好比茶壶，女人恰如茶杯，夫人见过一把茶壶配四只茶杯，可曾见过一只茶杯配四把茶壶的？"

在场的客人纷纷称妙。在另一次宴会上，一位德国太太又问了类似的问题，这回，辜老用亲切的语气说："敢问夫人代步是用洋车还是汽车？"贵妇答"汽车"。辜老不慌不忙地问："汽车有四只轮胎，府上备有几副打气筒?”

此语一出,哄堂大笑。

尽管辜老为一夫多妻制辩解,观点并不正确,但他幽默的辩才还是令人叹服的。可见,对待无端语言攻击,无须以暴对暴,语带机锋,也可化敌于无形之中。冷幽默,是一种依靠语言以一种不太激烈的方式,迂回攻守,效用非同寻常。

当然,我们所遇到的困境,有时并非他人恶意地制造,而是由于自己的不慎,即使在这种情况下,我们也可以幽默一下,化解因为误解而造成的人际冲突。

的确,每个人都可能遇到一些令自己心绪不宁的事,总是会让自己惴惴不安,甚至会不知所措,此时,巧妙地运用语言的艺术便可让自己摆脱困境,它更是一种很好的反击手段。这些言辞可能是激烈的,也可能是冲突的,更有可能是平和的,但无论哪种言辞,都是一种方法,关键是看用在什么样的处境中。这就涉及一个具体的环境和用力方式,对于矛盾解决的处理行为以及人际关系的未来走向和把握。

当然,以幽默法帮助我们逃离困境的首要条件是幽默必须有笑点可言。当然,这里的幽默并不是指一般意义上的滑稽可笑,而是指由于揭示了内容与形式、现象与本质、愿望与结果等内在矛盾而产生的一种耐人寻味的情趣。这种笑点不是粗俗的,而是高雅的。

幽默,在于机智和急智,与人的心理、心境和性格关联较深。如果强求一个语言木讷的人幽默,不仅会大打折扣,而且不知所云,必然失去其意义。同样地,强求一个强势暴怒的人幽默,幽默也会成为利剑,锋刃一定铮铮然,效果只有强势。

总之,幽默着对待人生,幽默地对待矛盾,幽默让自己放松,幽默让对手赧然。

幽默话术巧妙以柔克刚

在现实生活中，当别人对你冷嘲热讽，让你难堪或困惑时，你是以牙还牙、横眉冷对吗？这固然是一种解决问题的方法，但人人都爱面子，顾其尊严，不管怎样，以柔克刚，从容应对，化解这场战争才是上上之策。可以说，幽默才是化解冲突最好的良药。当你和他人意见不一致时，切记不要脸红脖子粗对其进行反驳，大部分人都是吃软不吃硬，用甜美笑容和温和语气表示愿意妥协时，对方往往会先软化，甚至可能妥协得比你更彻底。无谓的争吵和辩解有时候不能奏效，应该以软制硬，在幽默中“化干戈为玉帛”。

刘某是一名电影演员，一天，他正和剧组几个搭档一起赶往市郊演出，但路遇塞车。司机一个劲地鸣喇叭，前面那个开车的司机烦了，索性停下来并骂了起来。刘某的几个搭档也不甘示弱。刘某一看情况不妙，赶紧下了车，走到前面这辆车前，边脱衣服边说：“同志们，不好意思，我们急着到城里去演出，这不，时间快到了，我们的确有鲁莽之处。我认错，该打，大家快打吧，轻点打，别往脸上打，我也要对得起观众啊，打完了大家快赶路。”大家被刘某一席话逗乐了，一场不愉快就这么平息了。

这里，刘某制造幽默的方法便是以柔克刚法，他把责任揽到自己头上，话语幽默有诚恳从而化解了矛盾。

在现实生活中，如果你也遇到这种场合，对方火气十足、趾高气扬，甚至无缘无故向你撒气的时候，那么，你不妨和案例中的刘某一样，凡事退一步，保持谦让、温和的态度，柔言细语地开个玩笑，结果会烟消云散，换来双方灿烂的微笑。

当然，要做到通过幽默话术以柔克刚，还需要你做到：

1. 彬彬有礼

可能对方言语很无理，甚至有明显的攻击意味，但无论遇到何种情况，

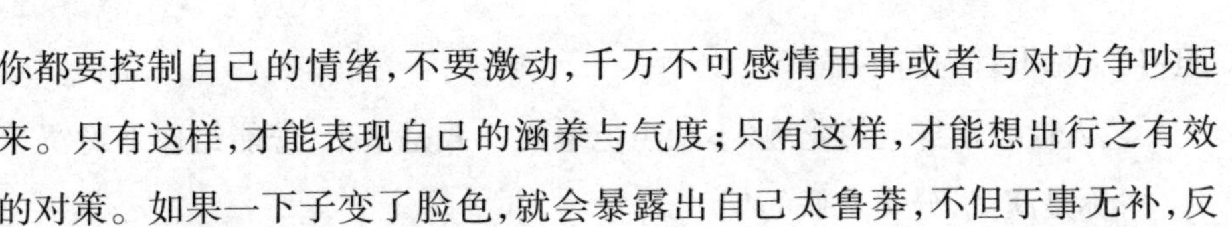

你都要控制自己的情绪，不要激动，千万不可感情用事或者与对方争吵起来。只有这样，才能表现自己的涵养与气度；只有这样，才能想出行之有效的对策。如果一下子变了脸色，就会暴露出自己太鲁莽，不但于事无补，反而使对方为自己的杰作沾沾自喜。

萧伯纳新创作的剧作《武器与人》首次公演时，观众纷纷要求萧伯纳上台接受群众的祝贺。于是，萧伯纳刚走上舞台，正准备向观众致谢时，突然有一个人向他大声喊道："萧伯纳，你的剧作糟透了，谁要看，收回去，停演吧！"

观众都以为萧伯纳肯定气得发抖，可是，萧伯纳没有动怒，反而笑容可掬地对那人鞠了一躬，彬彬有礼地说："我的朋友，你说得非常好，我个人完全同意你的意见。"说完指了指满场热情洋溢的观众说："但遗憾的是，我们两个人反对这么多的观众有什么作用呢？我们能禁止这剧本的演出吗？"

这一番妙语博得全场一阵笑声和热烈的掌声，那个故意挑衅的人难堪不已，只好灰溜溜地躲掉了。

萧伯纳面对情况，镇定自若，笑容可掬向他鞠躬，表达了自己的看法，稍停片刻，又温文尔雅地道出了"我们两个人反对这么多的观众有什么作用呢？我们能禁止这剧本的演出吗？"这种幽默的语言，使挑衅的人在众目睽睽之下，尴尬难堪，无可奈何地离去，为自己赢得热烈的掌声和礼貌的笑声。

2. 不动声色

对无理的行为进行语言反击，是正义的语言与无理的语言对抗，有时只要顺其意思，才能反其语言。这样是无理的人最终玩火自焚，搬起石头砸了自己的脚。

从前有个县官贪财而狠毒，凡是来打官司的人如果不给钱，他就会把他打得死去活来。当地有个艺人编了一出戏，叫《没钱就要命》。演出那天，县官也去看戏，他看演的是他，当时就火冒三丈，没等戏演完，就回到县衙。命令衙役把这个艺人传来审问，这个艺人听说县官传他，他就穿了龙袍，大摇大摆地跟在衙役后面去了。县官一见艺人来到，便把惊堂木一拍，喝道："大

胆刁民,见本官为何不跪?"

艺人指了指身上的龙袍,不动声色地说:"我是皇帝,怎能给你下跪?"

"你是演戏,分明是假的!"

"既然你明明知道演戏是假的,为何要把我传来审问?"

县官被问得张口结舌,只好眼睁睁地看着艺人昂首挺胸地走出县衙。

艺人听说县官传他审问,便穿上龙袍,火冒三丈的县官见到艺人到来,想方设法制伏他。一问一答,艺人借坡下驴,顺其县官的在演戏、分明是假的话语,为自己争得一席之地,顺手一击,最后,县官无言以对,只好让艺人大摇大摆离开,艺人则免受皮肉之苦。

总之,遇上有人无理取闹,有意刁难时,你不必过分激动,也不必过于愤怒,静下心来,以礼貌的态度对待,并作出理智的判断、理性的分析,最后以幽默的方式、委婉的谈吐回击,这样你就可以要言不烦的方式化险为夷,战胜对手。

击碎挑衅,绵里藏针的幽默力量

在现实生活中,我们会遇上各种各样的事。有时候,我们会遇到他人的挑衅,使得我们处于不利的地位,这时,如果我们能让自己的思维展开飞翔的翅膀,运用幽默机智,绵里藏针,柔中带刚,就能巧妙地粉碎他人的挑衅,让我们从这种矛盾中解脱出来。伟大作家鲁迅说:"用玩笑来对付敌人,自然是一种好战法,但触着之处,需是对手的致命伤。'幽默'或'玩笑',也都要生出结果来的。"可见,不动声色、绵里藏针地制造幽默是反击他人挑衅的有效手段之一。我们先来看看马克·吐温是如何使用这一方法制造幽默的。

马克·吐温去拜访法国名人波盖,波盖取笑美国历史很短:"美国人无事的时候,往往爱想念他的祖宗,可是一想到他的祖父那一代,便不能不停止了。”

马克·吐温便以充满诙谐的语句说：“当法国人无事的时候，总是尽力想找出究竟谁是他的父亲。”

马克·吐温并没有直接反击这位法国名人的取笑，而是以牙还牙，借助对方的话语，指出法国人无事的时候，总是尽力想找出究竟谁是他的父亲而不是祖先，因此，这一反击是很有力度的，可谓耐人寻味。

维特门是哈佛大学毕业的著名律师，当选为州议员。有一次他穿了乡下人的服装到了波士顿的某旅馆，被一群绅士淑女在大厅里看到了，便戏弄他。维特门对他们说：“女士们，先生们，请允许我祝愿你们愉快和健康。在这前进的时代里，难道你们不可以变得更有教养、更聪明吗？你们仅从我的衣服看我，不免看错了人，因为同样的原因，我还以为你们是绅士淑女呢，看来，我们都看错了。”

同样地，维特门采用的也是如同马克·吐温般的幽默，巧妙地封住了敌人的嘴。

绵里藏针法，就是用比较和缓的语气和态度，表达出自己比较坚硬尖锐的用意的语言艺术。使用这种方法时，要注意多用委婉的词语，以“绵”争取人心，以“针”阐明自己的观点，让“针”扎得又狠又准，真正击中对方的要害，让对方有刺痛之感且不露痕迹。

当然，绵里藏针的幽默制造法更多的还是用于反击他人的恶意挑衅。我们再来看下面的故事：

加贺千代女是日本江户时代很有名的女艺人。

有一天，一位贵族请她前去表演。

府中的女佣人一看到大名鼎鼎的加贺千代女竟然是个长相丑陋的女人时，就讥笑起来：“我还以为今天能看到大美人呢，没想到却是个丑八怪！她能成为有名的艺人可真够奇怪的。早知道这样，我也不用去厨房干活，直接到台上卖卖丑还能出名呢！”

"虽有一抱之粗,但柳树仍是柳树。"加贺千代女微笑着回敬道。

这里,加贺千代女的反击是无声的。她的一番话却言有尽而意无穷。一番看似温和的语言,却蕴涵着强硬的批评和嘲笑,让对方自惭形秽,恼羞成怒,却又不便发作。的确,柳树再丑,但仍旧可做"材"用;狗尾巴草再美,却只能成为烧火的"柴",永远也摆脱不了"离离原上草"的命运。在这里,千代女巧妙地运用幽默的语言艺术,摆脱了尴尬的场面。

的确,那些善于制造幽默的人总是能根据不同对象、不同场合和不同目的而采用不同的语言制造幽默。在许多情况下,他并不直截了当地把问题说给对方听,而是将意思隐含在其中,给听话者留下咀嚼体味的机会和体验、想象的空间。

在日常生活中,各种复杂的情景如果都能用较强的应变能力,发挥即兴口才调侃一下,闪烁敏锐的思维和智慧,则会增添不少趣味。当然,那些就地取材的谐趣妙言,灵机一动的理智闪光,顺手拈来的妙语佳句都是幽默精华。巧用活用这些幽默精华,确实使讲话人谈吐生辉。

顺水推舟,用幽默融化危机矛盾

在现实的人际交往中,我们在说话办事的过程中,常常由于各种原因而陷入一些危机矛盾中,此时,如果我们能顺水推舟,由着别人的意思顺延下去,那么,常常会制造出幽默并且"柳暗花明又一村"的效果,让他人"误入歧途"。

林肯的长相很普通,有一次在一个公开场合,有记者对林肯说:"你长成这个样子,还出来干什么?不如躲在家里别出来。"

这话自然是很不礼貌的,但林肯只是淡淡一笑,回答道:"很抱歉,我这是身不由己。"

号称"无冕之王"的记者是很擅长给名人们制造麻烦的,有许多名人都

曾面对过记者的刁钻提问,常有无法回答的烦恼。如果应对不慎,就会使自己的形象大受影响,这是显而易见的,但那些充满智慧和才学的人往往能八仙过海,各显神通,这里使用的就是顺水推舟制造幽默的方法,“身不由己”是就他的长相来说的,天生如此,他也没有办法。大家听了,都笑了起来,难堪的局面就过去了。

一天,一个大学刚毕业的新人来到一家著名企业应聘。乍一看,他没有任何特别的地方,但仔细观察后不难发现,这个小伙子的脸上透露出一股罕见的自信和胸有成竹的微笑。

小伙子来到大厅,看到经理已经在收拾东西了。他只盼着赶紧面试完最后一个人,好快点回家休息。经理瞥了一眼小伙子,便面露难色地说:“我们不能雇用你了。因为这里已经有足够多的职员,我们连他们的名字都登记不完。”经理想让小伙子知难而退,却没想到,小伙子气定神闲地说道:“既然这样,那我看你们还缺少一人。不如您安排我做这份工作,我来专门为您登记职员们的名字。”

经理吃了一惊,想不到这个其貌不扬的小伙子居然能一语惊人。他马上放下正在收拾的东西,认认真真地询问起小伙子的情况来。最后,小伙子凭借着自己风趣的谈吐和自信的风度,成功进入了这家知名企业。

生活就像巧克力,没有人知道下一颗是什么味道。就像这个故事里的小伙子一样:被拒绝,没什么大不了的。不要把尴尬看成尴尬,多一点自信,你就能灵机一动,把别人给你出的难题顺水推舟地还给对方,用幽默的应答让对方对你刮目相看。

当然,要利用顺水推舟的方法制造幽默,从而解除危机和矛盾,还需要我们从一些逻辑思维方法上入手:

1. 逻辑推理,以理服人

以与自己相关的生活理论做“挡箭牌”,符合逻辑,轻松扳倒对方。

作家对厨师说:“你没从事过写作,没有权利对我的作品提出批评意见。”

厨师对作家说:“我一辈子也没下过蛋,可是我能尝出炒鸡蛋的味道如何,母鸡能吗?”

厨师根据逻辑推理反驳作家,这样类推,作家成了母鸡。既阐明了道理,又让作家哑口无言。

2. 将错就错,随机诡辩

既然无法正面辩解就将错就错,随机应变来阐释有悖于常理的哲学,以此“化腐朽为神奇”。

一个推销员在一家百货商店里展示他的“折不断的梳子”,他让梳子接受各种压力的考验以此吸引人们的目光。最后,推销员把手握在梳子两段向中间弯折,啪的一声,号称“折不断的梳子”断了,他不失时机地拿起两半梳子让大家看,并高声说道:“先生们,女士们,我想让大家看看‘折不断的梳子’的内部结构……”

号称“折不断的梳子”断了,甚为尴尬。而推销员将错就错,显得十分沉稳老练,并说是自己有意让大家看梳子的内部结构,缓解了紧张的局面,值得称道!当然,这里的顺水推舟,是顺的自己的水,是本着解决自己无意酿造的危机的目的的。

3. 先发制人

危机和矛盾激化后再处理难免会加大解决的困难,也可能会造成对方心理上的对抗,所以应做到先发制人,在危机出现之时就采取相应的措施。

罗斯福当选美国总统前,曾在海军任要职。一天,他的一位朋友向他打探海军在加勒比海一个小岛上建立海军基地的保密计划。罗斯福向四周看了看,压低嗓门说:“你能保密吗?”“当然能!”朋友爽快地答应了。“那么,”罗斯福微笑着说,“我也能。”

罗斯福以怪制怪的反向思维确实应用得恰到好处,既让对方明白了自己的态度,又对对方这种行为的不合理性加以反驳,以同样的手段应对,甚为高明。

总之,无论什么场合下,当遇到矛盾和危机的时候,我们都需要以高度

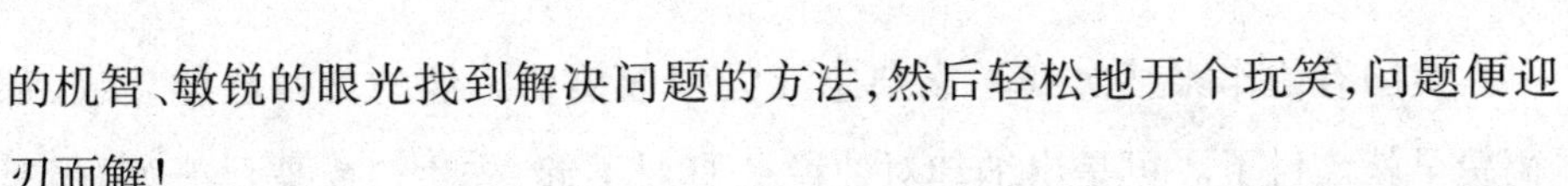

的机智、敏锐的眼光找到解决问题的方法，然后轻松地开个玩笑，问题便迎刃而解！

变换话题，转移矛盾的风向

在现实生活中，我们与人交谈，总是会出现一些意外情况，比如，对方不怀好意地为我们制造矛盾；当某一话题进行到某种程度时却陷入交流的冲突境地等，这些情况无论是对我们自身，还是整个沟通，都是不利的。而假若此时我们能巧妙地转换话题，根据自身情况进行辩解，通过模糊概念来为自己寻找理由、消除误解，那么，便能起到转移矛盾风向的效用。

一天，国王突然饿得发昏，吃了一些非常可口的烧茄子觉得很对口味，他吩咐宫廷里的厨师，每天要为他做这种烧茄子。

“茄子难道不是世界上最好吃的蔬菜吗?”国王问阿凡提。

“是的，陛下，茄子是世界上最好吃的蔬菜。”阿凡提说道。

这一个礼拜，厨师每天给国王做烧茄子。一天烧茄子又端上来时，国王吼叫起来:“快把这个最难吃的菜拿走，我吃腻了。”

“是的，陛下，茄子是世界上最难吃的蔬菜。”阿凡提应声说道。

“阿凡提，你可是在不到一个礼拜之前还说过茄子是世界上最好吃的蔬菜的?”国王揶揄道。

“不错，我是这样说过。可我是国王陛下的仆人，而不是蔬菜的仆人。”阿凡提答道。

这里，虽然看上去阿凡提耍嘴皮子和国王开了个玩笑，但它的趣味性还是非常突出的。他的一句话不仅表明了国王的“无理取闹”，还为自己找到了一个逃脱国王怪罪的理由。

所谓转移法是指从话语中，语词的现实性的意义离开、转移、典的规范的意义，造成主体语言经验和现实语词意义的矛盾冲突，从而产生幽默。

美国有位作家某次到一家杂志社去领取稿费。他的文章已经发表,那稿费早就该付了。可是出纳却对他说:“真对不起,先生。支票已开好,但是经理还没有签字,领不到钱。”

“早就该付的款,他为什么不签字呢?”作家有些不耐烦了。

“他因为脚跌伤了,躺在床上。”

“啊! 我真希望他的脚早点好。因为我想看他是用哪条腿签字的!”

这位作家幽默的高明之处,就是顺着那个出纳的话中“脚跌伤了,躺在床上,因而没有签字”的理由惯性思维下去,“希望他的脚早点好,因为我想看到他是用哪条腿签字的”。从对“脚跌伤了,躺在床上”不能签字的理由表现出同情、理解和关爱,转了一大圈,又回到签字上,证明他的那条推诿理由是荒谬的,是缺乏说服力的。前面的关心和后面的愤慨相互进行了中和,这种惯性幽默方式缓和了矛盾的尖锐性。

幽默能在参与者之间产生一种强烈的伙伴感和一致对外的攻击性。幽默能一下子拉近两个人之间的感情距离,因为一起笑的人表明他们之间已经有了共同的兴趣、爱好,这是事业有所成就很重要的一步。

总之,转移话题、制造幽默是消除危机和与矛盾、转换矛盾风向的重要方法,我们应当加以借鉴和学习!

巧用幽默留给自己回旋的余地

在生活中,人们常说“话不说满,事不做绝”,因此,我们与人谈话时时刻都要提醒自己,要给自己留余地,使自己可进可退,这好比在战场上一样,进可攻,退可守,这样有了牢固的后方,出击对方,又可及时撤回,仍然处于主动地位。虽说未必就是战无不胜,但也不会出现一败涂地的现象。同样地,在化解矛盾冲突时,我们依然要注意自己的说话方式,任何绝对的语言都可能激化矛盾,而通常情况下,那些交际高手都会选择幽默法、以开玩笑的方

式给自己一个下台阶与回旋的机会。

有一次著名的作家狄更斯钓鱼时，遇到了一点小麻烦，他一边钓鱼一边与过路的一个陌生人聊天。

他告诉对方："今天运气不佳，不过昨天很幸运，不一会儿就钓到了15条鱼。"

陌生人一脸严肃，马上拿出本子说："这里禁止钓鱼，你说你钓了那么多鱼，是要罚款的。"

狄更斯急中生智，他说："知道我是谁吗？我是作家狄更斯，虚构是我的拿手戏，我刚才说的是虚构的。"

狄更斯巧妙的发问以及模糊"虚构"与"说谎"两个词语的概念，为自己寻找借口，产生了强烈的幽默效果，摆脱了窘境。

有一次，俄罗斯大文豪托尔斯泰去火车站迎接一位来访的朋友，在站台上被一个刚下车的贵妇人误认为是搬运工，便吩咐托尔斯泰到车上为她搬运箱包。托尔斯泰毫不犹豫地照办了，贵妇人付给了托尔斯泰5个戈比。

此时，来访的朋友下车见到托尔斯泰，赶忙过来同他打招呼，站在一旁的贵妇人才知道这个为她搬行李的人竟是大名鼎鼎的托尔斯泰。贵妇人十分尴尬，频频向托尔斯泰表示歉意并请求收回那5个戈比，以维护托尔斯泰的尊严。不想托尔斯泰却表示不必道歉，和蔼地对贵妇人说，无须收回那5个戈比，因为那是我应得的报酬，双方的尴尬顿时化解在轻松的欢笑声中。

这里，我们发现托尔斯泰话语技巧高超，回旋的余地很大，他只对贵妇人说"5个戈比是他应得的报酬"，这句话意味深长，幽默效果极好。

的确，当我们为了某个目的与他人谈话时，话就要说得圆润一些，话说得太直白，会激恼对方，即便是理在己方。说得圆润一点，能给我们留下一定的回旋余地，从容地达到我们谈话的目的。因此，即使运用幽默的手法，你也需要注意以下几点：

1. 话不要说过了头,违背常情常理

我们在说任何话的时候,都应记住,如果太过,违背了事物的常情常理,就会留下被人指点的话柄,这中间需要我们把握好度的问题。

2. 话不要说得太绝对

世间任何事物都是相对的,而不是绝对的,对于绝对的语言,人们也总是不易接受。比如,当你斩钉截铁地说:"事实完全就是这个样。"此时对方必定会在心里产生两种想法:一是肯定你的反问:"难道一点也不差,"也许你表达的是事实,可是他心里老是琢磨"难道一点也不差"的时候,他可能就误解你想要表达的真正含义了。其实,你不妨说:"事实就是这个样子。"

而对于我们自身尚未弄清楚的事情,或者仅仅是自己的看法而不具备普遍性,就更不要用那些表示绝对的字眼,那样会因为你的绝对化而引起他人的怀疑,甚至引起他人的反感。

因此,在谈话时,尽管是我们绝对有把握的事,也不要把话说得过于绝对,绝对的东西容易被他人挑刺。与其给别人一个挑刺的借口,不如给自己说的话留有余地。同时,如果我们不把话说得绝对,我们还可以在更为广阔的空间与对方周旋。

3. 说话要前后一致

在和他人讲话事,还要注意自己说话的逻辑,不能前后矛盾。因为,你说话矛盾的地方,就是漏洞处,也常常是易受到他人攻击的地方,而且常常是非常有力的攻击,可以使我们哑口无言。

反客为主,幽默回避对方刺来的锋芒

物理学上,有"作用力",就有"反作用力";人际交往上,有"主人",就有"客人"。古人说:"恶声至,必反之。"意思就是,当别人对我们恶言相向时,一般人正常的反应就是采用同样的方法回击,但这并非高明的人际互动技

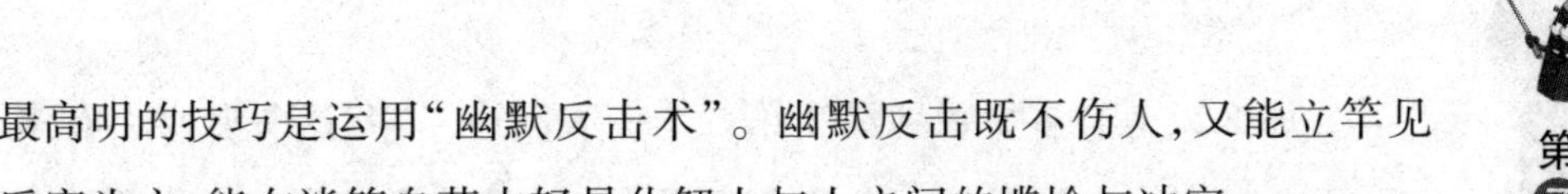

巧，最高明的技巧是运用“幽默反击术”。幽默反击既不伤人，又能立竿见影、反客为主，能在谈笑自若中轻易化解人与人之间的尴尬与冲突。

萧伯纳是英国诙谐剧作大师，一次在一场盛大的游园会上，一个衣冠楚楚的年轻人上前问他：“你是萧伯纳先生吧？听说你父亲只是一个裁缝。”年轻人的语气充满了轻蔑与不屑。

萧伯纳点头微笑道：“不错，我的父亲是个裁缝。”年轻人步步紧逼：“那……你为什么不学他呢？”

萧伯纳依然不生气，他笑看了年轻人一眼道：“听说你父亲是个谦恭有礼的君子？”年轻人扯了扯衣领，高贵又骄傲地说：“对呀，大家都知道！”

萧伯纳说：“那你为什么不学他呢？”

年轻人顿觉羞愧万分，赶紧走人了。

这叫“以子之矛，攻子之盾”。面对年轻人的讽刺与恶意的攻击，萧伯纳采用轻松幽默的方式将了他一军，大快人心。

可见，幽默反击战是一场没有硝烟的战争，却能让对手从此不敢再小觑、轻估你的作战能力。幽默反击通常都紧抓住对方言辞的小辫子施以反击。

可以说，阿凡提是运用幽默的高手：

一天，从邻国来了三位商人。这三位商人每人给国王提出了一个难题。可国王和王宫里的所有人都未能答上来。有人提议让阿凡提来回答，国王立刻召来了阿凡提。阿凡提骑着驴径直来到国王面前，抚胸施礼道：“尊敬的国王陛下，敝人前来拜见，有何贵干请吩咐。”

“阿凡提，请你赶快回答这三位贵客提出的问题。”国王对阿凡提说。阿凡提望了望这三位商人，说道：“敝人洗耳恭听，请贵客提问。”

第一位商人问道：“阿凡提，地球的中心在哪儿？”阿凡提不慌不忙地用手里的拐杖指着他那毛驴的右前腿说：“就在我那毛驴的右前腿下！”“你有什么证据？”那位商人又问。“先请您量一下，如果多一尺或者少一寸的话，由我来负责！”阿凡提说道，那商人听了只好无言可对。

“那么天上有多少颗星星?”第二个商人问道。“我这头驴身上有多少根毛,天上就有多少颗星星。如果您不相信,就请您数一数,多了或是少了请您找我。”阿凡提回答说。

第二个商人听了阿凡提的话只好默默不语。阿凡提向第三位商人暗示请提问题。商人问道:“我的这把胡子有多少根?请你回答!”“我这头驴的尾巴有多少根毛,您的胡子就有多少根。”“何以见得?”第三位商人听了发怒道。“如果不相信,请您把胡子一根一根地拔下来,我也把毛驴的尾巴一根一根地拔下来,咱们一起来数一数,请您把您的胡子拔下来吧。”阿凡提回答说。第三位商人听了,摸一摸胡须只得哑口无言。

在人们心目中,阿凡提是智慧、欢乐的化身,只要一提起他的名字,愁眉苦脸的人就会展开笑颜。从这里,我们便能领略到阿凡提的幽默与智慧。似乎无论对方采取什么样的招数,阿凡提都能做到反客为主,幽默地避开矛盾的锋芒,让人们为之一笑。

当然,这种幽默方式,一般是对方的攻击有多大分量,反击就有多大分量,这个分量可以适当减轻,但不可以加重,在运用这种幽默技巧反击伴侣的讽刺的时候,切忌不可忘了这一点。否则,可能会因为反击分量过重而引起新一轮的争吵。

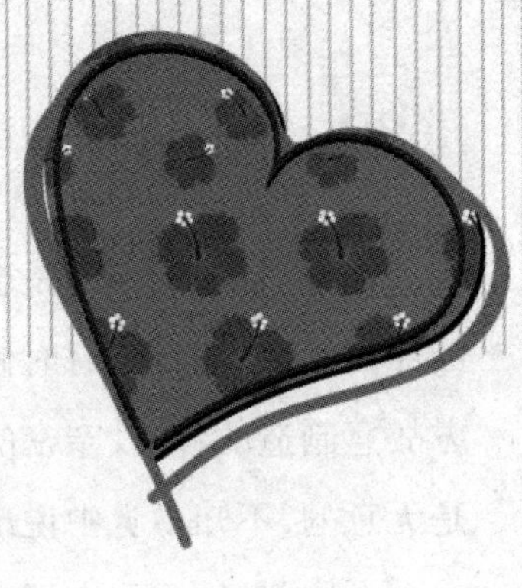

第8章 缓解尴尬窘境的幽默口才方案

人的一生中有很多无能为力的事情，会面临很多尴尬和窘境，我们是逃离不了的。此时，幽默这一令人发笑的解决方式就变得十分重要，幽默是一种智慧，凡是能操纵最高级的语言艺术——幽默的人已经是“智力过剩者”，而能使用这一方式解决尴尬窘境的人更是堪称操纵场上的“无冕之王”，当然幽默是一种创造性的本领，要随机应变，根据对象、环境及霎那间的气氛而制定出不同的幽默口才方案。

用幽默化解尴尬

在生活中，人们总是会遇到令人窘困、面红耳赤的场面，这些场面出现的原因是多方面的，有时候是来自自己的，有时人们遇到的尴尬也可能是对方故意制造的，依仗亲密的关系公开揭你的短，或讲述你过去的傻事。有时是无意的，不知不觉中说出了你的隐痛之处。

在这些场合下，人们总是变得紧张、张口结舌，这就是一种心理紧张状态，叫做尴尬。在这种时候，人的感受比公开的批评还难受，引起面孔充血、心跳加快、讲话结巴等情况。如果真的动气，别人会说你没有涵养。所以，尴尬是人在生活中不愿碰到但又躲不开的，那么，机智地应付尴尬就显得十分重要。在这个时候，你就应该学会用幽默法化解尴尬。

张女士是个优秀的领导，周围的人都很喜欢她，这是因为她具有幽默感，和她在一起从来不会尴尬。20 世纪 80 年代中期，妇女们刚开始化妆，她带领一批记者去开会，刚进发布会现场，有一位平常忌妒她的同行上前和她打招呼："喂，今天你怎么了，浓妆艳抹的。"谁知张女士看了看她的攻击者，笑着慢慢说："哟，你怎么这么夸我呀，可惜我今天没来得及洗脸呢。"在场的所有记者都哈哈大笑，攻击她的那位同行也跟着笑了。一场没有必要的争论和尴尬就这样被她的幽默化解了。

可见，用幽默消除误解，化解尴尬是最有效的方式。不管怎样，适时适度地幽默则是一种良好修养的表现，也是一种充满技巧的交际方式。幽默，不仅能制造出宽松和谐的交谈气氛，常常使人活得轻松洒脱，还能使人感受到你的可爱和人情味。有时候，自嘲还能更有效地维护自己的面子，从而帮助自己在别人心中树立起新的形象。

刘墉是清朝的宰相，他不仅足智多谋，而且书法造诣极深，成为清朝书法第一名家。但他是个性情放荡不羁的人，常常不修边幅，衣服破旧不堪。

有一天，皇上召见了刘墉。而此时刘墉身上有个虱子正沿着他的衣领往上爬，慢慢爬到了他的胡须上，乾隆皇帝偷着笑，而刘墉竟毫无觉察。吃完饭回家，被仆人看见，想给他拿掉。这时，刘墉才恍然大悟：原来皇上是在暗笑自己身上有虱子。

于是，刘墉模仿王安石的一句话，对仆人郑重地说："不要弄死这个虱子，这个虱子多次爬上相国的胡须，它曾被皇帝细细观赏过，福分太大了，你们都比不上它。"

在这里，我们不禁感叹刘墉的机智，当皇帝和仆人都发现他身上的虱子后，自然会备感尴尬，但此时，他巧妙地拿这只虱子开了个玩笑，尴尬便烟消云散了。

因此，在陷入尴尬局面后，要学会开个玩笑、幽默一番，千万不要把时间花在思考对方抱有什么目的跟我过不去这上面，更不能假设有什么"深仇大恨"。因为有意者可能是习惯，对很多人都是这样，无意者更不能激化矛盾。幽默的自我解嘲可以让人心情放松，把这种耍笑自己转移给大家。

具体来说，当我陷入尴尬环境时，可以从以下两个方面制造幽默：

自我解嘲

曾有这样一个笑话。一个人要出国进修，他的妻子半开玩笑地说："你到那个花花世界，说不定会有其他的女人'投怀送抱'呢！"他笑道："你瞧瞧我这副尊容：冬瓜脸，罗圈腿，站在路上怕是人家眼角都不撩呢！"一句话把妻子逗乐了。

人人都很忌讳他人提及自己长相上的缺陷，可这位丈夫却能够很平静地接受自己的先天不足，并不在意揭丑。这样的自嘲体现了一种人生智慧，比一本正经地向妻子发誓绝不拈花惹草效果更好。此时，在他妻子眼里，他一定是一个完美的丈夫。

在现实生活中，人们常常会遇到"不如意"、"不顺心"之事，是一种无法改变的客观存在。与其固执己见，"钻牛角尖"，不如放松一下绷得过紧的神经来点自我解嘲，幽默一下。而遭遇尴尬时不要生气和愤怒，更不要与他人

发生冲突，而应当借助幽默来化解尴尬，这样自己在他人眼里就会更有魅力。

难得糊涂是化解尴尬的幽默境界

在现实生活中，总会有使人感到难堪的时候，面对窘迫的局面，如果你惶恐不安，不知所措，就会尴尬而郁闷；如果你能灿然一笑，用幽默化解窘境，你就会感到轻松。有时装糊涂的方法还可以使他人免于难堪，这不但表现了糊涂后面的机智，同时也给自己和他人都留下了回旋的余地。

宋代的范正敏在《遁斋闲览》中记载了这么一个故事：

富贵权势之家从新科进士中挑选女婿，是相当普遍的现象，其中也有内心虽不乐意而迫于权势而不得不应允者。

一天，某权贵之家看中一名年轻进士，便派十名家丁去强行相邀。年轻进士没有推辞，跟随而来。到这家之后，立即引来不少人围观。

一会儿，衣着华贵的主人出来，对进士说："我膝下只有一女，相貌倒也不俗，愿许配给你，不知意下如何？"

进士先鞠躬，后答道："我出身贫寒，能高攀贵人，深感荣幸。不过，这件事要等我回家与妻子商量之后才能答复，你看如何？"

众人知其早已成亲，无不大笑，主人则满面羞惭。

这名新科进士，面对权势之家的冒失提议，不直接推辞，而是恭敬地应允，然后借口说要与妻子商量，不仅表明了自己有妻室，而且还显示出对妻子的尊重，大有"糟糠之妻不下堂"之势，既消除了现场的尴尬气氛，自然巧妙地表明了自己的拒绝之意。

幽默感的缺乏很多时候是因为我们已经习惯于直截了当地就事论事，而实际上，如果在出现问题的时直接向他人道歉或对他人进行反驳，只会使自己更加难堪，适当地装装糊涂，幽默一下，反而能够巧妙地解决问题。

假装糊涂的妙处就在于对真、假、虚、实的灵活运用，有时候尽管自己很清醒，还是装作糊涂来迷惑对方，就能巧妙试探出对方的真正意图。具体来说，我们在利用这一方法制造幽默的时候，还可以利用以下方法：

1. 含义曲解法

一个英俊倜傥的马场老板带着刚认识不久的漂亮女士骑马出游，来到一座幽静的小山坡旁，他们便坐在大石头上聊天。

两匹马儿一公一母，竟然交颈亲热起来，马场老板不胜向往地对女士说："你看，那正是我想做的。"

这马场老板竟然吃起女士的豆腐来了，女士如何化解他的轻佻呢？女士说："尽管去做吧……反正它们都是你的。"

装糊涂有时也是一种好战术，当人家明白地引你入彀时，你就故意曲解、"故作糊涂"来个金蝉脱壳，保证对方会碰个大软钉。

2. 自言自语法

你也许是个聪明人，但在一些使人难堪或尴尬的场合时你最好能够装一下糊涂，这样不但可以帮你从这种窘境中解脱出来，还可以起到讽刺对方的幽默效果。

两个陌生人在别人的介绍下约会。小姐问先生："你有奔驰吗？"

先生摇摇头："没有。""你有洋房吗？"

"没有。"

小姐讪笑道："那么，看来我们也没有缘分！"

先生无可奈何地起身，自言自语道："难道非要我把宝马换成奔驰，把二百平方米的别墅换成洋房吗？"

这位先生的糊涂装得真是有水平，听完这位先生的"自言自语"，小姐一定会后悔自己有眼无珠，同时也会为自己嫌贫爱富的势利心感到无比羞愧。

3. 事后补充法

先肯定对方的说法或顺承对方的意思加以回答，然后再补充说明，使之符合逻辑。如：

有一年愚人节，纽约的一家报纸为了愚弄众人，报道了一则马克·吐温去世的消息。人们信以为真，很快，吊唁的人流纷纷涌向马克·吐温的家。

马克·吐温对于报纸的恶作剧并没有发火，而是风趣地对大家说："报纸报道我死是千真万确的，不过日期提前了一些。"

对于报纸的恶作剧，马克·吐温不仅没有愤慨和谴责，反而加以肯定，这大大出乎人们的意料，然后加以补充，说是日期提前了一些，这既使自己的话避免了逻辑上的漏洞，又显得幽默风趣。

故作"痴呆"所表现出的幽默是智慧的产物，因为它往往对一些人所共知的或简单易懂的现象作出荒诞的解释或发挥，将人引向另一个不易想到的荒唐的思路上。因此，你不妨在适当的时候给你的朋友来点糊涂的幽默，你朋友脸红，你可以建议他少吃点苹果；你朋友脸黑，你就建议他少吃点窝头。你越是把不可能的事情凑到一块，就越能显出你的"痴呆"，你的可笑、你的幽默和你的智慧。

幽默让你从容应对各种场合

我们都知道，幽默是一种令人发笑的艺术，幽默能够引发喜悦，给人们带来欢乐，或以愉快的方式使别人获得精神上的快感。一个没有幽默感的人就像是一个肢体石化脑部硬化的残障者，周围的空气都是凝固的，跟他在一起真的让你乏味；反之，一个有着上层幽默感的人绝对是有智慧且经验丰富的，处处带给你惊喜欢愉的感觉，有趣巧妙地化解尴尬，逆转式地从窘境中漂亮脱身。

的确，幽默感对于我们来说，显得越来越重要了，幽默感是现代人必备的一种生活技巧，21 世纪生存的重要关键，因为具有幽默感的人不仅能为严肃凝滞的气氛带来活力，更显示了高度的智慧、自信与适应环境的能力。

第二次世界大战期间，英国首相丘吉尔来到华盛顿会见当时的美国总

统罗斯福，要求美国共同抗击德国法西斯，并给予英国物资援助。丘吉尔受到热情接待，被安排住进白宫。这天早晨，丘吉尔正躺在浴盆里，抽着他那特大号的雪茄烟。门开了，进来的正是罗斯福。丘吉尔大腹便便，肚皮露出水面……

这两个首脑人物在此刻见面，委实尴尬。丘吉尔把烟头一扔，说："总统先生，我这个英国首相在您面前可真是开诚布公，一点隐瞒也没有！"说完后，两个人哈哈大笑起来。随后，双方的会谈获得成功。

会谈的成功应该和丘吉尔的幽默有一定的关系吧！他说一点隐瞒也没有，不仅是为了调侃打趣，缓解窘境，而且含有坦诚求助、彼此信任的寓意。因而这是幽默，而不是滑稽。因为在这其中，便显示了幽默者与被幽默者的胸襟与自信。

幽默感是指一种能力，是理解别人的幽默和表现自己幽默的能力。纵览异彩纷呈的幽默百草园，幽默是一个大家族，以其多种多样的形式，存在于我们生活的每个角落，使我们原本平凡无味的生活变得处处生机盎然。

天才幽默大师卓别林曾被歹徒用枪指着头打劫。卓别林知道自己处于劣势，所以不做无谓抵抗，乖乖奉上钱包。

但是，他对劫匪说："这些钱不是我的，是我老板的，现在这些钱被你拿走了，老板一定认为我私吞公款。兄弟，我想和你商量一下，拜托你在我帽子上开两枪，证明我被打劫了。"

歹徒心想，有了这笔钱，这个小小要求当然就可以满足了，于是便对着帽子开了两枪。

卓别林再次恳求："兄弟，可否在我衣服和裤子上再各补一枪，让我老板更深信不疑。"

头脑简单、被钱冲昏头的劫匪统统照做，6 发子弹全部打光了。这时，卓别林一拳挥去，打昏了劫匪，取回钱包喜笑颜开地离去了。

卓别林不愧是幽默大师，在生命攸关的时候还能用幽默使歹徒放松对他的警惕为自己解围，这不得不得益于他天才的幽默、机智和胆识。不管此

故事是真是假，但是最重要的是它对我们的启发意义。

可能平凡的你没有政治家之间的谈判那么有影响力、气氛也没那么紧张，但是也不排除生死攸关的时候也有让人惊心动魄的场面。这个时候有谁还有胆识运用幽默帮自己解脱呢？

有幽默感的人，在日常生活中都有比较好的人缘，可以在短期内缩短人际交往的距离，赢得对方的好感和信赖，而缺乏幽默感的人，会在一定程度上影响交往，使自己在别人心目中的形象大打折扣。

张姐已经四十多岁了，但还是办公室里的开心果，哪里有她，哪里就笑声不断。有时候双方本来剑拔弩张，让她一句话就能给消了气，因此，单位的人都很喜欢她。

一次，小王带儿子来单位玩。这孩子特淘气，一眨眼的工夫，就把电脑的鼠标摔坏了。小王大怒，抬手照着孩子的头就是一巴掌，那声音比打响鞭还脆。这下手也太狠了，其他同事刚想张嘴，就见张姐"噌"地跳起来，指着小王的鼻子大叫："你干嘛打孩子，你的手怎么这么欠？"这一嗓子，同事们全蒙了，小王这个愣头青更是气得眼睛喷火。又见张姐指着孩子，不依不饶地说："你知道你这一巴掌起什么作用吗？你这孩子原本可以当大学教授，就这一巴掌，把个好端端的大学教授给打没了。"周围的同事哄堂大笑，小王也乐了。

一场纠纷，就被张姐给化解了。事后，一个同事对张姐说："今天真够悬的，我当时汗都出来了。"张姐说："我就见不得打孩子，但话一出口，也觉得冒失了，可又不好意思把话收回去，于是就来了个脑筋急转弯。"

可见，善于运用幽默技巧的人，无论何时都能保持一个良好的心态，而不知道幽默的人，常常让自己处于紧张的境地。

总之，具有幽默感的人，生活中充满了情趣，许多看来令人痛苦烦恼的事，他们却应付得轻松自如。

幽默让你的错误也变得可爱

人生是条单行线,生活没有彩排。遭遇尴尬或造成尴尬的情况都是难免的,甚至是"司空见惯浑闲事"。尴尬往往具有突发性,令人猝不及防,搞不好叫你狼狈不堪,以至于"断尽江南刺使肠"。然而,尴尬的出现也并非是有人故意使绊,有时也是由于我们自身疏忽造成的。此时,如何应对尴尬是一门不小的学问,有着应用性和实践性,反映出一个人的修养、机敏和智慧。那么,如何将尴尬巧妙消解呢?幽默不失为一种行之有效的方法。一句玩笑话会让你的错误也变得可爱。

陈嘉谟是清朝乾隆年间的举人,他的门生众多,可以称得上桃李满天下。陈老先生 80 多岁时,身体还十分硬朗,并且与结发妻子恩爱如初,每晚同床而眠。

一年新春,许多门生一道前来为恩师拜年,谁知老先生贪睡,门生们来了之后还没有起床。听说客人来了,便匆匆忙忙穿衣上堂,同众门生寒暄叙礼。他见众门生笑个不停,才发现由于着急,误穿了妻子的衣服。陈老先生自己也觉得好笑,便自我解嘲地说:"我已经八十多岁了,你师母也八十岁了,今天我的做法正中了乡间的俗语,'二八乱穿衣'呀。"众门生听了之后,都觉得老头子风趣幽默,大家一笑了之。

陈嘉谟先生一句"二八乱穿衣"便轻松幽默地解决了因误穿妻子衣服带来的尴尬,让众门生感到老先生的幽默可爱。

当幽默遇到尴尬时,可以通过戏谑来舒缓气氛,创造一种轻松的氛围,尴尬自然荡然无存。在公共社交场合,恰当的幽默犹如金苹果落在银盘子中,使你魅力倍增。

有一位叫阿丽的女孩,虽然没有出众的容貌和迷人的身材,但为人性情开朗、正直、幽默,许多人一旦和她交往几次,往往就被她的幽默所吸引,不

知不觉地感受到她的魅力。

有一次,阿丽参加同学聚会,和同学们回忆着大学时代的美好生活。不料主人在招呼客人时,不小心将一盆水打翻,全洒在了阿丽的脚上,把她那双新皮鞋泼湿了。主人不知所措,显得十分尴尬。阿丽却从容镇定地说:“一般正常情况是洗脚之前先脱鞋。”一句话,使满屋的人都笑了起来,难堪的气氛也一扫而光,大家更加佩服阿丽了。

这里,我们发现,女孩阿丽是一个大度、幽默、可爱,在面对他人不小心将水泼到了自己的新鞋上时,可能很多人都会沉不住气,甚至大发雷霆等,但阿丽却轻轻松松地开了个玩笑,不仅解除了双方的尴尬,还给众人留下了好印象。

而事实上,并不是所有人都能像阿丽一般幽默和大度,很多时候,他们像个火药桶,一碰就爆炸,为了微不足道的小事轻则吵架,重则挥拳打架,不但把矛盾激化,小事变成大事,闹得不可开交,让他人贻笑大方。在紧张、不快、尴尬等不利的状况下,发怒往往不能解决问题,只会让事情变得更糟,也很容易让自己与别人起冲突。而这种冲突的结果就是该表达的没表达清楚,反而说了很多情绪化的语言,让自己显得不成熟。而一不成熟的人的言行,有多少可靠度呢?

人云:退一步海阔天空。的确如此。其实,在日常生活中难免会遇到一些小的尴尬,只要保持沉稳的心态对待,用幽默来化解,不但不会产生不快,还能让气氛变得轻松,关系变得更加融洽。

而幽默的第一步就是先学会放开心境,拿自己开开涮,而不是费尽力气自我吹嘘、自我标榜,反而只是以博人一笑,让人真正被吸引。开自己玩笑,是从平凡的、趣味的、不甚完美的角度来观看自己,让别人有喘一口气的机会,也让自己从遥不可及的宝座上滚落红尘,与众生同声一笑。

在人际交往中,在人前蒙羞,处境尴尬时,用自嘲来对付窘境,不仅能很容易找到台阶,而且多会产生幽默的效果。所以,自我解嘲是很高明的一种脱身手段。

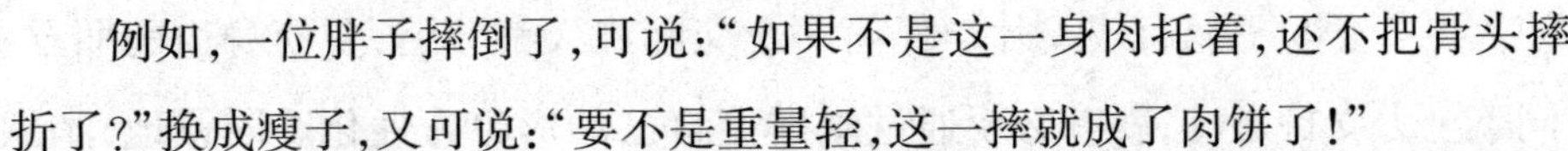

例如，一位胖子摔倒了，可说："如果不是这一身肉托着，还不把骨头摔折了？"换成瘦子，又可说："要不是重量轻，这一摔就成了肉饼了！"

应对尴尬和难看的局面，要想摆脱窘境，就要及时调整心态，做到拿得起，放得下，想得开。这样不仅可以使自己不满的情绪得到平衡和缓解，还可以让别人对自己有一种全新的认识。

面对困难和尴尬不妨幽默一下

与人交往时总会不时碰到困难或尴尬的情况，即使你小心防备，也难保不发生，既然困难和尴尬在所难免，那么，我们就应该着力解决。面对困难和难堪，如果你换个心境和角度去看，以轻松的心态去对待，也许能使你的生活充满亮色，使你本来忧郁的心情像满天的乌云被吹散一样明朗。

美国历史上的许多重要人物，如林肯、罗斯福、威尔逊等，都有幽默的好习惯。

有一次，林肯与一位朋友边走边交谈，当他们走至回廊时，一队早已等候多时、准备接受总统训话的士兵齐声欢呼起来，但那位朋友还没有意识到自己应退开，这时，一位副官走上前来提醒他退后八步，这位朋友才发现自己的失礼，立即涨红了脸，但林肯立即微笑着说："白兰德先生，你要知道也许他们还分辨不清谁是总统呢！"就这么一句简简单单的话语，立刻打破了现场的尴尬气氛。

美国一位肥胖的女政治家在竞选演讲中自我解嘲："有一次我穿上白色的泳装在大海里游泳，结果引来了苏联的轰炸机，以为发现了美国的军舰。"结果在笑声中，选民反不以其肥胖为意，使她在竞选中处于优势。

林肯和这位女政治家化解尴尬和难堪的方法都是幽默，开开玩笑，现场的尴尬气氛立即烟消云散。同时，人都喜欢与幽默的人一起相处，在西方，没有幽默感的先生，简直就是没魅力、愚蠢的代名词。幽默的人比古板严肃

的人更易于与下属打成一片。任何一个交际红人都知道,要使身边的朋友、同事全力支持自己,就有必要通过幽默使自己的形象人性化。同样地,幽默法化解尴尬还可能使他们有意外的收获。

小李是个幽默的人,他和他的妻子小林的结识,还有一段特别的故事。

十多年前的一个周末,他与朋友到一家保龄球馆"消磨时光",一局没打完,一场事故却发生了。

相邻球道的一位"花蝴蝶"也许是第一次玩这"球打瓶子"的运动,她提起一个10磅的球,碎跑几步,朝前奋力掷去。哪知她无缚鸡之力的纤纤细指没把球抓稳,球没朝目标飞去,却听"哎哟"一声尖叫在旁边响起,侧头一看,才知球重重地砸在了小李的左脚上。他双手紧握伤处,疼得嗷嗷直叫。大家顿时拥上去,发现他的脚背立马肿得像小馒头。替他脱掉球鞋,血已浸透了袜子。再脱去袜子,见他左脚大拇指的指甲盖已经"逃跑"了。

这位"花蝴蝶"吓得脸色发紫,惊慌失措,一个劲儿地说对不起,请原谅,我该死,我是第一次打保龄球,请多多包涵。"小李不恼不怒,还吃力地笑了笑,谁都没想到他竟然出语幽了她一默:姐姐,你再练练一定能够次次打全中,我的脚指头这么小你都能打中,球瓶那么大还能不中?"

姑娘想笑却不敢笑,更是满脸的难堪色,一心的内疚感。他忍着疼自嘲道:"嗨,没啥,就当是接了个绣球呗!"姑娘终于忍不住扑哧笑红了脸:"你这么疼也不说疼,真是男子汉!"他又咧着嘴说:"我不是女人,也不是太监,只能是男子汉啦!"

大家送小李去医院包扎,"花蝴蝶"也执意要去。后来,这个意外事故的尾声却是一个美好故事的序曲——他和这位姑娘戏剧性地恋爱起来,并最终结成良缘。

这位"花蝴蝶"就是小林,后来,她向别人满口夸赞小李:"他坚强勇敢,胸襟宽广,为人和气,机智幽默,懂得体贴,谅解他人,是个值得终生依靠的男人。"

而小林则说:"当初我要是骂一顿,吵一通,既不解痛,也不解气,何苦

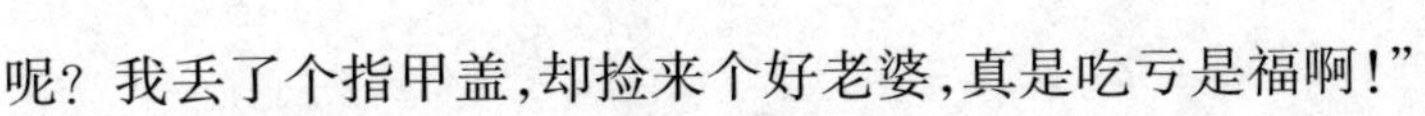
呢？我丢了个指甲盖，却捡来个好老婆，真是吃亏是福啊！”

的确，我们发现，幽默的脸是美丽的，幽默的笑是友爱的，幽默的心态是乐观的，幽默的意志是坚强的，幽默的品格是豁达的。在我们的生活中，幽默就像一味调料。很多尴尬，可以在一句幽默的话语中轻松地释然。

幽默作为管理者的一种优美、健康的品质，要随机应变，根据对象、环境及刹那间的气氛而定，但也需注意以下技巧：

一是幽默要高雅。

二是不要随意幽默。幽默的应用并不是适用于所有场合，某些庄严肃穆的场合，你的一句幽默的话可能会招致他人的厌恶。比如，在一个正式的会议上，当你的下属在发言时，你突然冒出一两句逗人的话，也许大家被你的幽默逗笑了，但发言的那位下属心里肯定认为你不尊重他，对他的发言不感兴趣，而有些场合，则是很需要幽默的调和作用的。比如，尴尬的场合。

三是不幽默时无须硬要幽默。如果当时的条件并不具备，你却要尽力表现出幽默，其结果必定是勉为其难，到底该不该笑一笑呢？这会令彼此陷入更尴尬的境地。

第9章 生活中处处展现幽默风趣的好口才

现代社会,随着工作与生活节奏的加快、生活压力的增大,人们逐渐对快乐的生活失去了感知的能力,逐渐忘却了幸福的含义。的确,生活有时是艰苦的、烦琐的,但生活同样是趣味多多的,只要我们懂得苦中作乐、在平凡的生活中发现幽默的素材,并且用幽默的语言来解释它,那样你的生活就会更加充满乐趣。

生活的小幽默，人生的大智慧

在生活中，有人总是抱怨生活的琐碎、平淡、无趣等，的确，生活就是柴米油盐酱醋茶组成的交响曲，但实际上，在琐碎的生活中，却也充满了幽默感，人际交往有时会像一个喜剧小品；聊天，有时也会像一段相声，使人觉得妙趣横生……处在那样一种心境，你会感到：生活，是多么美好！生活中处处充满小幽默，但幽默中却蕴涵着大道理，笑话中增长大智慧，将幽默诙谐的笑话运用到生活中，往往可以取得意想不到的效果。笑话通俗易懂，妙趣横生，韵味无穷。

法国总统德斯坦从小很顽皮，经常问一些令他父亲难以回答的问题。一次，他考试成绩不佳，得了个倒数第10名，父亲很不满意。德斯坦问父亲道："1和20，哪一个数值大？"

"自然是20的数值大。"爸爸不假思索地回答。

德斯坦接着问道："那么我考试列第20名，不是比第1名好吗？你为什么不满意？"

可能很多人都认为，没有子女要烦恼，有了子女也要烦恼，只是在后一种烦恼中，蕴涵着天伦之乐罢了。德斯坦的幽默告诉我们这样一个道理：不要强求子女的成绩，因为不可能所有的学生成绩都是100分，有时要"顺其自然"，这样"天伦"之间才有"乐"可言，不然就要徒增烦恼了。

当然，幽默感并不是嘲笑任何事，而是在幽默的同时能看见一件事情的严肃面和有趣面。无论你是内向型还是外向型的人，对生活都可以采取幽默的态度。幽默是智者的通行证，凭借它可以出奇制胜；幽默是弱者的快活林，依赖它可抚慰自身心灵创伤，保持惬意乐观的心境，他们总是能从生活中的小幽默中领悟到人生的大智慧。

我们不妨来看几个生活中的小幽默：

一个小男孩玩一只贵重的花瓶，他把手伸进去后却怎么也拔不出来，他父亲用尽了各种方法也帮不上忙，遂决定打破这个瓶子，但在此之前，孩子的父亲决心再试一次："孩子，现在你张开手掌，伸直手指，像我这样，看能不能拉出来。"

男孩却说了一句令人惊讶的话："不行啊！爸爸，我不能松手，那样的话，我会失去我手里的这分钱的。"

智慧启示：现实生活中，有多少人像那个男孩，宁愿自己失去自由，也不愿放弃那微不足道的一分钱。

小女儿：爸爸，我给您赚钱了。

爸爸：好女儿，等长大了再赚钱。

小女儿：不，我现在就赚来了。

爸爸：咦，三分钱，哪来的？

小女儿：是我卖牙膏皮赚来的。

爸爸：牙膏呢？

小女儿：挤到垃圾筒里去了。

爸爸：啊……

智慧启示：生活中，我们总是在做这样的事情，为了获得微小的效益，而丧失更有价值的东西。因为我们眼中充满了代表获得的一切。对于那些在获得中所失去的，我们已经无法发现。

某著名影星的豪华别墅不小心失火了，主人赶快吩咐他的助手："快！快！快！赶快通知电视台、广播电台和所有各家报社的记者。"助手回问说："那……要通知消防队吗？"

智慧启示：对于某些人来说，名利有时候比生命还重要，可究竟什么才最重要？这或许要我们每个人用一生去领悟。

蛇、蚂蚁、蜘蛛、蜈蚣在家里打麻将，8 圈过后，烟抽完了，大家商量让谁去买烟。蛇说："我没脚走不快，我不去，让蚂蚁去。"蚂蚁说："蜘蛛八只脚，比我的多，让蜘蛛去。"蜘蛛说："我脚再多，也多不过蜈蚣大哥呀！让蜈蚣大

哥去吧。”蜈蚣想想也对，谁让我脚多呢！没办法，于是，蜈蚣出门去买烟……

一个多钟头过去了，不见蜈蚣回来，两个钟头后，还是不见蜈蚣买烟回来，于是大家让蜘蛛出去看看，蜘蛛一出门却看见蜈蚣在门口坐着，蜘蛛很生气地问蜈蚣：“你怎么还不去呀？大家都等着呢！”蜈蚣也急了，说：“废话，你们总得等我先穿好鞋子吧！”

智慧启示：古人云，凡事有利必有弊，聪明的现代人总是看到事情的好处，考虑问题不全的唯一结果就是“欲速则不达。”

以上几个生活中所见到的幽默虽然让我们为之一笑，但笑过之后，我们感悟更多的是为人处世以及生活中的道理。这就是为什么常说小幽默见大智慧了。幽默是哈哈镜，在由讽刺激发的朗声大笑之后，人们可以观照自身的种种缺欠，从而反躬自省。幽默是人际关系的黏合剂，足可驱散陌生，摒弃冷漠，冰释误解，化解纠纷。

真正懂幽默者与人为善，敢于解剖自身，甚至拿自己开玩笑，显示出强者的磊落胸怀。而实际上，总是有一些人却不能正确理解和运用幽默，他们难以窥见生活哲理的实质，因而境界浅陋，令人腻烦。他们无自知之明，耍小聪明，占小便宜，在人际交往中缺乏自重心态和合作原则，最后陷于孤立境地。他们乐于拿别人的生理缺陷或痛苦经历找乐，中着不着，弄巧成拙，自讨没趣。

总的来说，幽默已经成为衡量一个人知识涵养、文化素质乃至心灵品质的重要方面，我们要善于从会意的笑声中，心灵沟通，道德自省，提升品位，让生活中处处充满幽默、充满智慧！

幽默让贫乏的生活变得富有

在现实生活中，可能很多人感叹自己贫穷，感叹自己没有过人的本领，

没有美丽的外表，没有令人骄傲的物质资本等，但生活依然是生活，快乐的源泉也并非是这些物质资源，而是人的心灵，一个具有幽默感的人，他的内心是充实的，他们总是善于抓住生活的各个细节、于无意识中制造幽默，让自己和周围的人都能会心一笑。因此，即使物质生活匮乏，他们也总是神采奕奕。

早上，小王上班到单位，老张见他脸上红肿了一大块，想起以前他开快车，曾摔得鼻青脸肿，以为他这回又是摔的，就问道："你脸上肿成这样，不会又是开快车摔的吧？"

小王白了老张一眼："谁开快车摔啦，我有那么倒霉吗？"

老张好奇地追问一句："那你这是？"

"老婆打的。"小王不好意思地说。

"老婆敢打你？不可能。你在家不是一直做老大吗？"老张不相信。

"真的，我不骗你。"小王摸了摸红肿的脸，郁闷地回道："昨天她在家拿苍蝇拍追打苍蝇，后来有一只苍蝇落在我脸上，她挥拍就打呀！"

看完这个生活笑话，可能即使你正处于繁忙的工作中、为生活压力所累的时候，你也会开心一笑。

的确，幽默对生活的力量是巨大的，心理学的研究表明，幽默不但可以提高人的免疫能力，也会增强个人的主观幸福感与乐观人格。由此，弗洛伊德将幽默视作精神升华的有效手段，并大力提倡人们学会用幽默来宣泄生活的烦恼。此外，幽默还可以帮助人们提高人际交往能力，获得更多的人际和谐。更重要的是，幽默感使人富有创新思考和同情心，无时无刻地追求烦恼中的快乐、冲突中的和谐。

那么，具体来说，幽默给我们带来怎样的精神财富呢？

1. 幽默有助于交流

人是社会中的人，都需要与人交流，但很多时候，需要交流的问题，如果直接指出，则会引起不快甚至是斗争，此时，幽默就是很好的替代品，一句搞笑的话就能转移双方的注意力。除此之外，那些倾向焦虑和忧郁的人更应

该多讲笑话，与人交流。

2. 幽默让人放松心情

笑具有一种微妙的力量，它能让人放松。当人们使用幽默，自主神经系统就像从高把位上缓缓下来，让心脏得以放松。因此，对于长期处在紧张的工作环境和生活下的人们，幽默是最好的放松心情的良药。

3. 减轻压力

在美国的加州大学曾经有这样一个实验，这个实验表明：笑声不仅能增加免疫系统，还有助于减少三种应激激素：皮质酮、肾上腺素和多巴胺代谢激素，一种多巴胺降解代谢物质。他们研究了16个被试者，这些人被随机分配到控制组和实验组（有幽默性事件发生），血压水平显示这三种应激激素分别被减少到了39%、70%和38%。因此，研究者认为幽默这一积极事件可以减少有害的应激激素。

4. 可以战胜恐惧

幽默能使人看的积极乐观的一面，能改变人们对于事物的认知，笑声迫使我们在情境与反应之间作出一些缓和的步调以及一些必需的距离。因此，如果你能看到小时候的某件恶作剧是可笑的，那么，你童年期所受的创伤经历在你的心灵中将不再那么纠结。如果你能以自我娱乐的观点看待婚姻中的问题，那么，你便也能从这一问题中解脱出来。

5. 幽默使人舒适

查理·卓别林曾说："真诚地去笑吧，你将能够去除痛苦，并与痛苦嬉戏。"这大概就是为什么人们面对痛苦都采取幽默的方式加以消遣吧。

6. 幽默减轻疼痛

医学研究表明，幽默的确能够减轻痛苦。"在手术后，有一些病人在施以有痛苦的药物治疗之前给予实验控制，结果相比较那些没有幽默刺激的人来说，接触幽默刺激的组群较少感到疼痛"。

7. 幽默提升免疫系统

戴夫在堪萨斯技术大学做过一项研究，主要集中在一个有关免疫能力

是否能被幽默加强的计划，结果笑声再一次被证明能够战胜病毒以及外来病毒细胞。

了解了这一点，你就能明白为什么曾经当你遭遇感冒，而当你的孩子跑过来告诉你今天在学校发生的趣事，你还是高兴地爬起来为你的孩子准备晚餐的原因了。

8. 幽默可以培育乐观

幽默的人是爱笑的，爱笑的人是乐观的，生活中遇到的问题，他们都能以达观的心态面对，自我安慰一番，也就没有什么大不了的。

所以，如果一个人能对他以前的不愉快记忆或者当前的痛苦事件，以幽默应之处理，那么就可以改变他的认知观点，不时地让生活中充满微笑，这样人们便可以更有效地去减轻苦难。

弗洛伊德曾言："笑话给予我们快感，是通过把一个充满能量和紧张度的有意识过程转化为一个轻松的无意识过程。"可能我们从幽默中获得的，不仅仅是一笑，而且是更多的物质财富所不能带来的一切吧！

幽默语言为生活增加情趣

在我们的生活中，总是有人整天闷闷不乐。他们觉得生活无趣，人生无趣，久而久之，他们便对工作与生活失去了激情，他们自身也变得麻木枯燥。实际上，生活需要趣味，而且是各种各样的趣味，于是世界便有了层出不穷的志趣、情趣、谐趣、童趣、文人雅士之趣、市井小民之趣……如果再加上幽默，我们不妨称它为"幽默趣"。

可以说，幽默是趣味生活的添加剂，生活中存在幽默，关键是你能不能发现它，并且用幽默的语言来解释它，那样你的生活就会充满乐趣。

有一次弗洛伊德对他的大女儿说："我感觉到，近两年来你在为一件事犯愁，你认为自己不够漂亮，找不到丈夫。我可没把这当回事，在我眼里，你

很漂亮。”

她的女儿笑了笑回答:“可你不能娶我,爸爸,你早已结婚了。”

这个女儿不是一般的女儿,这个女儿充满了智慧,欣然接受父亲送给的慈祥礼物——夸她“漂亮”,幽默惯性思维地滑到“可你不能娶我”上,婉转地告诉父亲,我知道了。并且,以一种玩笑的形式表达了对父亲的关爱,温馨之情溢于言表。

我们再来看:

刘勇是独苗,父母很宠他,家里什么事都不要他做,整天饭来张口,衣来伸手,因此,都二十好几的人了,他饭都不会做。妻子玉兰进门后,见他是个只会享受的家伙,常借机奚落他。

那天,玉兰加班回来晚了些,到家后发现刘勇在家正坐等她回家做饭呢!肚子饿得咕咕叫的她,不禁发起脾气,把他狠狠地训斥一顿,刘勇自知理亏,低头不吭声。

玉兰见状气消了大半,转身去厨房做饭。一会儿,上小学的女儿跑进来:“妈妈,你教我做饭吧!”玉兰很开心地问:“你要学做饭干吗?是不是想以后做饭给妈妈吃?”女儿摇摇头,嘴贴到她耳边悄悄说:“学会做饭,就有资本训人了,你看爸爸因为不会做饭,被你再怎么训,都不敢吭声。”

可能故事中的女主人公玉兰在听到女儿的童言之后,她即使对丈夫还心存怨气,也会烟消云散,在孩子的眼里,妈妈训斥妈妈的原因是因为爸爸不会做饭,而不是爸爸的懒惰,这就是童趣。

幽默是艰苦生活的调味剂。生活有时是相当艰苦的,有幽默感的人善于苦中作乐,用幽默作为艰苦生活的调味剂,鼓励自己克服困难,渡过难关。

幽默让生命趣味盎然幽默能够引发喜悦,给人们带来欢乐,或以愉快的方式使别人获得精神上的快感。具有幽默感的人,生活中充满了情趣,许多看来令人痛苦烦恼的事,他们却应付得轻松自如,从而使生命重新变得趣味盎然。

我们再来看看生活中的一些趣味语言：

“你长得很有创意，活着是你的勇气，丑不是你的本意，是上帝发了脾气，活下去，没有你，谁来衬托世界的美丽！”

“结婚用什么车娶亲最cool？”

“布加迪威航开路，阿斯顿马丁摄像，齐柏林DS8护航，新郎新娘骑驴。”

“月薪1200元，买什么车好？”

“买副象棋吧，有四个车呢！另外还有四个宝马。”

“情侣两个都在QQ上，但是双方都不说话已有10分钟，说明什么？”

“老板在旁边！”

“你爱我有几分？”

“一毛钱之多。”

“只有这么一点吗？”

“一毛钱不就是‘十分’吗？”

“养了10年的宠物和交往1周的恋人，必须舍弃1个，你选什么？”

“舍弃宠物吧，把它送给恋人。”

看完这些趣味语言，你紧绷的脸是不是缓和了些呢？的确，幽默就是一剂伟大的抗抑郁药。不仅会让你发笑，还让你学会微笑面对人生。作为人类独有的能力，幽默基因孕育在每个人的身体里，只要找到它，就找到了通往轻松而又快乐的桥梁，进而能够勇敢地面对现实，热情地体验人生。

摆脱烦躁心绪的幽默口才

我们都知道，生活绝非全是幸福，与幸福相对的就是烦恼，这是一对孪生的兄弟，谁也离不开谁。实际上，生活就是如此，总是由烦恼和幸福组成并相互转换。有些人一旦遇到烦恼就会变得烦躁不安甚至会发火，而作为他发火的对象，也会因此变得心情不悦，于是，这种心绪就会互相传染，从而

带来更大的烦恼和不快。那么，如何摆脱这种烦躁的心绪呢？睿智的人一般都选择幽默口才法，他们在理性解决烦恼的同时，往往还运用幽默的手段化烦恼为欢笑。

通过幽默，我们可以学会以笑来代替苦恼；借着幽默的力量，我们能使自己和他人超越痛苦。站在自己之外欣赏自己遇到的烦恼，就能拥有一段时间的快乐。

一位名叫海伍德·布洛思的人曾把40年的积蓄投资于股票市场，在1929年的经济危机中全部丧失。当他听到这个消息时，他的反应并不是失声痛哭，也不是大喊大叫，而只是说："来得快，去得也快。"

一夜之间便丧失了，不能不说"去得快"，但真的"来得快"吗？不，我们知道那是他40年的积蓄。显然，他这是跳出了自己的灾难之外来嘲讽自己。

还有个这样的故事：

刘焯和他的堂侄刘炫都很有学问，因犯法而被捕。县吏不知道他们是大学问家，全给他们上了枷锁。刘焯说："整天在枷(家)中坐着，就是回不了家。"刘炫说："我也是终日负(妇)枷(家)而坐，就是不见妇。"

比起布洛思来，他们的自我调侃更见情趣，也更讲究技巧。不见家人和妻子的孤寂而凄凉的生活也似乎显得并不严重。和布洛思一样，他们嘲笑了自身的悲剧，实际上就是战胜了悲剧，烦恼的情绪自然也就化为乌有。

有一个副总，中年有为，风度翩翩，是不少女职员的梦中情人。有一个叫小芸的女孩总爱和他套近乎，引得同事们议论纷纷。老总让书记提醒他一下，书记就有点犯愁：这事儿可让他怎么开口呢？

那天，书记和几个下属在副总办公室聊天。小芸兴冲冲地推门进来，一看有其他人在，觉得很尴尬，就悄悄地退了出去，副总顿时也有点不自在。

过了一会儿，只见书记似插科打诨般念了一句苏小妹给秦少游出的对联："闭门推出窗前月。"其中悄悄瞄向副总，见他若有所思，片刻后接了句"投石击破水中天"，然后笑着说："这秦少游还得感谢苏东坡呢。"两个人心领神会。

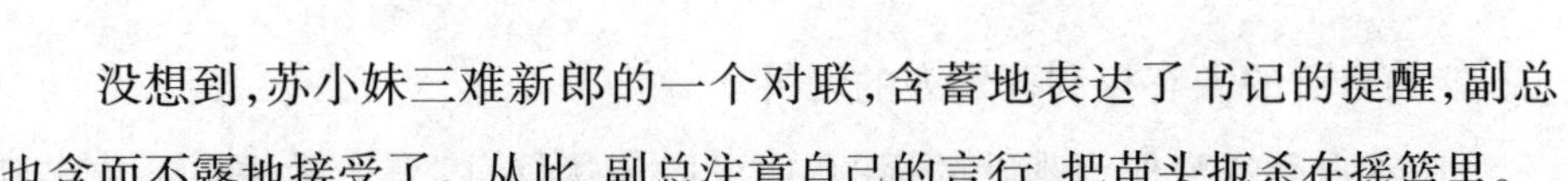

没想到，苏小妹三难新郎的一个对联，含蓄地表达了书记的提醒，副总也含而不露地接受了。从此，副总注意自己的言行，把苗头扼杀在摇篮里。

在上述例子中，面对工作上的烦恼，书记便采用了旁敲侧击的方式，以幽默法点醒了副总，从而起到传递信息的作用。

的确，幽默不仅可以润滑人际关系，消除紧张，解除人生压力，提高生活的品质，还能使我们精神振奋，信心倍增，忘掉许多不愉快的事情。

为了应付人生大大小小的烦恼，你需要这样一种力量——无论你是为人父母或是为人子女，幽默的语言都能产生轻松一笑的力量。但要利用幽默的语言技巧帮自己摆脱烦恼心绪，还需要你做到：

1. 乐观豁达

真正的幽默力量是从内心涌出，更甚于从头脑中涌出。心胸狭小，斤斤计较以及顽固不化的死心眼往往是幽默的大敌。

豁达是幽默中蕴涵着的一种重要品质。凡事乐观，即使身陷囹圄也看到希望，而不是整天悲悲戚戚，愁眉不展，其宝贵的思维模式是“大不了就……”而不是斤斤计较，过分认真；多想自己的缺点和无能，经常开开玩笑，而不是“我是天下第一”，盲目逞能好胜。这就是豁达。

豁达往往意味着超脱，但又没发展到虚无，所以它仍是一种积极因素，是一种美好的人性的表现。如果你的特点、能力或成就可能引起他人的妒忌甚至畏惧，而这一点已经影响到你的心情、生活和工作时，那么，你也不必和对方争吵，你可以试着去改变这些不好的看法。例如，你可以说一句妙语：“世界上没有一个人是完美的，我就是最好的例子，”你以取笑自己来和他人一起笑，会让他人喜欢你，尊敬你，甚至敬佩你，因为你的幽默力量证明你也有人性。

2. 尽量不要把幽默的对象指向他人

利用幽默口才消除烦躁心绪，还要把握分寸，这其中就包括幽默的对象的作用。当你想说笑话、讲讲小故事，或者造一句妙语、一则趣谈时，最安全的标准就是你自己。如果你笑的是自己，谁会不高兴？有一条不成文的法律

说，能笑自己的人有权利开别人的玩笑。

树立自己本身作为幽默的标的，你可以传达信息、表达看法而不攻击到别人。

力求个性化、形象性并学会适当的幽默，往往可以使自己说话变得有趣起来。幽默力量能认同幽默的事物。因此真正伟大的人物会笑自己，也鼓励别人和他一起笑。他们以与人分享人性来给予并获得，你也能做到！

愉悦身心，用幽默化解不良情绪

随着生活节奏的日益加快，人们的心理压力也越来越大，很多人处于亚健康状态，精神状况也不容乐观。他们总是容易出现一些不良情绪，甚至导致容易疲劳、失眠、多梦等。其实，减轻压力、摆脱烦恼、制造快乐的方法有很多，其中有一种很好的愉悦身心的方法，那就是幽默，因为“开心是一剂良药”。

一位国外名人非常认同幽默的力量，他认为幽默能让人开心，而开心自然就能更好地保持心理健康，并且还能治愈许多疾病。幽默是最有效的精神按摩，能有效地帮助患者松弛紧绷的神经。

著名科学家法拉第年轻时由于工作紧张，患上了抑郁症，情绪很不稳定，虽然进行了药物治疗却毫无起色。后来一位名医对他进行了仔细的检查，但未开药方，临走时只说了一句：“一个小丑进城胜过一打医生。”法拉第对这句话细细琢磨，终于明白了其中的奥秘。从此以后，他经常抽空去看马戏、滑稽戏和戏剧，经常高兴地开怀大笑，渐渐地，他的精神状态得到了康复。

小丑利用幽默的语言、滑稽的动作，制造笑声，给精神进行按摩，起到舒缓紧张神经的作用。

生活不尽如人意，当它偏离我们理想的轨道时，怨天尤人、消沉、悲观厌

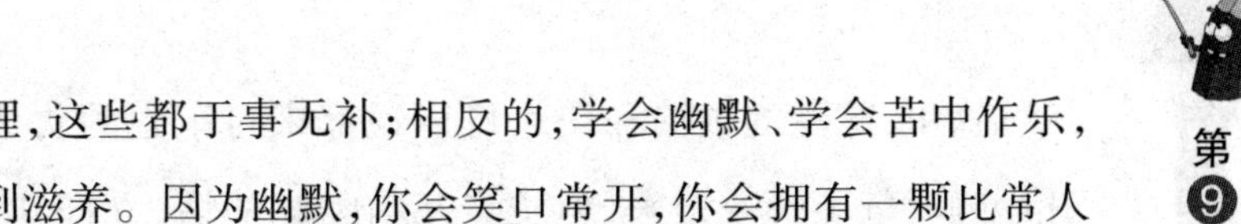

世甚至怀有仇恨心理，这些都于事无补；相反的，学会幽默、学会苦中作乐，会使我们的心灵得到滋养。因为幽默，你会笑口常开，你会拥有一颗比常人更加年轻、积极向上的心。当然，化解不良情绪的幽默，可以来自于自己，也可以通过读懂他人的幽默获得。

陈红是个网络作家，更是个幸福的女人，结婚十几年来，她总是生活在丈夫为她制造的快乐中。有时候，即使心情不好，丈夫也能让她的心情“多云转晴”。星期日，丈夫说他要看书，让她看孩子。本来我要写稿子，可他难得刻苦一次，陈红觉得应该鼓励这种偶尔的进取，就带着孩子出去了。

临近中午，其他家长都带着孩子回家了，陈红见孩子没玩伴也闹着回家。可她想给丈夫多一点儿时间，就又想方设法哄着孩子多玩好一会儿，直到孩子说他饿了，才带他回家。

回家后，陈红满以为丈夫坐在写字台前，一手握着笔，一手翻着书，眉头紧皱满脸深沉地用功呢，谁知进了门一看，人家“老先生”正歪在沙发上，指间夹着烟，兴致勃勃地看香港武打片呢！

陈红的火一下子上来了，声音尽管不高，但语气很冷：“我的稿子不写，带着孩子出去玩儿，到点还不敢回家，怕耽误你的学习。你可倒好，书不看却在这儿看电影！”

丈夫见她不高兴了，就像个受害者见到了伸张正义的人，用很气愤的声调“控诉”说：“看电视报上的片名，真以为是个猛片呢，看到现在才发现，这根本不够猛片的水平！”于是，他手握遥控器，很夸张地用力一按关了电视，站起身来扳着妻子的肩膀，一本正经地说：“走！咱们找电视台索赔去！它耽误了我看书是小事一桩，耽误我老婆写稿子事儿可就大了，咱们至少向电视台要求赔偿100万元！”

虽然陈红忍着没笑，但气一下子消了。的确，丈夫已经用这种轻松方式表示他的歉意和愧疚。她还有什么话可说，还有什么值得深究的？于是，她只好打开电视，把丈夫按在沙发上：“还是看完这不够猛的片子吧，要不索赔也没有依据。”

这里，陈红的烦恼和快乐可以说都来自于她的丈夫，丈夫的无理行为，让她顿时气不打一处来，但丈夫几句幽默的话，立即让她的心情变晴朗了。可见，幽默是一种生活的大智慧，是解除苦闷的金钥匙。幽默是生活中的调味剂，既能让自己轻松，也为别人增添快乐。

那么，怎样用幽默感来化解不良情绪？专家提出以下几点建议。

1. 找点“糗事”做做

著名心理学家埃利斯发明了一种“打击羞耻”的练习方法，也就是你不妨让自己在公共场合找一些“糗事”做做，比如，找陌生人借一元钱，在公交车上大声报站等。做完这些“糗事”后，人们觉得很多担心的事“原来也不过如此”。

2. 自嘲

每个人都有这样那样的缺点和不足，比如，长得太胖、说话结巴……自卑和逃避这些问题只会凸显这些问题，而坦率和戏剧化的自嘲能使心理天平保持平衡，化解抑郁情绪，而且坦诚也会得到他人的信赖和好感。

3. 夸张

遇到问题，你的心情难免紧张，此时，你不妨预测一下最坏的结果，并把这一结果在脑子里进行夸张的想象，你可能会莞尔一笑，心情自然会轻松许多。

4. 联想

在正常的思维模式下，如果你认为某人比较优秀，再将其与自己进行比较，你会发现，对方真是完美极了，而自己太卑微了。那么，你不妨换一种思维，你可以想象一下对方身上的俗事，把神化的对方重新变成俗人，如看电视时吃得满脸都是薯片碎末，喝汤吧唧嘴等。

总之，幽默对情绪的调节，就像夏日里的清风、严冬里的温暖，幽默是忧愁时的欢乐。我们挖掘生活中的点滴幽默吧，笑一笑，十年少；笑口常开，百病不来。你会发现，从你懂得幽默的那一刻起，幸福和快乐便与你相伴！

幽默给生活以最大的助力

幽默是人际关系的调节剂,更是调节身心的有力工具。汤玛斯·未来尔说:“真正的幽默不是来自情绪,更多来自智慧。”幽默是思想、学识、智慧和灵感在语言中的结晶,是一瞬间闪现的光彩夺目的火花。幽默是生活中不可缺少的甘甜调料,没有幽默的生活是一种酷刑。

的确,生活是一片片时时散发着七彩阳光的云彩,没有了风雨彩虹和空中飞翔的鸟儿的点缀,就会从此陷入一片黑暗之中。生活是一个能让人们在上上下下、前后左右的转动中,能变幻出各种不同颜色和造型的万花筒,如果没有了七彩颜色的点缀,始终不过是一个没有任何用途的空筒。而这些点缀,就是幽默,没有幽默,生活就不成其为生活。幽默感对我们工作和生活的很多方面都可以起到推动作用,具有重要的意义和价值。

其实,对于我们拥有着成熟思维,有着自己的处世方式方法的人们来说,又何尝不是同一个道理?与单调的日子而言,时时地给自己的心情来一些健康积极的幽默本色。不但能让自己在这种轻松的幽默欢笑中,得到快乐舒畅的好心情。还能给所有被这种健康向上的幽默语言感染到好心情的人们,也得到了同样的开心和放松。

一个交响乐团在紧张地排练斯特拉文斯基的《春天的典礼》的最后一章。疲惫的指挥在向大家讲述他对音乐各部分的理解:“柔和优美的圆号象征着奔逃的农家少女,而响亮的长号和小号则代表着追逐的野人。”当他再次举起指挥棒准备让音乐继续时,从圆号区飞过来一句:“大师,您不介意我们把某一部分演奏得快一点吧!”一句轻松的调侃消除了排练的紧张与辛苦,让气氛被其乐融融所包围。

看来幽默真的能对现在的快速生活节奏进行调节,让人每天都能保持良好的精神状态和工作热情。我们在工作劳累、生活劳累时若能有一笑话

幽默使人开怀一笑，劳逸结合，着实乃一桩美事。

万物的生长，因为有了阳光雨露的滋润，才能生长得更茂盛和郁郁葱茏。人们的多姿多彩的生活，同样也离不开人们自己对生活的信心和热爱，以及对未来能够更美好的信心的培养。无论是对自己，还是对身边的所有人而言。只要是非原则之事，只要是建立在尊重他人的基础上，无论是被他人幽了一默，还是他人被你善意地幽上一默，就用大度、莞尔一笑来面对别人善意的幽默，又何妨？

具体来说，在我们面对以下几种情况时，都可以借助幽默的力量调节：

1. 面对工作压力

小勇是一名刑警，平时工作繁忙。即使如此，他还是经常会给自己找点乐子，让自己有工作的动力。

这天早上他看早间报道，有一个趣事让他笑了足有十分种。话说德国某足球俱乐部一主教练在上周的一场联赛中，对场上一名队员的表现十分不满，跑到场边大骂该队员“我是叫你来踢球的，不是叫你来看风景的”，助理教练马上冲上去把这个队员拉了回来。原来，该教练是红绿色盲，分不出这名“队员”是主裁判，好在主裁判宽宏大量，没有把该教练罚到看台去。

看了这个报道后，小勇心情大好，给自己做了一份丰盛的早餐后精神抖擞地上班去了。

2. 面对伤感失落

美国哲学家乔治·桑塔亚纳选定4月的某天结束他在哈佛大学的教学生涯。那天乔治在礼堂讲最后一课，快结束的时候，一只美丽的知更鸟落在窗台上不停地欢叫着，他打量着小鸟，许久，他转向听众轻声地说：“对不起诸位，失陪了。我与春天有一个约会。”说完便匆匆地走了。

这句临别留言像诗一般美好，不热爱生活的人，无论如何也说不出。

人们在告别自己从事一生的某项事业时，出现伤感情绪是难免的，很多人会从此而失落，悲观。乔治·桑塔亚却以一种充满朝气、热爱生活的心态，幽默地面对人生暮年的一幕。

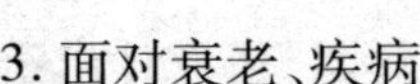

3. 面对衰老、疾病

在一个有众多名流出席的晚宴会上，已失去昔日风采，鬓发斑白的巴基斯坦影坛老将雷利拄着拐杖蹒跚地走上台来就座。主持人开口问道："您还经常去看医生？"

"是的，常去看。""为什么？""因为病人必须常去看医生，医生才能活下去。"

此时，台下爆发出热烈的掌声，人们为老人的乐观精神和机智语言喝彩。

主持人接着问："您常去药店买药吗？""是的，常去。因为药店老板也得活下去。"台下又是一阵掌声。"您常吃药吗？""不，我常把药扔掉。因为我也要活下去。"台下大笑。

雷利与主持人的对话句句幽默，令在场的人对精神常青的雷利肃然起敬。

幽默是一种善意和微笑，这种微笑是一种高雅的会意过程，可以使人达到一种优秀的性格品质。这不是因为幽默体现着一个人的处世哲学和机智聪敏度，而且因为幽默具有强大的感染力和影响力，能够创造一种轻松自由的环境气氛。

我们每个人都想要生活得更开心，都想要避免压力带来的痛苦，那么，从现在开始努力，让自己做一个具有幽默细胞的人吧！

自嘲是颇受欢迎的幽默方式

在你身边，什么样的人最受欢迎？你一定会回答：有幽默感的人。因为有了幽默感，他们更善于与其他人沟通，即便表达反对意见也不让人反感；因为有了幽默感，他们总会成为聚会的主角，人人都愿意和他们聊上几句……而最受欢迎的幽默方式是什么？答案一定是自嘲。它是一种生活的艺术，还是一种自我嘲解、自我帮助，也是对人生挫折和逆境的一种积极、乐观的态度。自我解嘲并不是像人们所说的逆来顺受、不思进取，而是一种随

遇而安的心态，对于那种可望不可即的目标做一下重新调整，设计出符合当下自己的目标。

幽默一直被人们称为只有聪明人才能驾驭的语言艺术，而自嘲又被称为幽默的最高境界。由此可见，能自嘲的必须是智者中的智者，高手中的高手。自嘲是缺乏自信者不敢使用的技术，因为它要你自己骂自己。也就是拿自身的失误、不足甚至生理缺陷来“开涮”，对丑处、羞处不予遮掩、躲避，反而把它放大、夸张、剖析，然后巧妙地引申发挥、自圆其说，取得一笑。没有豁达、乐观、超脱、调侃的心态和胸怀，是无法做到的。可想而知，自以为是、斤斤计较、尖酸刻薄的人难以望其项背。自嘲谁也不伤害，最为安全。你可用它来活跃谈话气氛，消除紧张；在尴尬中自找台阶，保住面子。

抗战胜利后，张大千从上海返回四川老家。行前好友设宴为他饯行，并特邀梅兰芳等人作陪。宴会伊始，大家请张大千坐首座。

张说：“梅先生是君子，应坐首座，我是小人，应陪末座。”梅兰芳和众人都不解其意。

张大千解释说：“不是有句话‘君子动口，小人动手’吗？梅先生唱戏是动口，我作画是动手，我理该请梅先生坐首座。”

满堂来宾为之大笑，并请他俩并排坐首座。

张大千自嘲为小人，好似自贬，然而“醉翁之意不在酒”，这既表现了张大千的豁达胸怀，又制造了宽松和谐的交谈氛围。

人们要想做到自我解嘲，就要保持一颗平常心。这一点也是最重要的，平常心，就是不被名利所累，不为世俗所牵绊，不以物喜，不以己悲，这不是很容易就能做到的。只有树立了正确的人生观、价值观，对名利地位、物质待遇等采取超然物外的态度，才能心怀坦荡，乐观豁达，才谈得到自我解嘲，精神上才可以轻松起来，自己才可以获得更加的潇洒和充实。

具体来说，我们在自嘲时，可以针对以下方面：

1. 笑笑自己的长相

笑自己的长相，或笑自己做得不很漂亮的事情，会使我们变得较有人

性，并给人一种和蔼可亲的感觉。如果你长得英俊或美丽，可以试试你的其他缺点。如果你真的没有什么缺点就虚构一个，缺点通常不难找到。一位大学足球队的教练，有人向他问起某位明星球员。这位教练说："他是大四学生，很不错的球员。但是有一个缺点，就是他已经大四了。"

2. 笑笑自己的缺点

有时你陷入难堪是由于自身的原因造成的，如外貌的缺陷、自身的缺点、言行的失误等等，自信的人能较好地维护自尊，自卑的人往往陷入难堪的境地。对影响自身形象的种种不足之处大胆巧妙地加以自嘲，能出人意料地展示你的自信，在迅速摆脱窘境的同时显示你潇洒不羁的交际魅力。如你"海拔不高"，不妨说自己是体积小脸部大，浓缩的都是高科技；如丑陋的你找了一个美丽的她，不妨说"我很丑但我很温柔"；即便你如刘靖一样背上扣个小罗锅，也不妨说你是背弯人不弓。

某老师是广东口音，普通话不过关，有一次上语文课，讲到某一问题要举例说明时，把"我有四个比方"说成了"我有四个屁放"，一时教室里像炸开了锅，学生笑得不可收拾。老师灵机一动，吟出一首打油诗："四个屁放，大出洋相，各位同学，莫学我样，早日练好普通话，年轻潇洒又漂亮。"老师的机智幽默赢得了学生的热烈掌声。

可能你会认为，嘲笑自己的缺点和愚蠢是幽默的最高境界，然而，伴随着这种嘲笑的情绪是不同的。如果我们尖刻地嘲笑自己，他人会觉得我们犯了愚蠢的错误，活该受到惩罚，那我们只会感到屈辱。因为这种态度背后的潜在意识就是相信我们应该比实际的更好，而这种人生态度正是我们超脱的障碍。如果我们内心充满了爱来嘲弄自己，就能达到某种和蔼可亲的超脱。因为我们自认愚蠢，但不顾影自怜。

总之，在社交场合中，自嘲是不可多得的灵丹妙药，别的招不灵时，不妨拿自己来开涮，至少自己骂自己是安全的，除非你指桑骂槐，一般不会讨人嫌，智者的金科玉律便是：不论你想笑别人怎样，先笑笑你自己。

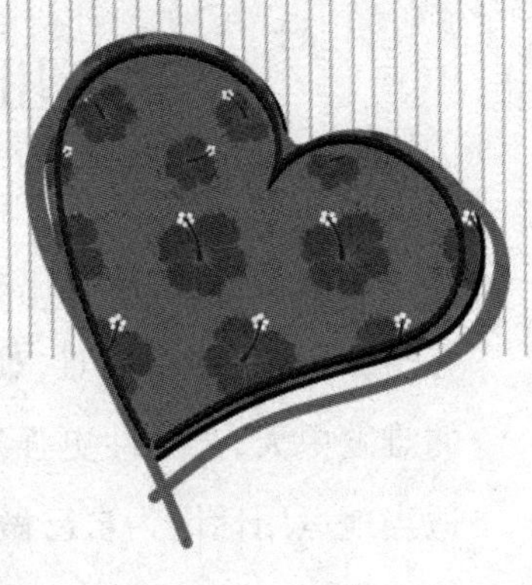

第10章 让你备受喜爱的职场幽默话术

现代职场中，人们总是处于紧张、忙碌的工作氛围中，很多人深感压力之大。如果我们能开开玩笑，说说笑话，那么，必当能减少冲突，带来别样乐趣。的确，人际幽默是生活的“调味盐”，是人际交往的润滑剂。而职场幽默是工作晋升的动力，工作中幽默感的价值在于给工作来点幽默调料，能幽默地表达你的观点，在笑声中向用人单位推荐自己、幽默地批驳你的上司、幽默地说服客户、和谐地与同事相处，每一句幽默的语言都是一个可贵的闪光点，幽默是一种爱，能使这种紧张的工作环境变得轻松些，让人们变得快活些！

巧用幽默的方式毛遂自荐

无论任何人,刚跨出校园或者失业后,所面对的第一件事就是找工作。有不少人感叹“求职难,难于上青天”。求职择业就是推销自己,而这种推销的难度更大,艺术性更强。在求职过程中,要想把自己推销出去,应聘者应适当地运用话语为自己做宣传,方能使对方了解自己,发现自己的才能和优点。只要不是言过其实,适当地自我表白就是必要的,它可以帮助求职者和招聘者双方之间建立信任、合作关系。求职者不懂推销自己的艺术,自然不受用人单位的欢迎;不敢大胆介绍自己的长处,当然也不会受到用人单位的青睐。

事实上,我们可以发现,那些自荐成功者的言辞必然不是千篇一律的,他们更善于运用形象和幽默风趣的语言。用形象和幽默风趣的语言有助于增强语言的吸引力,融洽和活跃谈话气氛。

一位大学毕业生走进一家报社问道:“你们需要一位好编辑吗?”言下之意自己当然就是“好编辑”,语言很是自信。

“不!”拒绝却是那么干脆。

“那么,好记者呢?”语言还是那么自信。

“不!”拒绝还是那么干脆。

“那么,印刷工如何?”追问依然坚韧。

“不!”看来是没戏了。

“那么,你们一定需要这个东西。”这位大学生从公文包里拿出一块精美的牌子,上面写着:“额满,暂不雇用。”

报社主任笑了,但也开始用一种新的眼光来审视面前这位年轻人了。最后这位年轻人被录用作报社发行部经理。

这位年轻人为什么能获得一个试用的机会?这是因为他在向报社主任

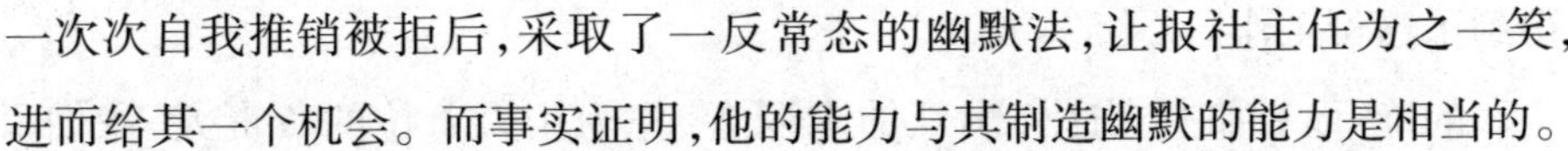

一次次自我推销被拒后，采取了一反常态的幽默法，让报社主任为之一笑，进而给其一个机会。而事实证明，他的能力与其制造幽默的能力是相当的。

因此，在面试交谈中，应试者要注意避免使用枯燥、干瘪呆板的语言，尽量使自己的语言生动、形象、富有情趣的语言介绍自己，给主试者以感染力，增强对自己的好感和信任。用幽默风趣的语言来回答、解释对方的提问，可以活跃谈话气氛，消除尴尬，缩短双方之间的距离。当在面试过程中出现双方难堪局面的时候，你可用一句幽默的话岔开。说一句能引起对方发笑的话，就可以把双方不愉快的感情冲淡，使谈话能友好地继续下去。

在很多场合，很多人都喜欢愉悦轻松的气氛，那么先来段幽默的自我介绍则是渲染气氛的开始。同样地，求职场合也是如此，我们再来看一个求职者求职信中的一段话。

“我貌赛潘安，义超关羽，智胜孔明，上知天文，下晓地理，出口成章，提笔成文，懂阴阳，测八卦，知奇门，晓遁甲的，大豪杰，大英雄，大剑客，大宗师，人称山崩地裂水倒流，赶浪无丝鬼见愁，前无古人，后无来者的，天下第一——‘帅’呀！”

这里，这位求职者不免有些自夸的成分，但言语间却尽显其自信幽默。我们再来看一位求职者在填写求职登记表时的一段记录：

杰克曾经留学英国，因此，他对欧美国家的文化背景和职场习惯有一些了解。

他曾经参加过这样一个面试：那是个星期五下午，不知出于什么原因，他穿着牛仔裤就去面试了。经过口语听力测试、电脑水平测试后，那美国人的表情告诉杰克他非常满意。但他突然冷不丁地问杰克：“请问你为什么穿牛仔裤来参加面试呢？”杰克急中生智，快速答道：“今天不是周五吗？周五不是‘便装日’(Casual Day)吗？”

原来，杰克原来在另一家美国公司工作时，发现周五总是有一幅漫画贴出来，漫画上的公司职员都穿睡衣，着拖鞋，睡眼惺忪的模样，旁边标注着大写的“Friday”（星期五）。果然不出所料，“老美”哈哈大笑，杰克自然顺利地

得到了这份工作。

的确，面对如杰克这样幽默的求职者，作为用人单位的负责人，我们可能也会产生一探究竟的好奇，也愿意给这一求职者一个机会。

可见，良好的口才是求职行为的精美“外包装”，关键时刻露一手，不需要你付出太大的代价，却能使你受益匪浅，你只要拿出毛遂自荐的精神，自信地走到机会面前，一定会取得意想不到的成功。

当然，在面试中，即使运用幽默法，你还应注意：把握自己的语速，语速最好是不快不慢。一般来说，面试中的问答是平铺直叙的，如介绍自己的一些基本情况，谈谈对公司前景的看法等。所以，没必要慷慨激昂，振臂挥舞。口齿要清楚，说话时注意句与句之间的停顿，使人感到你思路清晰，沉着冷静。另外，在面谈时还应注意语气要平和，语调要恰当，音量要适中。

你是否正在为找工作发愁？不用着急，只要你掌握了幽默的毛遂自荐法，相信你所要的工作一定会手到擒来。

人们都喜欢言语幽默的同事

身处职场，就必须善于与他人交往。职场人人际关系的好坏，不仅涉及我们工作时的心境，更关系到我们的职场命运。俗话说，“地利不如人和”，就是这个道理。心理学家指出，人际关系是一种重要的社会心理现象，通常称为事关人生成败的“心理氛围”。一个职场人士如果能与周围的同事保持良好的关系，经常与他们进行情感交流，就会感到心情舒畅，感到“安全”。不仅如此，这种人的郁闷可以得到排遣，精神可以得到升华，这又有助于人的心理健康，而幽默在人际交往中的作用是不可低估的。美国一位心理学家说过：“幽默是一种最有趣、最有感染力、最具有普遍意义的传递艺术。”幽默的语言，能使社交气氛轻松、融洽，利于交流。人们常有这样的体会：疲劳的旅途上、焦急的等待中，一句幽默话、一个风趣故事，能使人笑逐颜开、疲

劳顿消。

因此，我们可以说，在职场的人际交往中，幽默具有十分重要的价值。人们都喜欢那些言语幽默的同事。据一项调查显示：幽默的人最受欢迎，被认为是最有魅力的人。幽默是一种生活智慧，幽默是一种人生艺术，幽默是人生的一种境界和心态。幽默在谈话中之所以重要，不在于滑稽的表现，而是发挥人性的温暖，展露理性的笑容，使听者感到喜悦和轻松，进而让听你说话的人喜欢上你。只要他们喜欢上了你，无论你说什么，他们都会乐意听下去。你给他人留下亲切可敬的印象，就能使你的观点为人家所认同。

某单位里招聘了一批"80后"见习员工。这些初涉职场的新人，初生牛犊不畏虎，似乎什么都懂，什么话都敢插，给本来死气沉沉的办公室带来了生气。尤其是在吃午饭的时间里，整个办公室只听他们唧唧喳喳，高谈阔论。

一次，康震教授正在央视"百家讲坛"开讲《苏轼》，王主任很喜欢看这类节目，就与一个同事说起此事。这批见习生中的小顾见状，走过来插话了："苏轼！我知道，他又叫苏东坡。"一旁的小叶来劲了，冲着小顾讥笑道："又来了，你肚子里的东西倒蛮多嘛。那我考考你，'三苏'是说哪三个人？"只听小顾马上脱口而出："爸爸叫苏联，儿子叫苏东坡，女儿叫苏格兰。"老王与同事顿时面面相觑……不待他们缓过神，只听小叶笑着骂道："低能啊！苏家都跑到英国去了。"小顾不示弱："你这也不知道呀，苏格兰就是大名鼎鼎的苏小妹。"

大家我们再也忍不住，哄堂大笑起来。大家看到小顾一本正经的模样，不敢相信他开玩笑可以开到这个分儿上，彻底被雷倒了。

从此，王主任对浑身都是幽默细胞的小顾留了心。一年后，这批新人羽翼渐丰，有的跳槽了，有的调走了，有的升职了，只有小顾被这家单位留了下来，因为大家都从内心里喜欢他。工作再紧张，身边有个"开心果"在，就会不时发出一阵一阵的笑声。

可能在工作中我们都喜欢像小顾一样幽默的同事，我们也愿意支持他

们，因为他们总能给我们带来无穷无尽的欢乐，总是能给我们在繁重的工作之余让我们开怀一笑。

其实，几乎所有的人都懂得在职场处理好人际关系的重要性，但往往找不到有效的方法。其实很简单，在言谈中，能真正地寻找工作中的某些发笑的因素，适当地在工作中开开玩笑，就能让同事舒缓神经、减轻压力。其实，一些难以直说的观点往往可以通过开自己玩笑的方式表达出来。

此外，幽默也是你自身修养的表现。只有真正有修养、乐观开朗的人，才会实现幽默的效果，而不是刻意地伪装或模仿。因此，在职场制造幽默一定要保持乐观的心情并培养自己的机智敏锐。

当然，在办公室这个无风还起三尺浪的地方要注意开玩笑的艺术，哪怕是最轻松的玩笑话，都要注意掌握分寸。当然也不是要你死气沉沉，三缄其口。

为此，你需要记住以下几点：

1. 捉弄人的玩笑很危险

捉弄别人，一般都不是善意的，也是对他人的不尊重，捉弄人的玩笑一般都是危险的，因此，它绝不在开玩笑的范畴之内，是不可以随意乱做乱说的。轻者会伤及你和同事之间的感情，重者会危及你的饭碗。即使对方当时没有表现出来对你的不满，但也会记恨你。

2. 不要开上司的玩笑

上司永远是上司，即使你们曾经是同学，现在在工作之外是朋友，但也不要自恃与上司的交情而与之乱开玩笑，尤其在有外人在场的情况，更不可与上司开玩笑。

3. 不要拿同事的缺点开玩笑

兴许你会认为你已与对方相识数年，对其甚是了解，但有时候，在你看来的玩笑，却会被对方认为是嘲笑和讽刺；倘若你开玩笑的对象是个敏感细腻的人，那么，你的一句无心的话就很可能会触怒于他，从而使得彼此双方交恶。

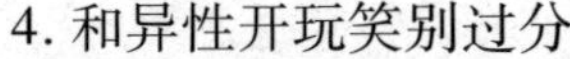
4. 和异性开玩笑别过分

办公室内部,开开玩笑能缓解大家压力,异性之间偶尔开一个玩笑也能缓解气氛,但切记异性之间开玩笑不可过分,尤其是不能在异性面前说黄色笑话,这会降低自己的人格。

用幽默走进上司的心里

无论是职场新人还是老员工,要想谋求理想的职业发展,良好的人际关系是不可或缺的,这其中最重要的因素之一莫过于想要得到上司的认可。同时,轻松愉悦的人际环境也能使自己和他人暂时忘记工作的单调和疲倦,以美好的心态面对每一日。

可是不少职场中人却总是为无法获得上司的好感而感到非常棘手,对于许多职员来说,最大的苦恼莫过于工作努力却得不到上司的赏识。美国人力资源管理学家科尔曼说过:“职员能否得到提升,很大程度不在于是否努力,而在于老板对你的赏识程度。”其实,任何上司都喜欢积极乐观的下属,如果在与上司交往的过程中,巧用幽默,让上开怀一笑的话,那么,他肯定会喜欢你的。幽默可以增添人们交谈的情趣,赢得别人的好感和信任。

某公司在年初制订提升业绩的销售计划时,销售主管召集下属严厉地说:“各位,去年我们的销售业绩并不是很理想,从今年起,我们该加油了,那么,从明天开始,早上 7 点半大家就要到这里集合。8 点钟一响时,大家就要立刻向外去推销!”

大家都不满地抱怨时间太早。这时有位凡事讲求效率和正确性的员工,不慌不忙地反问道:“请问……是时钟开始敲 8 下时,还是敲完 8 下才往外跑?”

主管过于严格的要求可能会招致他人的不满,这时上面这位聪明的员工就使用幽默的语言把众人的注意力转移到自己的身上,使尴尬紧张的气

氛重新放松下来。

员工的这个幽默既帮了主管的忙，又使主管看到他较强的时间观念，从而使他获得主管的赏识。

的确，可能很多人认为，和上司开玩笑岂不是“太岁头上动土”，甚至让上司觉得自己不务正业？其实并不是如此，上司也是人，无论其职位多高，他一样会有普通人的喜怒好恶，也可能偶尔在言语上犯一些错误，从而陷入尴尬和窘境之中，或者作出一些令人误解的举动，此时，聪明的你应抓住人们对上司言行错愕不解的心理，采取适当的举动顺水推舟，把上司无意说出的过于直白、犀利的话朝幽默的方向引导，使人们认为上司在开玩笑，从而放松了紧张的情绪。这就让上司觉得你是和他站在一边的，你自然也就获得了上司的赏识和信任。

那么，怎么才能脱颖而出呢？任何一个想要有一番作为、获得上司赏识的下属，都可以可以试试在上司面前化严肃为幽默的交流方法，或许有收获。

要想获得上司的赏识，幽默有一定的作用，不过要想从根本上解决问题，还需要你对自己的客观情况进行深入的思考。具体来说，作为下属的你可以在以下场合使用幽默法：

1. 在工作中遇到难题时

无论是从事比较单调乏味或较为艰苦的工作还是在条件比较好的单位，都有遇到工作难题的时候，此时，千万不要让自己变得灰心丧气，更不要与其他同事在一起怨声叹气，要注意保持乐观的心境、让自己变得幽默起来，给自己和同事带来欢乐，进而让上司看到你的幽默力量。

乐观和幽默不但可以消除彼此之间的敌意，更能营造一种亲近的人际氛围，有助于使自己和他人变得心情愉悦，消除工作中的劳累。在大家的眼里，你的形象才会变得容易让人亲近。

卡普尔担任美国电话公共公司的最高行政主管时，有一次主持股东大会，会议中大家情绪非常激昂，会议的紧张气氛随着大家对卡普尔的质问、

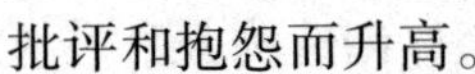

批评和抱怨而升高。

其中有一个女人不断质问公司在慈善事业方面的捐赠，她认为应该多些。

“公司在去年一年中，用于慈善方面的有多少钱？”她带着挑战性的口气地问。卡普尔说出有几百万时，她说：“我想我快要晕倒了。”

卡普尔面不改色地说：“那样最好。”

听了这句话，股东都笑了，会场中紧张的气氛也轻松下来。

2. 在恰当的时间，选择幽默的方式与上司沟通

在工作过程中，每个人考虑问题的角度和处理的方式都是有差异的，对上司所作出的某些决定也许会有看法，在心里存有相左的意见，甚至演变为满腔牢骚。

在这种情况下，切不可到处宣泄，否则经过口耳相传，即使是事实也会变调变味，如若上司听到，势必让他生气和难堪，难免会对自己产生不好的印象。况且，这种做法也暴露了自己性格上的弱点，容易被居心不良的人所利用，给自己的职业发展带来不利影响。

最好的方法就是在恰当的时候找到上司，根据上司的性格和脾气、选择幽默的方式与上司进行沟通。作为上司，在他被你的幽默语言打动的时候，不但能促进事情朝双方都满意的方向发展，对你也会更加信任，这比处处发牢骚效果要好得多。

当然，我们要注意把握分寸、分清场合，不要做过头，否则会有作秀之嫌，惹人反感，而且过于放肆的行径也影响工作氛围。

幽默言谈缓解工作的紧张氛围

我们都知道，身处职场，我们的工作效率，通常是与个人心境有关的，轻松的氛围能让我们对工作产生积极的情绪，从而高效率地工作。我们不难

发现,那些具有幽默感的人通常在生活满意度、生产效率、创造力及工作士气等方面都胜过那些没有幽默感的人。

因此,在紧张的工作氛围中,幽默感似乎是用来对付压力的最好方式之一。许多管理专家发现,幽默能够改善组织内的生产力与士气。

幽默是一种人生态度,也是一种生存技巧,幽默能产生一股力量,以对抗周围不如意的境况。幽默能使人放松心情,减低压力。积极的幽默能使工作环境变得轻松愉快。

小风整天都开开心心的,他是办公室里的“开心果”,他总是能在恰当的时刻说出几句幽默的话,逗得同事们一个个笑得前俯后仰,办公室里沉闷的气氛经常被他的几句幽默变得轻松起来。事实上,小风并不是一个只会耍嘴皮子的人,他的办事效率似乎比别人高,尤其是在一些棘手的、难度大的工作面前,他总是处理得游刃有余。

同事问小风的工作秘诀是什么,小风开诚布公地回答:“我只是比你幽默而已。幽默使我卸下了包袱,轻松前进,这就是我做事比你们快的原因。”同事听后恍然大悟:原来幽默不仅带来笑声,对工作还有这么大的好处!

的确,一个人每天的工作时间往往长达八小时,而且人生的黄金时段基本都是在工作中度过的,如果每天都是板着面孔,郁郁寡欢,那人生的乐趣何在呢? 工作中没有愉悦的心情,工作效率又怎么会提高? 现在的职场已经不仅仅是要求工作,还要求高效率地工作。因此,以一种什么样的心态去面对工作就很重要。美国田纳西州大学心理学教授柯沃德 · 约理欧非常赞同幽默能提高生产效率这一观点。他通过对幽默效应的研究,发现幽默不但可以减轻疲劳,还能振奋精神,特别是对那些从事重复性劳动的人最有效果——他们如果能在轻松愉快的气氛中工作,往往能够超额完成任务。

在沃尔玛内部,就有一种独特的文化氛围,它体现了一种团队精神,一种美国人努力工作、友善待人的精神,我们称为“幽默”文化。沃尔玛人一方

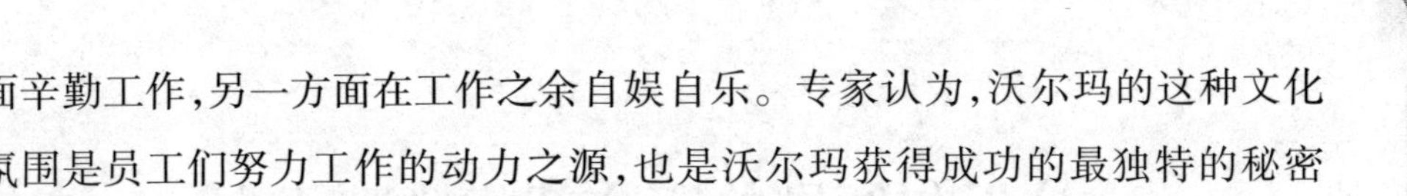

面辛勤工作,另一方面在工作之余自娱自乐。专家认为,沃尔玛的这种文化氛围是员工们努力工作的动力之源,也是沃尔玛获得成功的最独特的秘密武器。

因此,身在职场,应该设法将快乐带给每一位同人,让他们受到自己的感染,让工作成为一门轻松的任务,甚至是一种至高无上的享受。

一天午休时间,老张放下手中的报纸,发起议论来:“总是说交通紧张,为什么不修几条运河,一条从四川到新疆,一条从云南通往江南……”

旁边有同事答道:“老张,听了您的高见,使我们更加具体、更加深刻地理解了一个成语。”老张:“什么成语?”

“信口开河!”

坐在一旁看文件的科长听完之后愣了一下,随即带头哈哈大笑起来,整个办公室洋溢着欢快的气氛。

的确,工作间隙偶尔开个玩笑,甚至是相互调侃一下,不但不会影响工作,还会给人们带来笑声,这没有什么不好的,也不会对工作造成什么影响。毕竟谁也不愿一整天都在沉闷的气氛中度过,时不时地幽默一下反而能释放压力。

一个懂得幽默的人,他平时的心情往往比严肃的人要轻松得多,因为笑声把那些不顺心的事都冲淡了,能够经常保持轻松的心情,他的工作压力自然就小得多。

办公室的幽默,就像职场中的润滑剂,不但能活跃气氛,给生活带来乐趣,而且还能巧妙地化解矛盾,传递信息。

在工作中,有一些适当的、高品位的幽默,可以活跃气氛、振奋精神、缓解压力。因此,要想笑着、轻松地工作,你不妨试一下幽默的力量,常与朋友或者同事用幽默的言语调侃一下,让开心的笑声驱散身心的疲惫,放松一下内心世界,就会感到幽默是一种难得的惬意和快乐。

拉近与领导的距离就靠幽默语言

我们都知道，身处职场，勤奋工作的业绩是赢得荣誉、获得晋升的基础，而工作业绩的认可主要由上级领导决定，因此，能不能赢得上司的赏识、肯定和支持就决定着能不能获得荣誉。但如果你工作得很辛苦，却没有效率、没有成绩，则得不到上司的赏识也是可以理解的。如果你的工作有成绩，同伴中谁都比不上你，却没有获得领导的赏识，那你就必须另想办法来引起上司的注意，改变其错误的做法。其中，有一条百试不爽的拉近与领导距离的方法，那就是幽默。

没有人会拒绝快乐，幽默的力量正在于此，可见，幽默可以迅速地消除人与人之间的陌生感，它是智慧、爱心和灵感的结晶，是一个人良好修养的表现。幽默能表现说话者的风度、素养，使人在忍俊不禁之中，借助轻松活泼的气氛赢得对方的好感。

杰森就职于一家美国人开的公司，他很喜欢他的工作，因为他总和周围的同事甚至上司的关系处理得都非常好。他们之所以喜欢杰森，就是因为杰森是个幽默的人，与杰森相处，他们觉得幽默无处不在。

有一天，杰森被老板叫进了办公室，但是在拿取桌上的文件时，他不小心把美国老板的可乐打翻在办公室的地毯上，他想老板肯定异常恼火，因为美国人最讨厌蟑螂进入办公室了，现在因为可乐，蟑螂部队准保会大规模地袭击办公室。怎么办呢？他灵机一动，对老板说："你不用担心蟑螂会进来，绝对不会发生这种事，因为现在是在中国，中国的蟑螂比较爱吃中餐，对于可乐可能没那么大兴趣。"说完之后，两个人都高兴地朗声大笑。

从那次之后，老板便对杰森这个幽默的年轻人产生了好奇，私下里，他还经常把杰森叫到办公室，办公室里，似乎总是传来老板的笑声。

这里，杰森一句幽默的话不仅巧妙地解释了"自己不小心打翻了可乐"

这一事实，还引起了老板对他的注意，让其很乐意与这一幽默的下属交往。一个富有幽默感的人必是一个富有情趣的人、一个富有魅力的人。

总之，如果你想成为一个受领导欢迎的人，你必须先学会幽默，学会让别人对你笑。没有谁能拒绝一个好的工作环境，没有人会不想让自己开心，所以，你的幽默和笑会是你化解冲突最好的武器。无独有偶，和杰森一样，小可也是个幽默的人。

小可是个聪明的年轻人，他在一家电器公司上班，但他有个毛病，就是喜欢迟到，办公室的人总是笑他“迟到大王”。尤其是最近一段时间，他迟到的频率更大了。于是，他的顶头上司给了他最后的警告：“我最后一次提醒你，要是你下次再迟到，你就自己收拾东西走人，不用再向我做任何多余的解释！”

自此，小可再也不敢怠慢了，因为这个上司实在是个没有半点商量余地的人，因此，一连好几天他都起得很早。但是这天早晨不小心又睡过了头，这次恐怕上司铁了心要“开”自己走人了。

等到小可急匆匆冲到办公室的时候，办公室里面悄然无声，每个人都埋头做自己的事情。一个好心的同事冲他挤了挤眼，示意老板生气了。果然，小可刚坐在椅子上，老板就一脸严 诉的样子。当时大家都为他捏着一把汗。

这时，小可突然满面微笑迎上去握住上司的手说：“经理，您好！我叫小可，我到这里来是应聘工作的，我知道35分钟之前您这里刚开除了一个人，正好有一个职位空缺，我想我应该是最早来应聘的吧，希望我能捷足先登！”

说完，小可满脸自责又无限期望地看着上司。办公室里突然哄堂大笑，上司紧绷的脸终于也憋不住笑了：“别贫了，快点干活吧你！”就这样，小可虎口脱险，保住了自己的工作。

事后，同事们开玩笑地和小可说：“老总是个不苟言笑的人，都被你逗乐了，真有你的！”事实上，自打这件事后，似乎这个严谨的老板真的对小可采取了一些“特别管理方案”，他对小可格外开恩，晚几分钟上班，他也不追究了。

如果没小可的幽默，也就没有后来的结果，这就是幽默的力量，幽默在某种时刻可以幻化为智慧，使人在危机中重新找到机会。如果一个人的工作能力没有问题，工作热情也没有问题，而只是有一些小毛病（譬如迟到、爱开玩笑之类的），那老板又怎么能拒绝一个给员工带来欢乐的人呢！在大多数情况下，这种人不仅会有很好的人际关系，还会给同事们紧张的工作带来笑声，使枯燥乏味的工作变得轻松起来，用一句通俗的话讲，就是给生活加点儿糖。

可见，即使和严肃的领导交往，也可以偶尔开开玩笑，拉近和领导之间的距离。比如，在谈到时间的重要性时，你可以说："记得在刚开始工作的时候，前辈们告诉我专心工作可以让我忘却一切烦恼。但直到最近我才发现，这句话果然有效。"这种把幽默的玩笑口吻用到自己身上，借以表达你自己的观点时，就能和听者建立一种紧密的沟通关系。因为人的注意力是相对的、暂时的，在吸引对方注意力方面不能指望一劳永逸。一旦你说话变得平淡，听者就会感到乏味，注意力就难免要分散。因此，你在谈话之中，要时时注意观察对方的反应。一旦意识到对方的注意力有所分散，就要努力把他拉回来。你可以改变一下话题，或者是换一种说话的方式，用一句俏皮话或一则笑话把对方的注意力再次集中到你的身上。

当然，一个人要想得到晋升，仅凭嘴上夸夸其谈远远不够，必须得拿出成绩来，不过，在拿出成绩之前，你先要调整心理状态，创造融洽气氛，这样才有利于汇报的氛围。同时，你还需要注意以下几点：

第一，所取得的成绩，必须得让别人知道，特别是上司知道，而不能做无名英雄，如果别人都不知道，你干了多少都是白搭，并不能作为晋升的砝码。

第二，所取得的成绩只要别人知道也就行了，并不需要大肆宣扬，甚至吹嘘，那样只能引发别人的反感。

说幽默的话,合作更易进行

任何一个企业和公司内部,每个员工都有自己的特长,但如果“单枪匹马”,是无法胜任那些需要精密配合的工作的。然而,身处职场,一旦我们组成了一个相互协作的团队后,就出现了取长补短的奇迹——轻而易举地取得工作成绩。尺有所短,寸有所长。的确,在一个大集体里,干好一项工作,占主导地位的往往不是一个人的能力,关键是各成员间的团结协作配合。团结大家就是提升自己,因为别人会心甘情愿地教会你很多有用的东西。在与同事之间的关系处理上,是处处胜人一头,还是合作互助?实际上这不单是人际关系,而是道德修养问题。同事之间关系和睦融洽,办公室氛围健康向上,对你个人来说,是莫大的好事,对公司的运转和创益也会产生良性影响。如何和睦相处?我们不妨发挥自己的口才,经常运用幽默让合作双方在笑声中达成意见的一致。

小王和小李都是刚进公司的小青年,他们虽然年纪相当,但脾气、秉性完全不同,小王血气方刚,容易冲动,小李则比较沉稳,具有幽默感。

一次,上司交给他们两人一件任务,但在交流的过程中,两人产生了意见的分歧,小王是个急性子、倔脾气,似乎听不进去小李的话,于是,问题越来越严重,小王怒气冲冲地将小李拉到外面的走廊里,要找个时间选个地方跟小李决斗。

小李说:“单挑我可不怕你。不过,时间、地点及武器由我决定。”

小王同意了。

小李说:“时间就是现在,地点就在走廊里,武器用空气。”

小王一愣,然后哈哈大笑,他要做的只有挠小李的胳肢窝了。

同事间常常需要合作才能完成一项工作,但由于经验、能力等各方面的差异,意见的分歧难免会出现,但不必争个输赢、高低,也不必耿耿于怀,结

怨报复。若在冲突时善意地运用幽默，则可能化解一场激烈的冲突。成功学家拿破仑·希尔曾经说："化解冲突的最好良药，就是含有幽默感成分的机智。"其实，面对冲突毫不畏惧的人，充其量只能称作匹夫。但是，面对冲突，能不冲突，而懂得运用机智和幽默来化解冲突的人，才是真正有智慧的勇者。

实际上，职场内部，常常不乏令人碰得头破血流仍然得不到解决的问题，但是，如果来点幽默，却往往会迎刃而解，使同事之间化干戈为玉帛。

某大型公司每年都会举行一次意见交流会，这类会议通常由公司内部各个阶层的人参加。一次，销售部经理和客户部经理吵了起来。销售部经理毫不客气地说："你们的客服部总是不负责，碰到客户的责难就让他们直接找销售部，如果销售之后的工作你们不做，那公司客服部不是白养人了吗？"

语音未落，客服部经理拍案而起："说话可要有点儿良心呀，哪一次你们销售的后期工作不是我们来维护的？你们拿钱走人了，留下烂摊子要我们来收拾，拿提成的时候怎么没想到我们呢？"

"你这是什么话？没有我们销售部，整个公司如何运转？没有我们销售人员跑客户，你们连工资都甭想拿！"销售部经理毫不退让。

老总开始不说话，这时不得不出面阻止了："好了，这场戏就演到这！同志们，这就是公司不团结的生动写照，我特意请他们两位给大家做了示范，不过幸亏我们公司的人都团结一致，这样才使得我们公司的发展蒸蒸日上。两位的表演水平虽说差点儿，但毕竟不是科班出身，情有可原呀！"

全场爆笑。

这里，这位老总如果不出面制止的话，恐怕一场"口水战"将上演得越来越激烈。的确，他的话是正确的。公司内部的员工都应该团结一致，朝着目标奋斗，这中间就少不了合作，但如果与同事间的关系常常是剑拔弩张，甚至是恶语相向，那么，合作怎么可能完成呢？其实，不管面对什么问题，相互之间开开玩笑，很多问题也就迎刃而解了。因为幽默往往通过大家同笑的

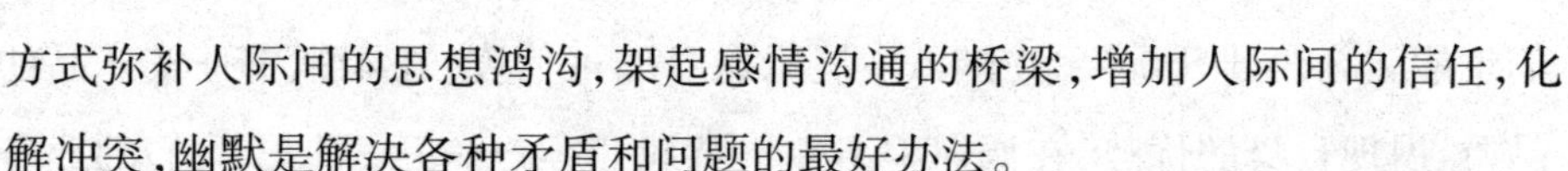

方式弥补人际间的思想鸿沟,架起感情沟通的桥梁,增加人际间的信任,化解冲突,幽默是解决各种矛盾和问题的最好办法。

总之,幽默是一种智慧的表现,具备幽默感的人到处都受欢迎,可以化解许多人际冲突或尴尬的情境,往往能使人怒气难生,化为豁达,不仅让自己心情愉快,也可带给他人快乐,难怪有人说笑是两人之间最短的距离。

有幽默,业务工作轻松办理

幽默的沟通方式是人最容易接受的沟通方式之一。在使用幽默的沟通方式时,人们往往处于一种放松愉快的情景中,沟通的双方往往会降低或放下防备,以一种积极开放的心态,更加乐意倾听和理解。幽默是建立信任、巩固关系的最佳策略,在办理业务的工作中,如果你能够让客户笑,那么,销售工作就顺利得多。

一次,一名房地产经纪人带着他的顾客来到他所推销的房屋内,对他的顾客说:“诚实待客是我们公司的一贯宗旨,我们将向您介绍房子的所有优缺点。”

“那么,这幢房子的缺点是什么呢?”

“哦,首先这幢房子的北面一千米处是一个养猪场,西面是一个污水处理厂,东面是个氨水厂,南面则是个酱制品公司。”

“那么,它有什么优点呢?”

“那就是,您随时都能判断当天的风向。”

在产品推销中运用幽默技巧是很有成效的,它能消除推销员在顾客面前的紧张感,使整个过程轻松愉快,充满人情味。推销大师皮卡尔说:“交易的成功,是口才的产物。可以说,推销的实质就是幽默地说服。”由此可见幽默在推销说服中的重要性。

同样地,身处职场,很多时候,我们也需要接触各种各样的客户,如果我

们也能和客户开开玩笑,在幽默中展示自身的可信度,在幽默中证实产品的品质、展现自身的优势,在调侃中不知不觉地让客户满意,那么,我们的业务工作也就成功了。

下面还是以房产推销为例:

一名房地产经纪人带着一对夫妇向一栋新楼房走去,他为了成交,一路上一直在喋喋不休地夸耀这栋房子和这个社区。

"这是一片多么美好的地方啊,阳光明媚,空气洁净,鲜花和绿草遍地都是,这里的居民从来不知道什么是疾病与死亡。"就在这时,他们看见一户人家正忙碌地搬家。

这位经纪人马上说:"你们看,这位可怜的人……他是这里的医生,竟因为很久都无病人光顾,不得不迁往别处开业谋生了!"

该经纪人的一句幽默似乎是在用事实表明该楼区的生活环境如此之好,这样的一句话用在此时此地、此情此景中恐怕要比一千句自夸更有说服力。

但面对初次见面的客户,在见面后便立即无的放矢地说笑,还真的是唐突了些,但是如果在面谈不顺、言穷词拙、无法很好沟通的情形下,那么适当的幽默却是一服极有效的清凉剂,可以缓和当时的尴尬气氛,而这是使面谈可以再度顺利地继续下去的技巧,在面谈的场合是非常必要的。

比如说,在与客户沟通时,一般他们都会拒绝你,对你说"不",你要感谢他们。告诉他们,他们所说的"不"让你离"是"更近了一步。告诉他们,你是多么欣赏这一点。告诉他们,你平均每听到 5 个"不"才能得到 1 个"是",而现在你还需要 3 个"不"。问问他们身边是否还有对此不感兴趣的人,以便得到"是"之前的另外 3 个"不"。告诉他们,你需要听到更多的"不",因为这可以让你更快地得到"是"。这会让他们笑翻天,这就是幽默的力量,你在销售时运用了多少幽默?是否多得足以让你达成交易。

因此,您必须培养出懂得如何幽默的特质,在与客户沟通不畅、面谈不顺时,适时切入幽默的言谈举动,确实有助于缓和当时局促的气氛,使沟通

得以顺利继续下去。

以下是运用幽默实现更多销售的指导原则：

1. 不嘲弄客户

客户就是我们的上帝，这一工作原则我们必须记住。同时，开客户的玩笑实在风险太大了，如果客户能接受，倒也无妨，但如果你的客户是个严谨而不喜好玩笑之人，你的一句玩笑话，就很可能让合作泡汤。

2. 不要在客户面前开其他人的玩笑

也许你会想，开其他人的玩笑，客户必会会心一笑，诚然，客户可能会被你的消化逗乐，但如果一旦客户认识这位被嘲弄的对象，或者刚好与这个人有关系，那你就犯了一个大错误了。而如果你的客户转述了你的笑话，那么，这其中肯定会被误传或更改，到时你必定会倒霉。

3. 自我调侃最安全

这是最为安全的一种幽默形式，自我调侃，让客户会心一笑，是有助于成交的。而事实上，总是有一些人，他们是缺乏幽默感的，即使他精心准备，周围也总是一片沉寂，这是相当可怕的。因此，再向客户正式讲笑话之前，你最好事先确定一下你讲的这个笑话是否真的好笑。当然，不能否认的是，也许你的客户也是个没有幽默感的人，这样，即便是再好笑的笑话，他也可能听不懂。

4. 在讲笑话之前先认真倾听

在你将笑话之前，应该先对对方进行了解，如果你确定客户不会喜欢你的笑话，那么，你最好不要开口。

5. 尽量以个人经历作为笑话的素材，避免讲一些转述的笑话

你的笑话，越个人化的，越是新颖，越能保持其“原创性”，你可以讲一讲发生在办公室里的、发生在你孩子身上的或者你孩提时代的趣事，而如果转述他人的笑话，而这一笑话恰巧客户已经听过，那么，只会适得其反。

6. 运用幽默将问题变成机会

比如，在电话营销中，客户会问及产品的价格：“这需要多少钱？”你可以

说:“噢,这个电话是免费的。”

7. 注意时机

掌握好时机,巧妙地运用幽默会让你赢得客户,但是不要不合时宜地讲笑话。

总之,幽默是销售过程中所需掌握的最重要的沟通技巧之一。如果你能够让客户笑,那你就能够让他们买。在使用幽默的方式沟通时,人们往往处于一种放松和愉快的情景中。人们总是喜欢和能让自己快乐的人交朋友或者建立某种联系。能够以一种愉悦的方式让自己留在客户的记忆中,这种记忆是深刻和美好的。

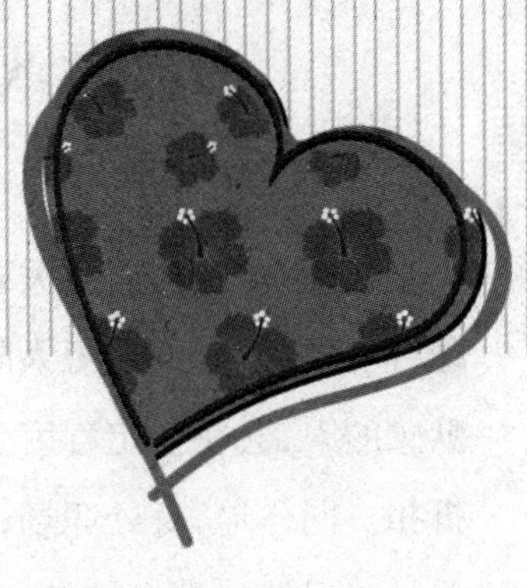

第11章 幽默言谈提升领导的管理效果

幽默是一种文化，对于现代企业和组织来说，人们越来越相信幽默可以作为传递重要信息的交流媒介。幽默是每个人，包括领导者、管理者必备的主要魅力之一，没有幽默感就等于没魅力。人们往往更愿意追随那些有魅力的领导者。因此，在日常的生活中，作为领导者如果你能不时地与下属们开个玩笑，幽默一番，你的下属必然会觉得你很随和，从而愿意接近你。这样你才能真正了解他们，与他们更好地进行沟通，这对于你的工作来说是极其重要的。

幽默的上司与下属零距离

我们都知道,人际关系具有幽默感的人,在日常生活中都有比较好的人缘,他可在短期内缩短人际交往的距离,赢得对方的好感和信赖。而缺乏幽默感的人,会在一定程度上影响交往,也会使自己在别人心目中的形象大打折扣。同样地,身处职场,作为上司,善于运用幽默技巧和下属打交道的人,总是能保持一种良好的心态,并且也总是能得到下属的支持,据统计,那些在工作中取得成就的人,并非都是最勤奋的人,而是善于理解他人和颇有幽默感的人。而那些善用幽默的管理者比古板严肃的管理者更有领导魅力,更容易获得下属的认同与追随。

某大型企业的总裁刘先生是个幽默的人,在日常生活中,他就喜欢开玩笑,平时都和员工们打成一片,于是,公司员工对于这位平易近人的总裁,也就有点“没大没小”了。这天,这位总裁正在给全体员工们开会。会议后半部分属于员工提问阶段。于是,一名员工突然向总裁提出一个问题:

“刘总,我一直好奇一个问题,你是怎么赚到人生第一桶金的?”

这位总裁想了很久,对这位员工说:“这第一桶金是很久以前的事了,我记得那还是我读小学的时候,那时候,我们都比较调皮,都不尊重老师,而且对于学校的公共财物也不知道珍惜爱护,弄坏桌椅,毁坏花坛的事时有发生。为了改变这种现象,我们学校就制定出一条规则:凡是有哪个学生用铅笔或小刀弄坏了桌椅,那么他就将在全校学生面前受到挨打处分,或者罚款5元;如果是毁坏花坛,挨打处分不变,只不过是罚款涨到了10元。”

“这条校规对于我来说,好像没起到什么作用,那天,我还是把花坛上的砖撬了下来, 回家后,我后悔了,但只好对父亲说,我犯了校规,要么罚款10元,要么在全校学生面前受到挨打处分。父亲说当着全校学生的面挨打真是太丢我家的丑了,于是他答应给我10元,让我交给学校。但是在给我这

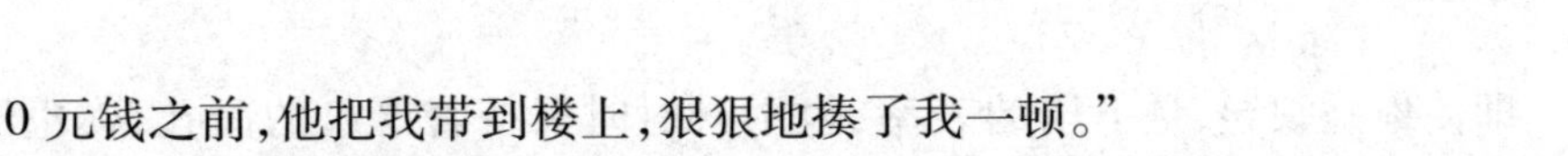

10元钱之前，他把我带到楼上，狠狠地揍了我一顿。”

“但我觉得，既然已经挨过一顿打，再挨一顿又何妨呢！于是决定当着全校学生的面再挨一顿，以便把那10元钱保存下来。我真的这样做了，这就是我第一次挣到的钱。”

员工听完之后，哈哈大笑。

的确，善用幽默的上司，容易赢得员工的欢心，在员工中培养出极强的亲和力。这样管理下属，自然不费吹灰之力。若你希望拉近和下属之间的距离，就不放适当地运用一下幽默的力量。

在职场中，作为上司，如果你能用幽默引起他人的兴致，你就会得到别人的喜爱。一句笑话可以像一缕阳光驱散重重乌云，一切的怀疑、郁闷、恐惧，都会在一句恰当的笑话中消散无踪。你还会赢得别人的鼓掌喝彩，而你的职场之路也会因此更加顺畅。

在日常生活中，如果领导者能不时地与下属开个玩笑，幽他一默，你的下属必然觉得你很随和，愿意接近你。这样才能真正了解他们，与他们更好地进行沟通，这对于你的工作来说是极为重要的。

那么，为什么说幽默感能拉近与下属间的距离呢？以下是几点理由：

幽默会让人们解除戒备心理。它放松心情，让人们自由自在，减少强势的领导面对员工、客户、供应商、合作伙伴和其他人时的恐吓因素。幽默表明你并不那么拿自己当回事，这正是谦虚的表现。

幽默在危机时可以缓解紧张。在公司世界里，我想说的是大多数管理者和高管至少每周都会面临棘手的情况。当会议室或办公室里紧张的局面出现时，幽默可以帮助你让员工放松，让你更清晰地思考，作出更好的决定。

幽默可以为你赢得人们的支持。人们都喜欢有幽默感的人。他们更希望你成功，你的支持者会发现你更可爱，你的诽谤者可能会放你一马。

实际上，所有优秀的上司都有这一特质——幽默。为此，作为一名上司，你再也不要把自己和下属隔离开了，从现在起，你应该掌握以下几点：

1. 释放内心，保持心情愉悦

即使你是领导，是下属的表率，也不必时时保持着严肃的面孔，你也不必对自己有太高的、不切实际的要求。在日常工作中，对下属们多笑一笑，也会拉近你与下属的距离。

2. 主动交际，缓解压力

作为领导，你更不必端着架子，这样，只会让你的下属远离你。主动和下属交往、偶尔开开玩笑，有利于缓解工作压力。

3. 掌握幽默的基本技巧

一是必要时拿细节开涮，先幽自己一默。

二是多发挥自己的想象力，将生活中不同的事物多加联系，以制造幽默。

三是提高语言表达能力，注重与形体语言的搭配和组合。

总之，幽默就是力量，作为上司，你确实需要以有趣并有效的方式来表达人情味，给人们提供某种关怀、情感和温暖。幽默感有如一枚开心果，能够使我们四周充满欢笑！

管理用幽默，助你轻易捕获人心

现代社会，幽默是每个人，包括领导者、管理者必备的主要魅力之一，没有幽默感就等于没魅力。人们往往更愿意追随那些有魅力的领导者，因此，幽默不仅能使你成为一个受欢迎的人，使别人乐意与你接触，愿意与你共事，它还是你工作的润滑剂，促进你更好、更快地完成工作，这往往是采用别的方法所不能达到的，也是成本最低的一种方法。

因此，运用幽默进行管理，管理者往往可以取得很好的效果。美国针对1160名管理者的调查显示：77%的人在员工会议上以讲笑话来打破僵局；52%的人认为幽默有助于其开展业务；50%的人认为企业应该考虑聘请一名“幽默顾问”来帮助员工放松；39%的人提倡在员工中“开怀大笑”。一些

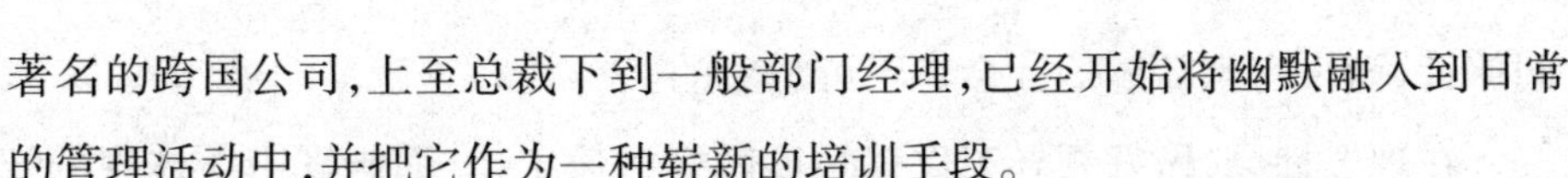

著名的跨国公司，上至总裁下到一般部门经理，已经开始将幽默融入到日常的管理活动中，并把它作为一种崭新的培训手段。

任何一个领导者，在工作中，的确应该抱着严肃的态度做事，但却不能不苟言笑，整体紧绷着脸。我们也许不会嘲笑公事上的错误，但是在纠正错误的时候，也不能让它阻碍公事的正常运转，领导者能够也应该设定这种工作步调。如果我们实施工作方案是为了成功，就应该维持乐观的气氛，这时领导者应该自己先表现出乐观来，继而带动你的团队。

一天，某公司的赵经理为了活跃团队文化生活，组织员工举行一个联欢会。于是，赵经理决定大放血，请自己的下属唱歌，刚开始，大家都找借口推脱“唱得不好”，出现冷场，后来，赵经理拉下脸来，故作严肃地说：“今天唱歌有一个要求，那就是谁都不许唱得好听，必须怎么难听怎么唱，越难听越好！”然后，赵经理指名新职员汪其首唱，这个新来的小伙子面对领导的硬性任务，哪敢不从，于是不得不唱。汪其唱完后，赵经理带头鼓掌喝彩：“好！唱得非常好，完全符合我的要求！”赵经理几句幽默的话，让联欢进行得很愉快，也让下属喜欢上了赵经理。

故事中的赵经理就是个幽默的人，为了团结下属的心，激发下属们工作的热情，他请下属们唱歌，但却出现了冷场，此时，他急忙幽默了一把，对下属开起了玩笑，顿时让场面活跃起来。这样的幽默既让下属感到贴切，又能打破冷场。可见，恰如时机的幽默可看出一个经理的睿智，懂得开玩笑的经理更容易赢得下属的信赖。

所以，幽默就像一把钥匙，巧妙地运用它，不仅会打开彼此心中的结，同时还会增强彼此间的感情。

这就是领导者拿自己“开涮”的例子。作为企业高管的领导者，应该懂得幽默，懂得开玩笑，更要懂得拿自己“开涮”，才能拉近与下属之间的距离。这个幽默不失礼节，增加了宴会气氛。可以说，幽默是一种很重要的外交手段，学会了它，就将掌握人际关系的先机。所以，难怪有人会说：“没有幽默感的语言是一篇公文，没有幽默感的人是一尊雕像，没有幽默感的家庭是一

间旅社，而没有幽默感的社会是不可想象的。”

在现今社会，做好领导工作就必须做好沟通工作，而幽默中所体现的智慧往往使沟通更顺畅有效，使下属在幽默中得到启示，使持有反对意见的人在谈笑中败下阵来。这就是幽默领导力。幽默领导力是现代领导和领导者必须具备的重要能力和素质，它是领导者运用幽默的方式对组织进行管理和领导，以使工作环境变得轻松自在，增强团队凝聚力。

曼德拉也是个很幽默的黑老头。在南部非洲发展共同体首脑会议上，南非前总统曼德拉获得了“卡马勋章”。在获奖感言的开场白中，他幽默地说：“这个讲台是为总统们设立的，我这个退休老人今天上台讲话，抢了总统的镜头，我们的总统一定很不高兴。”话音一落，笑声四起。

笑声过后，曼德拉正式发言。当讲到一半时，他发现讲稿的页次乱了，不得不停下来整理。这本来是件有些尴尬的事情，但他却不以为然，一边整理一边脱口而出：“我把讲稿的次序弄乱了，你们要原谅一个老人。不过，我知道在座的一位总统，在一次演讲的时候也曾把讲稿的次序弄乱了，但他却不知道，照样往下念。”整个会场哄堂大笑。

曼德拉面对尴尬和窘迫还用如此机智和风趣的方式自我解嘲，曼德拉的这种风趣便是我们常说的幽默。在我们的生活中，幽默能使人放松，放松能让人从容，从容才可能做出正确选择。这就是幽默的力量，是幽默领导力的一种体现。

美国的一些企业就曾经做过实验，证明幽默确实能够改善生产力，提升士气，并有助于团队合作。某些企业甚至让员工接受幽默训练，想尽办法增加员工的幽默感。在科罗拉多州的迪吉多公司，参加过幽默训练的20位中级经理，在九个月内生产量增加15%，病假次数减少了一半。

在工作中，我们时常可以看到，有的管理者幽默，做报告时饶有风趣，群众和下属们都爱听；做思想工作时，语言生动，容易入耳入心，群众和下属都乐于接受；平时和下属接触，大家觉得他可亲可爱，都愿意和他接近。这样的管理者必然会赢得群众的尊重和爱戴，人际关系也会协调得好，在工作中

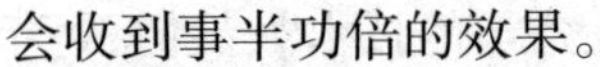

会收到事半功倍的效果。

总之，在管理工作中、与下属沟通时，适当地使用“幽默”这个撒手锏，不仅能帮你解决棘手的问题，而且还可以让你的管理工作锦上添花。

善用幽默启发你的下属

当今社会，随着各行各业和行业内部的竞争加剧，企业员工面临超乎寻常的压力。而压抑、沉闷的工作氛围是有碍于企业员工发挥其自主性和创造性的，为此，作为企业的领导者，若能运用轻松的气氛来启发你的下属，往往可以取得很好的效果。

的确，许多时候，幽默会激发人的创造力。心理学家爱丽斯·M·伊森曾做过一个测试发现，一组观看幽默喜剧片的人员比一组观看数学教育片的人员更富有创意。伊森对《魅力》杂志说：“心情愉快时，人的创造力更强。因此，不应该忽略为员工创造幽默愉快的工作环境。”

因此，作为领导者，通过幽默的方式来启发、激励员工。幽默的领导者往往能给员工创造一个和谐宽松的工作氛围，使员工上班时开开心心，注意力集中。幽默为领导者如何更好地进行科学管理、生产经营，或为人们调遣自己以适应环境的改变提供了又一条新的方法策略。

著名的伊士曼·柯达公司，在纽约为两万名员工建造了一座有四个活动场所的“幽默坊”，其中包括一个图书室，内有各种笑话书籍、卡通书籍及幽默光盘、录像带和录音带；一个能容纳200人的会议厅，厅内布置了幽默大师卓别林和笑星克罗麦克斯的许多剧照；一个玩具房，里面有各种各样宣泄压力的器具，比如，以某人的形象设计的吊袋等；一个高科技房，配备有各种计算机软件和供私人使用的计算机。

这些措施不仅可以帮助员工放松神经，解决工作中产生的疑难问题，而且还能使他们开动脑筋，提出更好、更有利于工作的建议。如今，“幽默坊”

已逐渐受到越来越多员工的青睐。加利福尼亚Sun公司的技术人员们,每年也都要精心策划一场"愚人节"闹剧。

有一次,公司总裁斯科特·麦克尼利上班时发现,他的办公室变成了一个微型高尔夫球场,而且满是用砂子弄成的小陷阱。公司管理人员非但没有把这番闹剧的肇事者加以惩处,反而对他们大加赞赏。他们认为:这种幽默不仅可以使员工们在工作中通力协作,而且可以鼓舞士气。

事实上,幽默作为一种文化无处不在,对于现代企业和组织来说,人们越来越相信幽默可以作为传递重要信息的交流媒介。美国的一些企业就曾经做过实验,证明幽默确实能够改善生产力,提升士气,并有助于团队合作。某些企业甚至让员工接受幽默训练,想尽办法增加员工的幽默感。在科罗拉多州的迪吉多公司,参加过幽默训练的20位中级主管,在9个月内生产量增加15%,病假次数减少了一半。

一些著名的跨国公司,上至总裁下到一般部门经理,已经开始将幽默融入日常的管理活动当中,并把它作为一种崭新的培训手段和管理工具,沃尔玛也常以幽默鼓舞员工士气。

沃尔玛董事长山姆是一位在工作上非常严厉,但在工作之余却非常喜好寻求乐趣的人。著名的"沃尔玛式欢呼"就是山姆的一大杰作。

1977年,山姆赴日本、韩国参观旅行,对韩国一家看上去又脏又乱的工厂里工人群呼口号的做法颇感兴趣,回沃尔玛后马上试行。这就是后来著名的"沃尔玛式欢呼"。

在每周六早上7:30公司工作会议开始前,山姆总会亲自带领参会的几百位高级主管、商店经理们一起欢呼口号和做阿肯色大学的拉拉操。

另外,在每年的股东大会、新店开幕式或其他一些活动中,沃尔玛也常常集体欢呼口号。"沃尔玛式欢呼"不仅在本国盛行,而且还出口到其他国家。尤其令人不可思议的是,素以严谨著称的德国雇员也同样练习"沃尔玛式欢呼",而且他们表现出的热情甚至比美国本土的员工还高。公司国际业务负责人博比·马丁说:"老实说,谁都知道没人能让德国人这样大声欢呼。

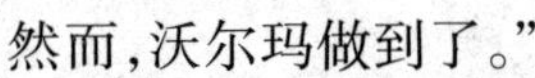
然而，沃尔玛做到了。”

我们不能否认的是，很多大公司都不会和沃尔玛的员工一样做出如此疯狂的举动，他们不会集体喊口号，不会集体做操，他们的总裁也不会和山姆一样亲自带头。但沃尔玛却做到了，山姆也做到了，并且，他对此由衷地喜爱，并认为这正是沃尔玛独特文化的一部分，它有助于鼓舞员工的士气，增强公司内部的凝聚力，促进员工们更好地工作。

心理学家在调查中发现，创造力强的人有一个明显的特点，就是比一般人更幽默。著名心理学家弗洛伊德也曾经说过：“幽默是认知不协调给人带来的快感。”事实上，出人意料的幽默往往能达到更加显著的效果。这就是为什么不按常理出牌的人常常令人感到愉悦，正是这种转弯式的思维造就了幽默的效果。

幽默需要创新思维，也铸就创新能力。因此，如果员工的工作环境宽松、和谐，充满笑声，他们的思维也更活跃。而对此，就需要身为领导者的你在管理工作中运用幽默的力量，从而起到启发员工的效用！

幽默有分寸，不失领导身份

对于领导者来说，幽默感是亲和力的直接表现，也是与下属沟通的金钥匙。幽默是一种值得推崇的心理特质，而有幽默感的领导往往也会受到更多的追捧。而领导者运用幽默的方式对公司、对企业、对员工进行管理，以使工作环境变得轻松自在，增强团队凝聚力。领导幽默作为一种幽默行为或言语，是指领导者讲话诙谐风趣，在面对员工或同事时能不失时机地幽默一下，做到活泼而不失庄重。

因此，领导者不但要懂得幽默，更要懂得把握幽默的分寸，不然很有可能幽默说不好，还把下属给得罪了，那就实在得不偿失了。

不少领导者都很迷惑，怎样才能把握幽默的分寸呢？

1. 不挖苦，不嘲笑，不模仿

以挖苦、嘲笑他人为基础的幽默，是无趣的，也会造成他人反感的，反而会失去幽默的魅力。另外，应注意幽默语言的凝练，一味地唠唠叨叨、耍嘴皮子，也只会有损你的形象。

2. 注意场合和时机

幽默要看场合，还要把握好时机。在日常工作生活中，我们可以在工作之余、茶余饭后幽大家一默。但某些场合大，如严肃的场合、庄重的会议等一些场合上则不宜说幽默的笑话。一旦发现幽默不能令大家高兴，或者不能把别人带到愉快的气氛里，你就要收住。

美国前总统里根一次在国会开会前，为了试试麦克风是否好用，张口便道："先生女士们请注意，五分钟之后，我们将对苏联进行轰炸。"一语既出，众皆哗然。

显然，里根在不恰当的场合和时间里，开了一个极为荒唐的玩笑。为此，苏联政府对美国提出了强烈的抗议。

3. 明白什么该说，什么不该说

就算是在一个大家都欢迎喜剧人物的工作场合，很显然有一些玩笑也是不能开的。在工作期间，应避免恶意的玩笑或恶作剧、尖酸刻薄的风凉话、宗教信仰的调侃、性别、民族或者种族问题。你不要以为你的幽默感好得可以无所忌惮。

给你的建议就是：不要这样做。这种方式的幽默将会让你的同事感觉自己处于不可预知高风险的情况中，而你的事业也岌岌可危。

4. 幽默应注意对象

不是什么人都可以说幽默笑话的，要区分不同的性别、身份、地位、阅历、文化素养和性格。因为我们身边的每个人，由于身份、性格和心情的不同，对幽默的承受能力也有差异。一般来说，晚辈不宜同前辈开玩笑；下级不宜同上级开玩笑；男性不宜同女性开玩笑。在同辈人之间开玩笑，要注意对方的情绪信息和性格特征。如果对方性格外向，能宽容忍耐，幽默稍微过

大也无妨;若对方性格内向,喜欢琢磨言外之意,幽默就要慎重了。对方尽管平时生性开朗,但若恰好碰上不愉快或伤心之事,就不能随便与之幽默。相反地,对方性格内向,但正好喜事临门,此时与他开个玩笑,幽默的氛围也会一下子凸显出来。

5. 运用你自己的喜剧素材

个人经历恰恰是有执行力的领导最正宗的幽默源泉,在你的生活中找找带有幽默色彩的场景:

(1)你曾说过的好玩的事或者别人告诉你的事。

(2)你的窘事,不论是心理上的,与人交际上的,还是生理上的。

(3)你的尴尬瞬间或者发生过的出乎意料的事。

(4)每一次的改变或学习。

(5)生命中的困境。

当你将个人经历当成喜剧素材来讲时,记住我们从孩童时期的幽默游戏中学到的:敲门游戏。这些简单的玩笑之所以受欢迎,是因为这些游戏的环节强调了我们熟悉的情景,通过用关键字和短语,显然勾画出了一个让人大笑的机会。它们还体现出了幽默感是如何从惊讶中萌发出来的。他们大笑并不是因为知道到底是谁或什么在门后面,而是源自于对最初问题"谁在那里"的回应。

6. 要有正确的态度

幽默态度要友善,装腔作势、揭人隐私、笑里藏刀等,都是说幽默笑话的大忌。

幽默的过程,是感情互相交流传递的过程。不能借幽默来对别人冷嘲热讽,发泄内心厌恶和不满感情,这种玩笑就不能称为幽默,别人一定会认为你不够尊重他人,以后也不会愿意和你继续交往。

7. 幽默内容要高雅

幽默的内容取决于幽默者的思想情趣与文化修养。幽默必须言之有物,不能光耍嘴皮子,那叫做刻薄。刻薄的人总是拿着剑去刺伤别人,却不

检讨自己。这种人十分惹人厌恶，应该送到地狱去拔舌。幽默的人，给别人的感觉是温暖、仁慈、敦厚，说出来的话能让人哭、让人笑、让人反省、回味无穷。即使是讲笑话，除了令人发笑之外，也要讲究深度，如果只是为了开玩笑而已，那会令人倒尽胃口。

可见，掌握幽默的分寸是非常重要的。轻松幽默地开个得体的玩笑，可以松弛神经，活跃气氛，营造出一个适于交际的轻松愉快的氛围，因而幽默的人常常受到人们的欢迎与喜爱。但是，玩笑一旦开得不好，幽默过了头，效果就会大打折扣。

幽默激将，让员工更有动力

现代企业中，优秀的管理者一般都善于激励员工，让员工充分地发挥自己的才能努力工作。而管理者们若想更好地激励你的员工不一定非得花费很大的成本不可。除了物质上还重要的精神激励，这些都是零成本的。因为单纯的物资奖赏不一定能有效地调动员工的工作积极性，适当的情商激励比奖金更为有效。企业只有尊重员工，充分运用好零成本激励艺术，才能更有效地调动起员工的积极性。俗话说："一句话可以使人躁，一句话可以使人笑。"它说明生动的语言给生活会带来情趣，使紧张的气氛变得和谐，同时，请将不如激将。真正高明的管理者，便很善于运用幽默、生动的语言，采取激将的方式来激发员工的工作积极性。

我们先来看下面这样一个寓言故事：

大炎热的夏天，蚂蚁们仍是辛勤地工作着，他们每天一大早便起床，紧接着一个劲儿地工作，蟋蟀则天天唱着歌，游手好闲，养尊处优地过着日子。

蟋蟀对蚂蚁的辛勤工作感到非常奇怪："喂！喂！蚂蚁，为什么要那么努力工作呢？偶尔稍微休息一下，像我这样唱唱歌不是很好吗？"

可是蚂蚁仍然继续工作着，他们边干活边说："在夏天里储存食物，才能

为严寒的冬天做准备啊!”“我们实在没有多余的时间唱歌,玩耍!”

蟋蟀听蚂蚁这么说,不再理蚂蚁:“啊! 真是笨蛋,干吗老想那么久以后的事呢!”

快乐的夏天结束了,秋天也过去了,冬天终于来了。北风呼呼地吹着,天空中下着雪花。

蟋蟀消瘦得不成样子,到处都是积雪,一点食物都得不到。

“我若像蚂蚁那样,在夏天里储存食物该多好啊!”蟋蟀眼看就要倒下来了似的,蹒跚地走在雪地上。

一直辛勤劳动的蚂蚁,冬天来了也不在乎。它储存了好多食物,并且建了温暖的家。

当蟋蟀找到蚂蚁家时,蚂蚁们正快乐地吃着东西呢!

“蚂蚁先生,蚂蚁女士,请给我点东西吃好吗? 我饿得快要死了!”

蚂蚁们吓了一跳:“咦! 你不是在夏天里见过面的蟋蟀先生吗? 你在夏天里一直唱着歌,我们还以为你到了冬天会跳舞呢! 来吧! 吃点东西,等恢复健康,再唱快乐的歌给我们听好吗?”

面对善良亲切的蚂蚁们,蟋蟀忍不住留下了欣喜的眼泪.

你会用嬉笑的方式超过怒骂的效果吗? 蚂蚁用幽默的话语激蟋蟀,而不是严加斥责。

蚂蚁的话虽然幽默,但足以让蟋蟀认识到自己的懒惰,要不然它也不会“留下欣喜的眼泪”。相信明年的夏天那只蟋蟀会自己储存粮食了。

幽默作为一种激励的艺术,在日常的交往中有更为重要的作用。一位有幽默感的领导周围,很容易聚一批为他效力的员工。企业领导的幽默可以为自己人和员工摆脱许多尴尬,化解难以预料的危机,一个能够巧妙运用幽默激励艺术的经理,才能更有效地激励员工。

当然,运用幽默激将法激励员工,除了如以上寓言中蚂蚁采用“反激法”之外,管理者还可以采取“正激法”,也就是降低管理者自身的威严感,从而让员工感受到催人奋进的力量。

众所周知，在美国政坛中，每个政客都要接受幽默的训练，人们甚至有种潜意识：在美国政界，一个不具幽默感的人是不配从政的。

第二次世界大战胜利前夕的一次主攻战役期间，美国将领艾森豪威尔在莱茵河畔散步，这时迎面走来一个神情很沮丧的士兵。士兵见到将军，一时紧张得不知道说什么才好，而艾森豪威尔笑容可掬地问这个士兵："大兵，你感觉怎样？"士兵如实相告："将军，我特别特别紧张。"

"哦。"艾森豪威尔将军答道，"那我们可是一对了，我也同样如此，所以也走出来散步。"几句话就使那个士兵放松了下来，并明白了将军的意图，所以两人很自然地聊起天来。

艾森豪威尔将军并没有直接对这个士兵的紧张做出批评，他知道大战前夕士兵紧张是很正常的事，所以他幽默地转换角度，说自己也同样紧张，以此来消除士兵的紧张感。

总之，潜能是一个人潜在的能力，它需要一定的环境和条件才能充分释放出来，是否善于开发下属的潜能，是衡量管理者领导水平高低的重要指标。幽默作为管理者的一种优美、健康的品质，恰如其分地运用会激励员工，使之在欢快的氛围中度过与你相处的每一天。

先严苛后幽默，缓解员工抵触心理

在如今节奏飞快的忙碌工作中，出于各种原因，下属犯一些错误是在所难免的事情。作为一个上司，在碰到员工出现工作失误之时，有必要对其进行批评指正。不同的上司对员工进行批评的手段是不同的，因此产生的效果也是不同的。这里面有着不同上司对管理手段的不同理解。不管管理者的手段有什么区别，让接受批评的人能够从心底接受批评指正并愿意改进才是最成功的管理手段。

诚然，我们不能否认的是，对犯了错误的员工进行大声呵斥起不到任何

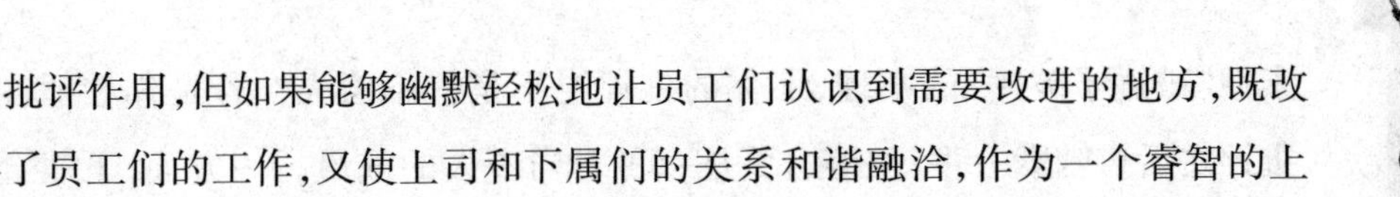

的批评作用，但如果能够幽默轻松地让员工们认识到需要改进的地方，既改善了员工们的工作，又使上司和下属们的关系和谐融洽，作为一个睿智的上司，何乐而不为呢？

可见，上司在批评下属的同时，如果在话语中夹带着一些幽默，能够冲淡一些责备的意味，可以达到既保全了对方的自尊，又是对方自我反省以力求改进的目的。

有一次，张震将军在视察某部队的时候，召集了校、尉等军官十余人座谈。会上，张震将军问这些军官："一个普通战士的津贴是多少？"在座的军官竟没有一个人知道。

张震将军看在眼里，气在心里。不过张震将军没有直接批评这些军官，而是给他们讲了一个人的绰号的故事，他说："民国的时候，有个叫张宗昌的军阀。人称'三不知将军'，一不知自己有多少兵，二不知自己有多少枪，三不知道自己有多少个小老婆。"

张震虽然没有直接批评什么，但是在座的军官听到他讲的事情之后，都羞愧地低下了头。

张震将军通过类比的幽默方法对其下属进行的批评可谓入木三分，更妙的是，他在批评的同时还给这些军官们留了一定的面子。

德国学者雷曼麦说："用幽默的方式说严肃的道理，比直截了当地提出更能为人接受。"幽默是一门"笑"的艺术，它能含蓄、委婉、温和而不使人生气地去批评某人某事。

上司对下属提出的批评不能是随意而为的，适时、适度地带有幽默元素的批评会显得温馨而易于让人接受，这不只能让下属认识到自己的问题所在，还可以对其工作产生积极的激励作用。

通常来讲，当你批评下属时，他的情绪波动是很大的。"你呀你，你看你怎么搞的，我不是早就告诉你了吗？你还……"每个人都有自尊心，成年后更是觉得面子是很重要的。也许你只是想苦口婆心地劝导他一番，并无他意。但是你无形中却伤了下属们的自尊心，让他们觉得颜面挂不住，产生了

索性“破罐子破摔”的心理，那你的批评岂不是得不偿失？若是你在适度的批评之后再幽默一番，相信这更是一种对当事人的威慑。一方面，下属会因为你的“点到而止”感谢你为他们保留了颜面；另一方面，也显示出你宽广的胸怀。

企业管理中也是一样，幽默的批评可以让员工在轻松中领会店长的意图，从而改正错误。作为上司，如果你能将对下属的批评很好地融入到开玩笑式的幽默之中，那么，既能达到批评下属的目的，又能够让下属明白上司用幽默来处理此事的深意。这样的上司无疑会和下属相处得非常融洽，从而使上下级的关系更为密切。

上司多学会对下属的优点表示欣赏，会更容易赢得下属的拥护。作为上司，如果在批评下属的时候能够把下属的一些优点用幽默的方式结合在一起，则会起到更好的效果，也更容易让上下级的关系更进一步，对工作的改进有很好的帮助。

可见，上司对下属的幽默批评不只是一种手段，更是一种能够让上下级关系更为融洽的艺术。

领导者若想缓解员工的抵触情绪，就必须运用幽默的力量，当然，任何批评都必须是严肃的，才能是有效的，对此，作为领导者，即使运用幽默法批评下属，也必须注意以下几点：

1. 从事实出发，不妄加批评

任何批评，都不能是妄加揣测，没有事实根据，让下属蒙冤，只会让下属受到伤害，还会对你失去信任。

2. 批评最好单独进行

很多领导者在批评员工、下属的时候，为了让对方吸取教训甚至是为了以正视听，往往会选择一些正规、严肃的场合，用比较严肃的语气和表情进行批评。其实批语、批评与责备有很多讲究，对不同的对象要采取不同的技巧，也要选择不同的时机。

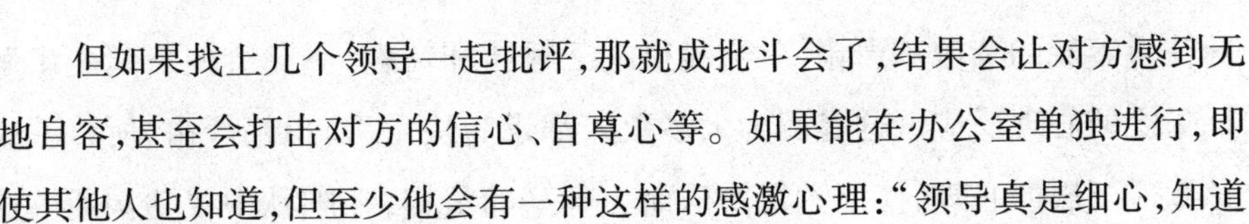

但如果找上几个领导一起批评，那就成批斗会了，结果会让对方感到无地自容，甚至会打击对方的信心、自尊心等。如果能在办公室单独进行，即使其他人也知道，但至少他会有一种这样的感激心理："领导真是细心，知道照顾我的面子。"

3. 对事不对人

虽然你批评的是下属，但千万不要批评对方这个人怎么样，而应该指出事情怎么样，这样做，也是为了防止让下属认为你对他有成见。"对事不对人"不仅容易使下属客观地评价自己所犯的错误，从而使其心服口服，更让在公司内部形成一个公平竞争的环境，使下属不会产生为了自己的利益去溜须拍马的想法。

4. 注意补救

当你发现你的批评让下属产生了不满情绪时，一定要尽快找下属谈话，以消除他的误解，而如果下属还没有认识到自己的错误，那么，你就应该帮助其认真分析犯错的原因和解决问题的方法，而不应该再进行批评。

5. 营造氛围

领导在批评下属时应尽可能营造轻松一点的气氛，比如，可以从聊家常开始，也可以从关心、问候对方开始，这都能让批评具有一些人情味，也能体现你的关心。

总之，批评是一种艺术。作为管理者，能以一种幽默的方式责备对方，这是最好不过的了。在玩笑中提醒了对方，也在玩笑中告诉了对方自己不在意。如果能在私下里提醒，而不是当着许多人的面，那就更好了。

幽默讲话让下属乐于倾听

我们都有这样的感受：我们都喜欢温暖的春天，而不喜欢寒冷的冬天，因此人们便希望春天常在，这给我们带来了很大的启示。作为上司，如果一

味注重容貌的恭敬和严肃，就会显得缺乏趣味和情趣，不免会使下属生出敬而远之的心理反应。这是因为大多数人都崇尚快乐，而拒绝严肃，所以就应该顺应下属的心理，使他觉得快乐而无丝毫的负担，在幽默中成功沟通。这种情况无论你是表达希望还是提出要求甚至是批评，下属都乐于倾听，无论你是个管理新人还是老领导，下属都愿意支持你。

某公司销售部经理突然跳槽，这一炙手可热的职位让公司内部那些一等一的人才们争得头破血流。最后，令大家惊奇的是，总裁居然不知道从哪里弄来一个年轻的小伙子小王担任新的经理。于是，大家想看看这个小王到底是何方神圣。

小王上任那天，大家摩拳擦掌，准备给小王一点颜色看看。“凭什么让一个外行人来领导我们。”原先那几个对这一职位觊觎已久的“人才”此时居然紧紧地团结在了一起，要给新来的经理一个下马威。

小王在就职会上致辞了。他笑着深深一鞠躬：“在下能到这里来，全要感谢大家。因为这里的能人太多，据说升谁当经理，都是一种不公平。所以按照历史的定则，找我这么一个有傻福的傻人来。”

哄起一团笑声。

小王继续说：“傻人就像个蜡烛的芯，看起来最亮，又布在蜡烛的最高点、最中心。其实啊，他最惨！他是被烧的，烧得焦黑焦黑，你们看看我这么瘦，能烧几下啊？”

大家又笑了。

小王再一鞠躬：“最重要的，是蜡烛芯自己不能烧，全靠四周的蜡油。所以，拜托！拜托！各位同人，我全靠你们了，请大家帮忙，别让我给烧焦了！”

一屋人都笑弯了腰，把要修理小王的事全忘了。

从那次以后，公司内部的人都喜欢上了这个幽默、平易近人的经理。

的确，一个富有幽默感的人必是一个富有情趣的人、一个富有魅力的人。总之，如果你想成为一个受别人欢迎的上司，你必须先学会幽默，学会让别人对你笑。没有谁能拒绝一个好的工作环境，没有人不想让自己开心，

所以，你的幽默和笑会是你化解冲突最好的武器。

幽默不仅能给我们的生活带来笑声，带来欢乐，而且能使我们拓宽人际关系，增长才干，在人生的历程中获得成功。美国心理学家赫德·特鲁写过一本名为《幽默就是力量》的书。他认为，幽默是运用你的幽默感来改善你与别人的关系的一种艺术

幽默不仅可以让你成为一个受人欢迎的领导，它还能帮助你处理很多工作中的问题，让你和下属沟通起来更方便，具体来说，包括以下几点：

1. 教导下属

幽默地教导别人需要一种气度、一种耐心、一种视野，唯有拥有了这种心态、这样见识的人才能够运用好幽默的方式。

某公司有个男职员，他喜欢在上班时间照镜子、梳头发，头发已被他梳得油光可鉴还“照”此不疲，主管私下教育多次不见效果。

这天，上班时间，他又拿出了镜子开始整理他那已经一丝不苟的发型，此时，主管走过来，边模仿他的动作边说：“‘对镜贴花黄’是当时妇女最时尚的一种装扮，木兰是一名女子，因此她恢复女装后就迫不及待地对着镜子化起妆来。如果木兰在军营里作为一名堂堂男子汉也时不时对着镜左照照右照照，他的伙伴们是什么感觉？”同事们哈哈大笑：“那就别扭死啦。”主管偷偷瞟了一眼那个同事，他急忙收了镜子，不好意思地低下头。

此时，主管这时也适时地说：“爱美之心人皆有之，但也要注意身份、场合，还要把握好尺度。”

此后，办公室里那些常常在办公时间打扮、化妆的现象果真减少了。

当然，幽默教导别人还需要真诚，只有抱着真诚的态度才不致招致对方的反感，才能让对方消除敌意，理解你的一片苦心。

2. 言简意赅地传达你对下属们的要求和期望

如果你希望你的下属去完成一件任务或者达到一个工作目标，你也可以采取幽默的方法，比如，你可以开个玩笑说：“小李，我这月的奖金的生杀大权可就掌握在你手上了。”当然，如有必要，把注意事项交代清楚即可，然

后你就可以保持沉默，留一个宁静的“空间”给你的下属们好好考虑具体的步骤。当他们的想法不够准确圆满时，你才可以适当地给予补充，给一次适时的指导，但千万不要剥夺你的下属发言与思考的机会。

3. 调节员工间的矛盾

当员工之间发生争执时，适当的幽默可以是你的缓兵之计。争执的双方为了寻求一个说法，也许会将你——他们心目中的权威者拉入其中，让你做个公断。在没有经过深思熟虑之前，你绝不可以表明自己的立场——即便你已经知道了谁对谁错，在双方还面红耳赤地争执，谁都不愿意让步时，你的公断根本不会达到预期的效果，只会使一方的自尊心受挫，认为你是有意偏袒。此时，你不妨开个玩笑：“你们继续吵吧，下班前不许停……”此时，双方很可能会因为你的一句幽默的话而立即停止“战争”而笑出声来。

当然，幽默在你与下属的沟通工作中所能应用的范围是宽广的，你可以触类旁通。总之，试一试吧，适当幽默是你处理人际关系的无声“武器”，它会让你在与下属的沟通中畅通无阻。

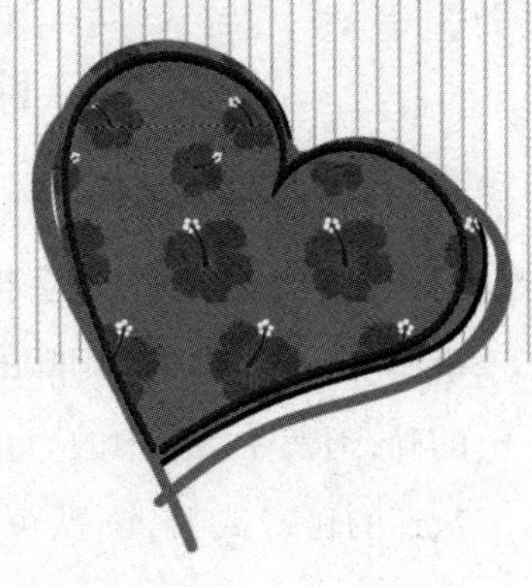

第12章 社交幽默打造良好的人际关系

在社交中，言谈举止是一个人精神面貌的体现，要开朗、热情，让人感觉随和亲切，平易近人，容易接触，言谈要有幽默感。在社交中，谈吐幽默的人往往能够取胜。没有幽默感的人在社交中往往会失败。在交际场合，幽默的语言极易迅速打开交际局面，使气氛轻松、活跃、融洽。在出现意见有分歧的难堪场面时，幽默、诙谐便可成为紧张情境中的缓冲剂，使朋友、同事摆脱窘境或消除敌意。此外，幽默、诙谐还用来含蓄地拒绝对方的要求，或进行一种善意的批评。总之，幽默口才绝对会帮你打造良好的人际关系！

幽默令你广结人缘

在生活中，没有人会拒绝快乐，也就不会拒绝那些善于制造快乐的人。事实上，人人都喜欢幽默的人，学会幽默，则距离人人喜欢的距离就不远了。的确，幽默在社交中的力量是不可估量的，它是调节气氛的润滑剂，是受人欢迎的秘密武器，幽默可以让对方快乐，也可以传达出自己的积极人生态度。

因此，在社交生活中，倘若你能用幽默去传达信息，可使气氛更和谐，平添几分情趣，从而使社交更加成功。

生活中，我们可以见到许多幽默的成功人士。对于他们来说，幽默不但是一种标志，而且是一种武器。诙谐风趣的语言往往可以使他们获得良好的人际关系。

著名节目主持人杨澜就是非常幽默的人。她把幽默引入其主持风格中，使她的节目生动精彩，可看性更强。

比如，在一个关于加拿大的节目中，杨澜为了向观众描述加拿大的寒冷，就幽默地说："我听说，两个加拿大人在户外说话，刚说完，话就被冻住了，他们赶紧用手接住，到屋里用火一烤，才知道对方说了些什么。"观众听罢，都哈哈大笑，整个现场气氛顿时活跃起来。

幽默在交际中的作用之大，这是实践充分证明了的。不得不承认，尽管有些人还将那些幽默的人看成是"油腔滑调"、"小聪明"、"你以为你很幽默是吗"等，但无法改变更多的人对幽默之人的欢迎甚至喜爱的态度，因为幽默的人至少是豁达的人。

另外，一般认为，幽默的人也必定是诚实的。谎言中不可能开出笑容的鲜花，诚实是幽默的基石。诚实不是让你想什么就直截了当地说出，而是秉持诚心、巧妙地表达内心所想，使之既幽默又让人感觉到你的可信。

一名保险销售人员来到某公司拜访他们的董事长。和秘书做完沟通工作后，秘书答应他把名片递给董事长。于是，他在董事长办公室外面等着。

秘书刚把名片交给董事长后，董事长就厌烦地把名片丢出来，秘书只好很无奈地把名片退给业务员。谁知业务员却没有丝毫不快，而是说："没关系，我可以下次再来拜访，所以，还是请董事长留下名片吧，否则下次还要麻烦董事长再看一遍。"秘书拗不过他，只好硬着头皮再走进办公室。

这次，董事长真的发火了，于是，他把将名片撕成两半，扔出10元钱说："好，10元钱买他一张名片，够了吧！让他赶紧走！"当秘书把10元钱和撕碎的名片还给业务员后，业务员竟然很开心地大声说："请你告诉董事长，10元钱应该买两张名片，我还欠他一张。"说完，又掏出一张名片，让秘书交给董事长。办公室里传来一阵大笑，董事长走出来说，"如果我不和你这样的业务员谈生意，我还能找谁谈呢？"

业务员用幽默的言行逗笑了董事长，也为自己赢得了合作的机会。他的幽默充分展示了他对自己产品的自信，也展示了自己百折不挠的乐观心态，这样的人迟早会成功。

幽默是一种源于生活、高于生活的艺术，幽默需要积淀、需要学习、需要锻炼，幽默到了一定境界，就会旷达从容，拈花一笑处处会春暖花开。

幽默是人际交往的特别通行证，是展示自身修养、学识的巧妙手段，是表示友好、善意的重要途径。幽默的人，往往是社交中的焦点人物，是吸引别人注意的交际明星。所以，学会幽默，用好幽默，是现代人必备的技能。

幽默不是低级油滑，不是花言巧语，更不是出乖露丑、当别人的笑料。因此，交际中的幽默虽然看似简单，但也有一些禁忌，需要注意以下几点：

1. 切忌低俗油滑

幽默是才华与智慧的闪现，它以文化修养为依托，幽默不是低俗、油滑、无聊、尖刻的嘲弄，更不是把快乐建立在别人的痛楚之上。过分的调侃和恶作剧只会让人觉得无聊，是黔驴技穷的表现。

2. 切忌拖泥带水

幽默应该简洁、短小精悍，达到出其不意、让人发笑和回味的效果。如果过于复杂，会让对方注意力分散，减少幽默的成分。

美国的莱特兄弟发明了飞机，是人类航空史上勇敢的开拓者。有一次，兄弟俩人前往欧洲旅行，在一个名流汇集的欢迎宴上，主人再三邀请他俩给大家讲一句话。大哥只好先站了起来，说："我不擅长讲话，还是舍弟来吧！"在众人的欢呼声中，弟弟腼腆地站起，说："刚才大哥已经说过了。"大家一阵欢笑，然后更强烈地要求再讲一句，弟弟难为情地说："据我所知，鸟类中会说话的是鹦鹉，而鹦鹉是飞不高的。"话音未落，全场就响起了热烈的掌声。

莱特兄弟的一句话，既高度地概括了他们工作的艰辛与埋头苦干的精神，又充满幽默和趣味，真是"越简短越妙"的典范。

3. 切忌不看对象场合

幽默的言语应当服从于一定的时间，一定社交场合和交往对象。否则，只会让对方感觉浅薄，从而对你产生轻视之心。恰到好处的幽默会使你在社交中如虎添翼，而不合时宜的幽默可能让你一败涂地。

4. 切忌心生恶念

幽默不是要打击谁、报复谁、讽刺谁，它顶多是善意的提醒和规劝。幽默应该是宽厚、温和的，而不是尖酸刻薄的。在社交中，幽默让人觉得亲切温暖，而讽刺则可能让人生气、愤怒，要把握好两者的区别。

总之，幽默是社交中的美丽花朵，高明的幽默能让任何人喜悦、放松。学会了幽默，你就学会了如何做一个走到哪里都受别人欢迎的人。

掌握幽默语言，轻松赢得良好人际

在说话艺术中，幽默是运用意识深长的语言再现现实生活中喜剧性的特征和现象来传递某种特殊信息的一种表达技巧。

社交生活中懂得风趣幽默的人，往往三言两语，就妙趣横生，不仅使人

忍俊不禁，而且能使人领悟到其中蕴涵的智慧和哲理。

有一次，孙中山在广东大学讲民族主义。礼堂非常小，听众很多，天气闷热，很多人都没精打采。孙中山便穿插了一个故事：那年我在香港读书时，看见许多苦力聚在一起谈话，听的人哈哈大笑。我觉得奇怪，便走上前去。有一个苦力说："后生哥，读书好了，知道我们的事对你没有什么帮助。"又一个告诉我："我们当中一个行家，牢牢记住那马票上面的号码，把它藏在日常用来挑东西的竹杠里。等到开奖，竟真的中了头奖，他欢喜万分，以为领奖后可以买洋房、做生意，这一生再也不用这根挑东西的杠子过生活了，一激动就把竹杠狠狠地扔到了大海里。不消说，连那张马票也一起丢了。因为钱没有到手先丢了竹杠，结果是空欢喜一场。"孙中山风趣的话，引来台下一片笑声。孙中山接着回到本题："对于我们大多数人，民族主义就是这根竹杠，千万不能丢啊！"

孙中山先生这个充满幽默感的故事不仅让昏昏欲睡的人们清醒过来，也使得自己的演讲取得了良好的效果。语言要富有幽默感，必须言之有物，使其形象生动。以实求幽默，幽默有；以虚求幽默，幽默无。语言真实形象生动，能促人联想，产生"具象"，让人感觉余味无穷。

幽默是思想智慧灵感在语言运用中的结晶，也是一种良好修养的标志。幽默总与智慧爱心结伴同行的，每一个具有幽默感的人都有随和亲切的性情、宽广的心胸及洞察一切的机敏。

有一次，一名新闻记者问萧伯纳："请问乐观主义者和悲观主义者的区别何在？"这是一个范围很大且很抽象的问题。如果要从理论上做出一个准确的回答，恐怕得费好大劲也不一定能令对方满意。于是他说："假如这里有一瓶只剩下一半的酒，看到这瓶酒的人如果高喊：'太好了，还有一半！'这就是乐观主义者；如果悲叹：'糟糕，只剩下一半了。'那就是悲观主义者。"

在这里，萧伯纳巧妙地使用"以偏赅全"的方法，选择了一个生动的事例，化大为小，回答得轻松自如，不仅颇有幽默感而且令人回味无穷。

在社交生活中，幽默的确给了我们太多的笑声，基于以上这些优点，你

确实应该成为一个幽默的人，以下几种方法能够轻松让你获取各种幽默语言的种子：

1. 幽默原本来自于生活

为此，你可以从生活中开始寻找乐趣，方式很多：

放松自己，多笑一点——生活本身就充满了快乐，我们不能要求自己和年幼的孩子一样无忧无虑地笑，但至少可以多笑一点，孩子每天笑400次，你至少要笑40次。

多读一些幽默笑话和漫画类的书籍，然后自己给它们做一些幽默的评论。

即使你遇到了令你苦恼和头疼的问题，也要搜寻一些好玩的幽默的东西为自己解压。

2. 了解自己为什么发笑

如果你一天笑了40次，那么，你至少要弄明白是什么使得你发笑这么多次，收集并保存这些幽默的诱因，当你马上需要一个笑容或者是喜剧灵感时，就翻开来看看。

3. 别人的故事也可以成为你制造幽默的素材

在你的经历中，你可能找不到什么有趣的事，那么，你不妨借用一下别人的故事吧。有一些被借过来的笑话很容易就能起到效果，因为很多人没有想到过这种幽默的方式。

那么，如何借用呢？

网络是最方便的方式，当然，除了简单地在网络中搜索"笑话"、俏皮话、定义、图片或者是视频，以下是另外两种常见的改编资源：

喜剧演员——喜剧明星的幽默笑话往往是最令人发笑的，你可以借用这一素材并加以修改，但一定要注意，修改后的幽默一定要符合你自身的风格、语言习惯等。

卡通漫画——在众人面前，你可以采用不同的解说方式，向大家展示一下这部漫画的故事，并选取其中的妙语作为你的开场白。

4. 了解你的听众,不可胡乱幽默

要想成为一个幽默的人,就必须明白你开玩笑的尺度。这些都得从你真正了解听众开始:

要了解听众的脾气——这直接关系到你的幽默方式是否恰当;

热爱你的听众,不少于你调侃他们的程度;

当你不确定对方是不是也是个幽默的人,你可以尝试着和他们开开玩笑,但别过火;

你如果准备即兴幽默,那么,你至少要保证你的听众不介意;

你可能不想在任何一个简单的问题上都采用自我嘲弄的方法,但是不管怎么样,这在以下情况中是最有效也最恰当的:

(1)在你既舒服又很自信的情况下。

(2)你的威望和能力已经明确建立。

(3)现状恰好和你的个性和情感相符合。

但是请记住——当你想要借用别人的自嘲式幽默时,你要和他有同样的看法和情况。如果不是,那就真的是在自我嘲弄!

5. 多和快乐的人待在一起

这些人往往更能理解并支持你的幽默,他们喜欢笑、是幽默的,你在他们中间,会很快成为一个受人欢迎的人。

与这种类型的人培养感情,花时间和他们在一起,从他们身上学到他们是如何运用幽默,然后在他们的方法中选出适合你的独特方法。

幽默是社交中的强心剂

人们参与社交生活,总是有各种各样的目的,要达到这些目的,我们就必须让社交生活在和谐、轻松的氛围中进行,此时,幽默的作用就明显地体现出来了。在社交生活中,一个说话幽默、风趣的人,常常受到人们的欢迎。

这也是那些相声演员、喜剧明星为什么能够大行其道的原因。因此，我们可以说，幽默是社交中的强心剂。

幽默是一种高级的智力活动，能够化解对方的怒火，减轻对方的怒气。所以，在语言使用过程中，善用幽默能够有助于达到我们的目的。

有一个主妇因家中水管破裂，急告水电公司。可修理工因故迟到了好几个小时，他非常抱歉，紧张地准备迎接一顿训斥。可那位主妇说："没什么，等你的时候，我正好教孩子们学游泳。"

笑言之中，有深深的责备，更有博大的宽容。试想听了这句话，修理工肯定会卖力地把水管修得又快又好。而若主妇换成一种抱怨或斥责的腔调，虽然占理，但效果则要差得多。

事实上，社交中幽默除了能帮助我们达到目的外，它的作用还体现在调剂沟通氛围，化解沟通中的障碍，并让沟通气氛更热烈。

具体来说，幽默具有以下几种作用：

1. 融洽交际氛围

有一个单位组织退休老干部乘大客车外出旅游，上车时你谦我让，耽误我不少时间。开车后，一位老同志朗声打趣道："我给大家讲个故事助兴：从前有一位妇女，怀孕10年才生下一对双胞胎。问这对双胞胎为何迟迟不肯面世，他们说，根据礼节，年长位尊者应该先行，但他们两个不知谁是兄长，就这样互相推让了10年，把妈妈生孩子的事给耽搁了。"这番话引得车上的老干部们面面相觑，继而哄堂大笑。

2. 幽默可缓解紧张情绪

适当的幽默，可以缓解对方紧张的情绪，消除对方疑虑，使彼此之间的交流更加畅通无阻。

第一次世界大战时，一个美国青年应征入伍。临行前，他忧心忡忡地去拜访一位智者，向他道出了对自身安危的忧虑。

智者捋着胡须笑眯眯地说："孩子，当兵有两种可能：一种是留在后方，一种是送到前方。如果留在后方，那你担心什么呢？就算送到前方，也有两

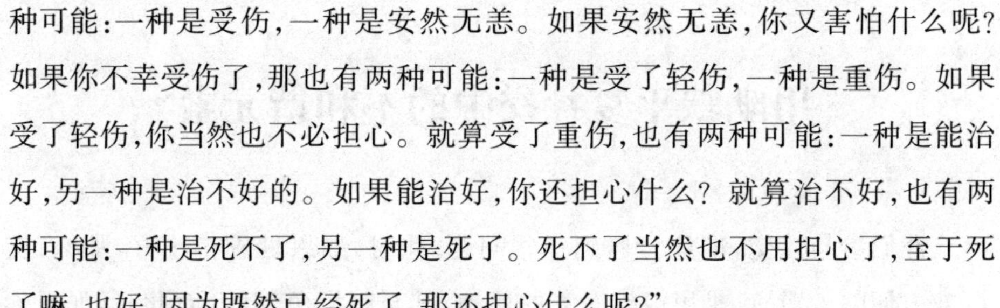

种可能：一种是受伤，一种是安然无恙。如果安然无恙，你又害怕什么呢？如果你不幸受伤了，那也有两种可能：一种是受了轻伤，一种是重伤。如果受了轻伤，你当然也不必担心。就算受了重伤，也有两种可能：一种是能治好，另一种是治不好的。如果能治好，你还担心什么？就算治不好，也有两种可能：一种是死不了，另一种是死了。死不了当然也不用担心了，至于死了嘛，也好，因为既然已经死了，那还担心什么呢？”

听了老者的话，青年果然不担心了，雄赳赳地去了战场。

老者的话，固然有自欺欺人的意味，但细细品味，其中却充满了黑色幽默，在大敌当前，这种给年轻人的安慰，还是颇能有效地缓解其紧张心理的。

幽默所带来的欢笑可以缓解人们的情绪，表现出人们身处困境却又不悲叹的乐观精神。

3. 化解困境

幽默是一种人生智慧，它能让你和他人零距离地心灵接触，它温和而不软弱，含蓄而不张扬，机智而不圆滑，它是“天真”与“理性”的巧妙结合，让你化解困境，在社交中轻松自如地面对一切。

4. 一反尴尬，赢得掌声

在社交中，情形千变万化，谁也不能准确预料接下来会发生什么，有时候突如其来的不快可能让人措手不及，让原本轻松祥和的气氛变得十分尴尬，这时，借助幽默可扭转乾坤，将那些下不来台的人和事拯救出浑然无措的境地。

5. 幽默可委婉地达到目的

用幽默来传达信息，有利于暗示对方，从而委婉达到社交的目的。用这种方法可以更不着痕迹地表达你的观点，同时让自己和对方都可进可退，处于比较灵活的地位，不会太难堪。

用幽默平复社交中的不和谐元素

我们参与社交，难免会遇到一些问题，此时，如果处理得不好，那么，交际双方便陷入尴尬、难堪或者对立的境地，甚至引发争端等，而此时，如果你能适当地开个玩笑，让大家付诸一笑，那么，问题便可能在笑声中结束，因此，可以说，幽默是平复交际中不和谐元素的润滑剂。

那么，哪些问题可以归结为交际中的不和谐元素呢？我们又该怎么样幽之一默呢？

1. 交际破冰

苏轼有位姓刘的朋友，因晚年患病，鬓发、眉毛尽皆脱落，鼻梁也快要断了。一天，苏轼同许多朋友相聚饮酒，这位姓刘的朋友建议大家各引古人语相戏。苏轼对这位姓刘的朋友说："大风起兮眉飞扬，安得壮士兮守鼻梁"，满座大笑。

这里，苏轼运用的是仿拟的手法制造幽默。所谓仿拟，指的是故意模仿套用已有的固定语言形式来叙说的一种表达方式，主要特点是套用现有的词、句、篇等语言形式来揭示所描述事物的内在矛盾，创造出新的意境。而此处苏轼仿的是汉高祖刘邦《大风歌》"大风起兮云飞扬，威加海内兮归故乡。安得猛士兮守四方"的首尾两句，两相对照、趣味盎然。

2. 指出他人的过失

商场里一般都写有"请不要随地吐痰"的字样，可是有的顾客不知是没看见，还是故意为之，总是"啪"一口就吐在地上，这不仅给清洁工带来麻烦，还给人们的购物环境带来污染。某商场规定"吐痰者罚款一元"，但是这种现象还是没有杜绝，因为大部分时候都不知道"肇事者"是谁。

这天，商场经理亲自巡视监督。还别说，真就碰上了。一位中年男子走

着走着，头一歪就将痰吐在了地上，经理赶紧走过去："先生，您有一元钱吗？"

"没有，都是整的！"顾客以为商场是故意刁难呢，于是不可一世地回答。

经理从兜里掏出一元钱递给他："先生，随意吐痰罚款一元！您现在可以把它交到罚款台，否则的话，商场会全力追查这件事。"

顾客哈哈一笑："你为什么告诉我？你是谁？"

经理说："我是经理！如果您不能保证遵守商场规定，您还可以从我这里借一元钱！"

本来是一件棘手的事，被经理轻松化解了，场面也由尴尬转为活跃。他以这样幽默的方式处理了这起事件，这无形中给员工起了一个示范作用，也是对员工的一次培训。

3. 拒绝他人的无理要求

拒绝的话一向不好说，说不好就很容易得罪人。因此拒绝他人时，要讲究策略，最重要的一点就是含蓄委婉。而幽默地拒绝正能巧妙地体现这一点。用幽默的方式拒绝别人，有时可以故作神秘、深沉，然后突然点破，让对方在毫无准备的大笑中释然。

有时候拒绝的话像是胡搅蛮缠，但因为它是用幽默的方式表达出来的，所以也就在起到拒绝目的的同时，让别人很愉快地接受了。即使他人的要求是无理的，这一方法也是通用的：

张小姐长得十分美艳，某客户一直对她十分垂涎。一天，客户又来到张小姐的公司，对她纠缠不休，因为该客户是公司重要合作伙伴，所以张小姐不敢得罪他。她灵机一动，笑吟吟地对客户说："王总，要不待会儿我们三个人去拳击馆玩玩吧。"客户一愣："拳击馆？我、你，还有谁啊？"王小姐神秘地说："我男朋友啊，他可是去年的业余拳击比赛冠军呢，而且是个喝酒外行、喝醋内行的家伙。"客户一听，愣了，说："那你们去玩吧，我今天还有事。"说完，就灰溜溜地走了。

张小姐利用幽默，既委婉地拒绝了客户的骚扰，又保住了客户的面子和自己的尊严，试想，如果她当时严词拒绝或者委曲求全，结果都不会太好。她用幽默显示了自己的态度和智慧，同时软中带硬，让客户知难而退，达到了避免其再来纠缠的目的。

4. 反驳他人恶意的攻击

如果我们面临不好回答的问题，而又不能以“无可奉告”进行简单的说明时，不妨幽默一下，一笑了之。

面对他人的嘲笑时，要想取得论辩的成功，不但要敢辩，还要巧辩，在这里加一点诙谐的风格，会让自己更有气度，同时也可令对方陷入窘境。

总之，在社交中，我们是不能保证交流一直沿着我们所希望的方向前进的，交际中的不和谐因素也总会不断出现，但只要我们善于运用幽默的神奇魔力，那么，这些不和谐因素都会平复！

幽默语言化解交际矛盾

在人际交往中，人与人之间，难免会发生摩擦，总会遇到一些令人难堪或尴尬的场面。此时，有些人极易生气和激动，“针锋相对”；有的人则恶语相加、讽刺打击；有的人则茫然无措。实际上，如果我们能用幽默的语言技巧，那么便能轻松地“化干戈为玉帛”。因为幽默的语言可以使我们内心的紧张和重压释放出来，化作轻松一笑。

因此，在沟通中，幽默如同润滑剂，可有效地降低人与人之间的“摩擦系数”，化解冲突和矛盾，并能使我们从容地摆脱沟通中可能遇到的困境。

有一次，一位女士怒气冲冲地走进食品商店，向营业员喝道：“我叫我儿子在你们这儿称的果酱，为什么缺斤少两？”

营业员先是一愣，随即很有礼貌地回答：“请你回去称称孩子，看他是否长重了。”

这位妈妈转念一想立刻恍然大悟，脸上怒气全消，心平气和而又不好意思地对营业员说："噢，对不起，误会了。"

这里，营业员小姐是聪明的，她很肯定自己不会称错，此时，问题便出现在了这个孩子身上，即是小孩把果酱偷吃了。如果明说"我不会搞错的，肯定是你儿子偷吃了"，或者"你不找自己儿子的麻烦，倒问我称错没有，真是莫名其妙"，这就非但不能平息顾客的怒气，反而会引发一场更大的争论。营业员用幽默委婉的语气指出妇女所忽视的问题，既维护了商店的信誉，又避免了一场争吵，赢得顾客的好评。

可见，幽默的语言往往给人以诙谐的情趣，使人在笑意中有所领悟。幽默是缓解紧张、祛除畏惧、平息愤怒的最好方法。

有一个人非常有幽默感。有一天他开车，在一个狭窄的小巷与另一辆轿车相遇。两辆车都停了下来，但谁也未先给对方让路。不一会儿，对面车的司机竟拿出一本厚厚的小说看了起来，还优哉地哼着流行歌曲。此人见状，从车窗探出头高声喊道："喂，老兄，看完后借我看看啊！"就这一句幽默的话，逗得看书的司机哈哈大笑，主动倒车让路。后来让车的司机主动提出交个朋友，就这样两个交换了名片，联系时间久了便成了好朋友。

幽默不但化解了矛盾，而且让两个人成了朋友，皆大欢喜，真是幽得开心默得快乐。

而在现实的人际交往中，当矛盾发生时，那些缺少幽默感的人才会把事情弄得越来越僵，而幽默者却能使一切变得轻松而自然。有一个故事谈到，当发现餐厅侍者送上来的一杯啤酒里有只苍蝇时，不同国家的人作出的不同反应是这样的：

英国人以绅士的风度吩咐侍者："换一杯啤酒来！"

日本人令侍者去叫餐厅经理来训斥一番："你们就是这样做生意的吗？"

中国人把意见写进意见簿。

沙特阿拉伯人则会把侍者叫来，把啤酒递给他，然后说："我请你喝……"

美国人说:“以后请把啤酒和苍蝇分开放,让喜欢苍蝇的客人自己混合,你看怎么样?”

当然,这只是一个虚构的故事,但却形象地反映了美国人在对待社交矛盾上的一种态度,他们更善于利用幽默解决问题。

的确,幽默是人际交往的润滑剂,一句幽默语言能使双方在笑声中相互谅解和愉悦。

作家冯骥才在美国访问时,一位美国朋友带着儿子去看他。他们谈话间,那位壮得像牛犊的孩子爬上大冯的床,站在上面拼命蹦跳。如果直截了当地请他下来,势必会使其父产生歉意,也显得自己不够热情。于是,大冯便说了一句幽默的话:“请你的儿子回到地球上来吧!”那位朋友说:“好,我和他商量商量。”结果既达到了目的又显得风趣。

幽默在交际中的作用是显而易见的,它可以使人际关系变得宽松、和谐,富有情趣,让人们在一种轻松愉快的气氛中完成社交任务。假如你是个幽默的人,假如你善于巧用幽默化解人际间的矛盾冲突,使双方摆脱窘困,那么,你的言谈举止就能够吸引别人,以致从心理上控制他,从而也为自己的交际铺平了道路。

当然,做任何事情、说任何话都有一个“度”的问题,幽默也是如此。场合、对象都是必须考虑的客观因素,不少人有过这样的体会:同一个玩笑,你可以同甲开,却不能对乙也这样;或是在某场合可以说,而在其他场合却不行。尤其是对于初识的人或长辈,幽默一定要慎用,否则很容易让人感到似乎是一种突然到来的亲切或唐突,或者会认为是在卖弄聪明与笑料。有时,幽默过了头,变成一种取笑和讥讽,就更糟了。

幽默的人应具有豁达的胸怀,广博的学识,机敏的应变和良好的修养。只有做到这些,才能运用自如。幽默不仅使人乐于接受,也使自己身心愉悦,获益匪浅。

利用幽默获得他人理解的最大化

在生活中,我们常常看到这样的场景:公交车上的乘务员报错了站,主持人站在台上忘记了台词,聚会上说错话等。这些都是人们的失误,也是他们在各自岗位上所出现的过失。人无完人,没有人能做到完美,作为社交中的一分子,我们常常也会犯各种各样的错误。用幽默来解释自己的过失,不仅可以为自己挽回面子,而且可以得到大家的原谅和理解,营造良好的氛围。

何琳是我国国内的著名女演员,2005 年她凭借电视电影《为奴隶的母亲》一片一举夺得国际艾美奖影后桂冠,而林申也曾因为电视电影《冯齐的忏悔》获 2006 年国际艾美奖最佳男主角提名。碰巧的是,这对“国际艾美姐弟”在电视剧《麻辣婆媳 2》里饰演的也是一对姐弟。

剧中的两人由于人生观、价值观的不同,经常看不惯对方的处世方式,但这丝毫不影响两人私底下的感情。在片场,两人总喜欢互开对方的玩笑,每次都把剧组工作人员逗得哈哈大笑。在《麻辣婆媳 2》剧组人员接受记者采访的时候,两个人经常会在采访中途说着说着就跑题了。林申看着何琳,并“质问”她怎么老把自己带跑题,何琳则不以为然:“那你为什么跟着我跑啊?”林申说:“因为你漂亮啊!”

一句话让何琳哭笑不得,拿这个带着一抹坏笑可是嘴巴很甜的“弟弟”无可奈何。两个人用幽默来化解了“跑题”的失误,使得气氛更加轻松、惬意了。

其实,在日常的社交生活中,我们每个人都是制造幽默的主角,我们会不自觉地因为他人的幽默而开怀大笑,我们也会不经心地说出一句让众人会心一笑的话,人们都是崇尚快乐的,幽默便有这种力量,它能使人忘记烦恼,用快乐的态度看待生活、看待各种事。

因此，我们在人际交往中出现过失的时候，也能幽默一番，那么，对方也会原谅我们，一切看来都云淡风轻了。但是这种沉重的氛围使人久久不能忘记你的过失，并且将这次过失作为一次教训深刻地铭记于心，不能抹去。所以出现过失不要急于忏悔，更不要自暴自弃，用上一些恰如其分的幽默，不仅在轻松的氛围中给出问题恰当的解释，而且扫去了人们及自己心中的阴霾，这样的解释要比长篇大论的郑重道歉强上百倍。

所以学会用幽默解释自己的过失，意义十分重大，不容忽视。然而，我们还必须看到一点的是，幽默法获得他人理解的第一步，还是需要我们做到有勇气正视自己的失误。

2010 年温哥华冬奥会在落下帷幕的时候，国际奥委会主席罗格用“卓越和友善”高度评价了那届冬奥会，并把奥林匹克五环旗交给下届冬奥会举办地俄罗斯索契的市长纳姆索夫手中，然后闭幕式就开始了。

在开幕式上有一个小花絮，就是一根因为工作人员的某些失误没有竖起来的欢迎柱。闭幕式的大幕拉开时，火炬台以开幕式时“残缺”的状态搭建着，开幕式上的失误，就这样被组委会自己再度摆在了世界观众的面前。一个装扮成电工的小丑蹦跳着来到会场，来到没有竖起的那根欢迎柱的大坑前，他装作在检查的样子，终于找到故障原因。他如释重负般将电源插好，拍拍手，开始试着将那根硕大的柱子从地下拉起来。在小丑卖力地拉动之下，那根欢迎柱缓缓竖起来了，并且缓缓地和其他几根欢迎柱搭建在一起。

随后，冬奥会开幕式主火炬手勒梅 · 多恩被小丑请进场，她随即点燃了奥运火炬，奥运圣火熊熊燃烧。

开幕式上的错误，就这样以一种幽默和伟大的方式解决。而有两次点火的奥运会，恐怕也是史无前例的。全场观众都沸腾了，为组委会这样勇敢地直面错误，并以幽默的方式来化解欢呼。

当然，幽默是智者的游戏，如果你没有敏锐的反应能力和组织语言的能力，那么，制造幽默以获得他人理解是很难做到的。

在一次婚礼上，经过了“一拜天地”、“二拜高堂”的程序后，婚礼主持人刚喊完“夫妻对拜”，还没等说祝词，两个人便相互鞠躬，于是婚礼主持人马上插了一句“等等，等等，着什么急呀？”宾客们闻听此言全笑了。接着主持人又加上一句“叫新郎，叫新娘，不要慌，不要忙。一切行动听指挥，是不是着急入洞房？”

宾客们更是开怀大笑。

新人没有听主持人口令指挥的失误让主持人用四句顺口溜一笔带过，而且说新郎新娘“着急入洞房”不但无损于他们的形象，而且烘托了婚礼的气氛。

总之，在社交生活中，如果你一不小心出现语言或行动上的过失，你大可不必自责或者懊恼，因为幽默能帮助你轻松化解，并获得他人的原谅！

幽默让你掌控交际的主动权

很多时候，我们进行社交活动都是为了获得友谊，希望拥有更多的朋友。但朋友都是由陌生人发展而来的，有相当一部分朋友是萍水相逢时认识的，并且认识的方式众多，比如，凭一个会心的微笑、几句得体的问候话、一个礼貌的动作等，但相比之下，只有幽默会帮你引来他人的注意，从而获得交际的主动权。

的确，幽默是人类智慧的最高境界。笑是一种本能，但人却非时时刻刻都能笑，笑是在一定的条件作用下才会发生的。因为幽默与笑声形影不离，幽默就是一种使我们快乐的方法。因此，一个说话幽默风趣的人当然比木纳呆板的人受大家欢迎。

某小区三楼和四楼，分别住着一对工薪阶层夫妻张先生夫妇和李先生夫妇，但即使是楼上楼下的邻居，因为平时上下班时间不一，连交谈的机会都没有，只是心里知道有这么个邻居存在而已，却很少有来往，偶尔搭电梯

照面时也仅是点个头。

其实双方也都深知“远亲不如近邻”的道理，但彼此似乎也习惯了不相往来。然而自从某个机缘让这对邻居大笑出来之后，情况就完全改观了。

说起这件事，还得从小区内的垃圾谈起，那阵子刚好发生垃圾处理问题，由于公共垃圾场的租约已到期，原业主因为私人因素坚持不肯续约，一时之间大小马路边的垃圾堆积如山，臭气四溢。

这天，刚好是假日，李先生和太太搭电梯下楼碰到了张先生和他的妻子。张先生勉强挤出一丝笑容以“垃圾问题严重”为题跟李先生稍稍寒暄了一下，李先生也就趁机打开了话匣子。

他故作神秘地说：“我家从来没有垃圾的困扰！”张先生夫妇听了十分诧异，并且询问其原因。

李先生回答说：“很简单啊，只要每天早上刻意地将垃圾包装得整整齐齐地放在大楼门口摩托车的后座上，一会儿垃圾包自然消失。”张先生跟太太听了不禁大笑出来，笑让他们之间的距离拉近了，从此以后两家人就熟络起来了。

一对不相往来的邻居为什么能够建立友谊？因为幽默的力量！假如这里的张先生和平时一样，只是象征性地点头示意，那么便没有后来的交往。这里，我们不难发现，幽默的制造者——张先生在这一问题上起到了主导作用。

可见，如果我们想掌握交际的主动权，就应该迈出交际的第一步，大胆地与人交流，并适时地制造幽默。当然，要让幽默真正起到作用，我们还必须做到以下几点：

1. 找出交往的契机，主动伸出友谊之手

案例中的张先生正是因为做到了这点，才打开了对方的话匣子。然而，并非所有的人都是善谈的，有的人沉默寡言，虽然有交谈的欲望，却不知从何谈起。这就需要你改变态度，率先向对方发出友好信号，激起对方的谈话

欲望，以达到交流的目的。

2. 学会与人分享幽默

这是相对于第一步而言的，假若你能以一个幽默的话题使对方产生浓厚的兴趣，那么无论他是一个如何沉默的人，都会发表一些言论的。

幽默可以拉近你我的距离，因为它不但使自己的心情变得愉快，而且可以使自己与人同笑，让别人一起分享你的快乐。假若你的一个话题使对方产生了浓厚的兴趣，那么无论他是一个如何沉默的人，都会发表一些言论的。因此你在谈话的停滞之中，一定要想法找并且不断地激起对方的兴趣，使谈话能够一直持续。很多人都觉得只有自己快乐了，那么整个世界都将是明亮的，但事实不是这样的。因为我们生活在一个大家庭中，我们会接触不一样的人和事物，我们会觉得只有自己一个人快乐是如此自私，只有与人同乐，才发现那是更大的财富。

一次，丘吉尔同意美国一家影片公司拍一部有关他生平的电影。这部影片中要出现丘吉尔65岁和86岁时的镜头，这一角色由一位名叫查理斯·罗福顿的电影演员扮演。当丘吉尔知道罗福顿由于扮演这一角色将获得数目相当可观的一大笔款子时，他声称：“第一，这个演员太胖；第二，他太年轻。与其让他去扮演可以得一大笔钱，倒不如由我自己来扮演更合适。这笔钱应该由我来赚。”

丘吉尔的幽默是情感的自然流露，但是他并不是想真的去抢这个角色，而是用这笔数目可观的款子来调侃，让大家一起来分享自己的事迹被拍成电影的快乐。

当然，要通过幽默掌握交际中的主动权，让对方喜欢你，除了要有幽默的天赋外，更多的则要通过平时多积累充电、广泛培养兴趣爱好来培养。具备了这种能力，在与各种类型的人进行交往时，就很容易寻找到共同感兴趣的话题，有利于拉近人与人之间的关系。

因此，无论你从事什么行业，身居何职，幽默力量都能助你一臂之力，使你的工作和事业有更顺利的发展，使你的社会交往更为广阔。它能使你善

于待人接物，广交朋友，帮助你解决人际关系的难题，教你学会如何摆脱使人窘迫的处境。尤其当你想以积极进取和乐观开朗的形象出现，赢得人们的欢迎和信任，当你想鼓励更多的人共同为实现目标而努力时，幽默的力量就能发挥更大的作用。

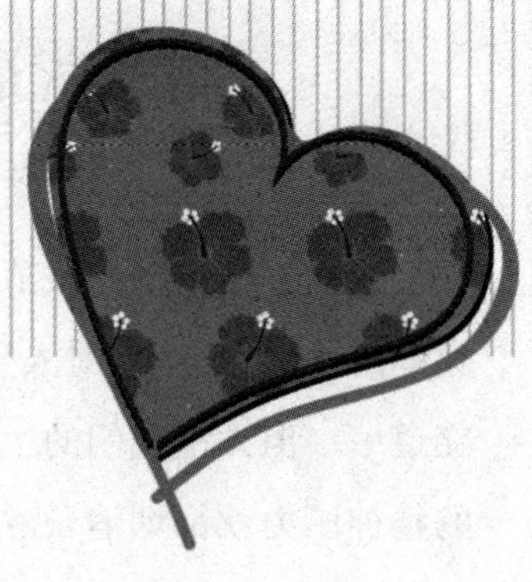

第13章 幽默口才让家庭备感温馨与和睦

家是我们心灵的港湾，每当身心俱疲的时候，只要我们回家，就有了温暖。而对于家，我们每个人都有一个愿望，那就是希望它温馨和睦，但是这个愿望常常会被生活中的琐事影响而不能实现，这时就可以用幽默顺利地将愿望变成现实。幽默可以使家庭生活妙趣横生，促进家庭的和谐。恰当地运用幽默，让幽默成为爱情和家庭的守护神。当然，和谐温馨的家庭关系，需要每一位家庭成员的共同努力！

幽默营造出温馨惬意的居家生活

我们生活在现代快节奏的年代，承受着巨大的生存压力，要维持自身和家庭的生活水准，面对人生的一个又一个的转折点，还要和形形色色的人打交道……但无论我们的生活状况如何，只要我们回到那个温馨的家中，所有的精神压力就都烟消云散了。的确，温馨的家庭会给我们足够的温暖、爱和动力。对此，我们不难发现的一点是，那些幸福、和睦的家庭，都是充满欢声笑语的。如果说笑是日常生活的安全阀，那么幽默就是生活中不可缺少的元素。

一提到幽默，有人便会首先想到那些政治家、外交家。其实，如果让幽默走进家庭，也能收到意想不到效果。

一天，老王一个朋友买了两张某大型露天综艺晚会的门票，但家里临时有事去不了，就送给老王了。这场晚会将进行现场直播，而且主持人也是省电视台请来的。老王回家后，很高兴地把这事儿说了，并让妻子带着女儿去，妻子却执意不去，说晚会没看头，不如在家看电视，老张只好带着孩子去了。

看完晚会回到家，老王见妻子仍在看电视，便和女儿绘声绘色地描绘起晚会的情况来，女儿更是激动万分，一边说一边还手舞足蹈地学着歌星的样子咿咿呀呀地唱起来，妻子摆摆手，说她也看过晚会了，不用给她描述。老王诧异地看着妻子问："你不是对晚会不感兴趣吗？早知道你想看，我就不去了。"

妻子笑着说："去你的，我只是想从电视上看到你们爷俩，但是摄像师没让你们露脸，我从头看到尾，使劲瞅了又瞅，也没看到你们的影子。"听完妻子的话，老王若有所悟，忍不住乐了。

女儿迟疑片刻，突然抬高嗓门大声说："妈妈，你不是经常问我长大后想

做什么工作吗？我这会想好了，我想当电视节目主持人，那样你就可以天天在电视上看到我了。”

妻子的幽默让丈夫感到温暖，小女儿的幽默让整个家庭更加温馨和谐。在这样的环境中生活，相信老王一家都是幸福的。

在生活中，我们每天都必须面对各种各样的问题，如果不懂得自我调试，苦恼、忧愁、烦躁等等，这些情绪就会给我们造成严重的精神压力，也就是说，要活得幸福，活得健康，活得快乐，最好的方法就是“幽默”，就是“笑”。

幽默是智慧的标志，幽默是道德的表象，幽默还是家庭和谐的助推剂。幽默是睿智的同义词，也是一种语言的艺术。同时，它还是一个人的个性、风度、才气及思想修养的具体表现。父子母女、婆媳翁婿、兄弟姐妹、夫妻之间，倘若整日里各自都板着一副面孔，说话做事不带任何玩笑、那么这家庭即使不破败，恐怕也该算是名存实亡了，因为我们再也看不到任何的爱和温暖了。

有一对夫妻，老公总是被老婆呼来唤去。一天，老婆问：“你娶了我是不是特幸福？”老公：“没觉得。你又不讲理，又不干活，还老折腾人，我怎么幸福啊？”老婆：“这就是你的幸福啊。我不讲理，要不是我牺牲自己，能反衬出你的宽容大度吗？我不干活，就培养出了你呀，艺多不压身，你能力强还不好。我折腾人，那你的生活多丰富多彩呀，你看，你的婚姻生活就不像别人家那么单调吧。”还没等老公反应过来，老婆又说：“老公，我要喝水。”老公：“我给你倒去。”老婆：“看见了，我就是想让你递给我。”

这个妻子很会哄人，不过她的幽默也使得他们的爱情很清新，不乏味。

著名剧作家沙叶新幽默感极强，其女儿也天生具有幽默细胞，还在童年时就对“女大不中留”有过一番妙论：“我认为‘女大不中留’的意思就是女儿大了，不在中国留学，要到外国去留学。”后来她果然去了美国留学。

一次回国探亲，沙叶新的女儿和父母谈起同在美国留学的弟弟，说弟弟想娶个黑人姑娘。母亲不由大吃一惊。“妈妈怎么还有种族歧视？黑人女孩是黑珍珠，身材好极了，长得也漂亮。”“我倒没有种族歧视，”沙叶新插话

说,“我就担心他们以后给我养个黑孙子,送到上海来让我们带。万一晚上断电,全是黑的,找不到孙子那不急死我们。”女儿连忙说:“那没关系,断电的时候你就叫孙子赶快张开嘴巴,那不是又找到了。”

这对父女真可谓一对幽默的天才,面对一个小问题,他们都表现出自己独特的语言天赋,进行了一番“你死我活”的舌战,但言语间,他们看到了父亲开阔的胸襟、年轻的心态和幽默的天性,而女儿更是青出于蓝而胜于蓝,她机灵的回答、狡黠的反击为久别重逢的父女增添了一份额外的喜悦。

可见,在家庭里,幽默是最好的调和剂。幽默不仅可以帮助每一个家庭成员驱逐劳累的工作、繁杂的事物带来的烦躁心绪,还能帮助其他人打开快乐的心扉。家里常有幽默,欢笑油然而生,烦恼溜之大吉。怒目变成笑眼,火气化做清风。让幽默成为生活的佐料吧,你会真切地感受到它的美好和奇妙。

充满生气的家庭少不了幽默

提到家庭生活,我们想到的多半都是天伦之乐,的确,家庭生活是温馨、幸福的,此时再来些幽默,那么,居家生活就更温馨惬意了。我们不能否认,家庭生活是琐碎的,每天除了柴、米、油、盐就是锅、碗、瓢、盆,但常言道:家庭这盆稀泥,谁和得好,谁的家庭就和睦。谁家小葱拌豆腐,弄个一清二白,那叫没水平。事实就是如此,家庭就是锅碗瓢勺交响曲,凑得合谐,那是上品,凑得不合谐,天天弄得鸡飞狗跳的,再富有的生活也没滋味。怎样和谐?幽默的交际方式绝对是一种润滑剂。

幽默能制造妙趣横生的家庭生活,这样的家庭生活会使人们时刻保持良好的心情,对生活充满向往和希望。这样的家庭中的成员无论是工作还是学习都是精神饱满、积极向上、劲头十足的。

小明的妈妈学历不高,现在,她越来越感到自己文化知识的不足,于是,

她决定从头开始，先学习英文，这下儿子就成了她的老师。

这天，小明正在看电视，妈妈捧了本书进来，说道："给我翻译几个句子。"老妈看着书上的句子说道，"这个'I don't know.'是什么意思?"小明一看如此简单便脱口而出："我不知道。"老妈有点生气："送你上了几年大学，你怎么什么都不知道!"小明说："不是，就是'我不知道'吗。"老妈："还嘴硬!"不容分说，老妈啪啪几掌打得小明乱跑。

老妈："你再给我说说这个'I know.'是什么意思，这个你该知道吧，给我说说。"小明说："是'我知道'。"老妈："知道就快说。"小明说："就是'我知道'。"老妈："找碴儿呀你，刚才收拾你收拾得轻了是不?"小明说："就是'我知道'呀!"老妈："知道你还不说，不懂不要装懂!"

老妈："你给我小心点，花那么多钱送你上大学，搞得现在什么都不会，会那么一丁点东西还跟老娘摆谱，再问你最后一个，你给我好好解释一下，说不出来我再收拾你，你给我翻译一下'I know, but I don't want to tell you.'是什么意思?"结果小明的翻译又招来一顿骂。"儿啊，'I'm very annoyance. Don't trouble me.'是什么意思啊?"小明："我很烦，别烦我。"

老妈："找打，跟你妈这么说话。"老妈再问："'Look up in the dictionary.'是何意啊?"小明说："查字典。""查字典我还问你做甚?"老妈又问："'You had better ask some body else.'怎么翻呢?"小明说："你最好问别人。""你是我儿子，我问别人干吗，又找打。""'God save me!'呢?""上帝救救我吧!""耍你老妈玩，上帝也救不了你!"

老妈刚要动手教训小明，小明连忙说："是世上只有妈妈好的意思。""嗯，这还差不多，一会儿我给你做好吃的，明天再问你。"在一旁的老爸听了这对母子的对话都笑喷了。

估计我们看完这对母子的对话，也会笑得前俯后仰，小明的妈妈很好学，但她问小明的问题都太巧合了，即使小明的翻译没有任何错误，翻译的意思也会使人误会，这让小明一时无以应对，而小明的妈妈则以为儿子在"戏弄"自己。然而正是这种答非所问，歪打正着的幽默为平淡的生活增添

了乐趣，使得小明一家妙趣横生、其乐融融。

的确，生活就是这样，是平淡无奇的，但若家庭生活是沉闷、无趣的，那么，这样的家庭生活便会使人感到无聊至极甚至令人窒息，沉而且会使家庭成员之间的关系僵化，连说话的次数都极为有限，毫无生气可言。久而久之，这样的家庭便成了一潭死水。

此时，家庭成员若能发现生活中的趣味横生的事，开了玩笑，那么，就可以使家庭生活摆脱沉闷。有幽默的家庭是富有生机的，因为人人都能感受到父母、子女或者亲人对自己的关心和爱护，这样的家庭就像一个乐园，欢笑和美好充斥着每一个角落。这对小孩子健康成长，老年人安度晚年，中坚力量更好持家都是非常有益的。

老王有个可爱的女儿，小姑娘长得很招人喜欢，但就是有不足的地方，就是这孩子的牙齿不整齐，于是，老王和妻子商量让女儿带一段时间的牙套。

自女儿带上牙套开始，老王和妻子就格外关心孩子的牙齿矫正程度，于是，一旦没事的时候，他们就会就让女儿张大嘴扳着她的下巴翻来覆去地看。女儿每次很配合，高兴地张大嘴巴问她的牙齿比以前变漂亮了没有。老王发现，可能是这么小的姑娘带着金属牙套很显眼，现在，不仅他和老婆对女儿的牙很好奇，周围邻居以及女儿的同学也经常央求女儿张开嘴巴让他们看个究竟。

这天放学，孩子舅舅替老王把孩子接回家后，老王放下手里的活儿，又如往常一样让女儿张开嘴想看看她的牙，女儿却紧咬嘴唇不让看，老王不解地看看她，问："咋了？我只是看看你的牙变齐了没有，变漂亮了没有，以前你都乖乖地让爸爸看的，今天这是怎么了？"女儿向站在一边窃笑的舅舅做个鬼脸，嘿嘿一笑说："不让看，就是不让看，你若真想看得拿钱，我让舅舅看了好儿眼，他一下奖给我好几百哩。"

小舅子和老王开的玩笑很巧妙，关心孩子、给孩子钱都是用幽默的方式，不过从这个幽默中反映出了家人对孩子的喜爱以及老王一家人关系的

和谐。

可能很多人认为，交际只有指外面的大社会，家庭这个小社会就不需要。实际上，并不是如此，家庭不仅需要交际，还非常需要有幽默特点的交际。使用幽默吧，自由自在地去借用简洁的格言、机智的谚语和精彩的玩笑，然后加以修改，成为适合自己情况的幽默方式，它就会给你绽放美丽的生命色彩！

将责备变成幽默的关爱

在生活中，我们每个人都渴望自己的家庭生活美满幸福，希望和自己的爱人相敬如宾、孩子可爱听话、父母对自己呵护有加，但毕竟人无完人，尽管家庭中的每个成员都会尽量做到最好，但错误和过失仍然是存在和不可避免的。这时，作为亲人的我们，有必要帮其指出，试想，如果你对孩子的错误置之不理，那么你的孩子很可能会一错再错甚至误入歧途；如果你对爱人的恶习不加管制的话，那么他（她）也可能在错误的道路上越走越远，但过于直接的批评会伤害人们的自尊，尤其是小孩子和青年，他们正处于叛逆的年龄，对于那些直接的批评很可能会产生抵触心理，结果不但不会起到教育的作用，反而会使其变本加厉，愈演愈烈。

所以这时用幽默的方式，暗示责备不但可以缓解由于错误带来的紧张气氛，而且可以使其认识到错误的所在，促进家庭成员之间的深厚感情。

小张和小李是大学时候就开始恋爱了，毕业以后，两人顺利步入了婚姻的殿堂，可以说，他们是周围同事、同学、朋友羡慕的模范夫妻。小张是个体贴的男人，在学校的时候，他就一直充当着大哥哥的角色照顾小李，而且无微不至。而小李则像一只温柔的小鸟总是偎依在小张的身旁。

婚后，小张提出自己创业，并要努力为妻子换个大房子。于是，他们便把几年存下的积蓄拿出来，开了自己的公司。从此，张平起早贪黑地工作，

常常应酬到半夜才回家,然后倒头就睡,偶尔早回家,也是埋头查资料、写方案。

小李变得孤独了,刚开始,她总是在丈夫身边,希望丈夫和自己说说话,但丈夫太忙了,他期盼着成功,期盼着为妻子奉献高品质的生活。

后来,她喊着让他听:“你总是这么晚回来!”“我没有总是啊!”丈夫说。他没有想着留给两人一点交流的时间。

一年后,她问:“你总和什么人在一起?”“孙总、李小姐……”丈夫回答。

以后,她喊得更多,而他什么也不说,就拿起报纸走到另一个房间。

五年后,他们如愿以偿,取得了阶段性成果,事业小有成功,可以实现买房计划了,而妻子提出买两套小房子,而不是计划中的大房子,虽然他们之间没有第三者。

他们之间似乎已经没有以前的默契了,正是因为小李整天不断地唠叨,使本来交流就少的张平更加心烦,在生活中像这们的生活家庭可以说是屡见不鲜的,其实在这个时候小李在表达自己的不满或者责备的过程中就需要有一种艺术。

可能你已经习惯了批评别人,尤其是你的亲人,你会觉得你的批评是善意的,但你要记住,你的指责绝对是一种冒险,极有可能伤害到对方的自尊。也有可能对方已经认识到自己的错误,但却会因为你说话的方式而死不承认,甚至故意顶撞你。许多夫妻都有过类似的经历,无谓的争吵随时都会发生,一旦发生又会因愤怒很快失去理智,直至闹得不可开交,甚至拳脚相加所以要委婉地表达,用幽默的方式不仅可以打动对方,使你的意见得到重视,而且可以为整天处于紧张状态的人缓解疲劳,身心上得到安慰和暂时的解脱。

有一名男子,因为他的妻子是个女强人,在事业上的成就很高,而自己不过是一个工薪阶层,他的妻子就整天责备和鄙视,他终于忍受不了妻子的高傲冷漠,一天他逃出家门,投宿旅店。服务员为他打开一个房间,讨好地说:“住在这间房里,你会感到像住在自己家里一样。”这人一听此言,精神上

受到强烈刺激,大声喊道:“天哪,千万别这样,快给我换个房间吧!”

可见没有幽默的家庭是让人想逃离的旅店。

某家庭中的一位大男子主义者对妻子讲:“你什么都得听我的。”

他的妻子回答:“可以,我病时听你的,没病时你听我的。”

此人面对妻子的话,无言以对。

这里,妻子运用宽容得体的幽默感言来“回敬”丈夫,使得她那位傲慢的丈夫定会因自己的亲切有佳、含情脉脉的轻柔语言变得谦和了许多,使沉闷的气氛变得活跃起来。这时,假若这位妻子以“凭什么都得听你的”针锋相对,恐怕一番激烈的唇枪舌剑在所难免。

我们不得不承认,现代社会的离婚率越来越高,很多年轻夫妻结了婚以后,才发现相爱容易相处难,生活中常因一点小事就批评和责备对方。有些夫妻整天吵架,起因都是些鸡毛蒜皮的小事情。当两个人呢真正分开才悟出当初自己的失误,但后悔已晚矣。

有人说,一个家庭中,如果有富有幽默感的成员,那么,这个家庭肯定是和睦的。这是因为幽默是人类自我完善的一种途径,也是一种引发喜悦以愉快的方式使人愉乐的艺术。家庭生活的琐碎以及工作与生活带来的压力,可能都使我们多了一丝烦恼,此时,一句幽默的话语就可以消除疲劳,备感生活平淡才是真的道理。幽默是美好的东西,更是智慧的产物,因此,它自然而然地成了许多人追求的生活和交际艺术。用幽默追求家庭宽容和谐的境界,唯有经过岁月和感情的冲刷、洗礼方可领悟。

巧用幽默教育孩子更易成功

家庭教育的方式多种多样,但总的来说,不外乎疾言厉色、心平气和、风趣幽默三种。家庭教育的本质在“教育”二字,无论哪一种教育方式,都离不开生活理念的灌输,但是不同的灌输形式产生的效果大不相同。疾言厉色

的教育可以威慑孩子，但它容易让孩子产生对抗心理，是一种不得要领的教育方式。心平气和式的教育能使孩子体会到自己与父母在人格上的平等。但由于语言平淡，不疼不痒，无法产生持久的效果。风趣幽默的教育触动的是孩子活泼的天性，因而更能在他们的心灵中留下不灭的印迹，使他们时刻以此警示自己。

而事实上，中国传统的家庭教育大都严肃多于宽容，从一些俗话便可见一斑，如三天不打，上房揭瓦、棍棒底下出孝子。在这种教育思想影响下，父母与孩子的关系往往弄得非常对立。殊不知，最好的家教应该是略带一些幽默。

老张的工作单位近几年来经济效益不好，月月开个七八百元钱，有时候还到不了这么多，媳妇又是下岗工人，拉扯两个孩子上学，并且赡养着一个七八十岁的多病母亲，日子过得紧紧巴巴的。可人家紧紧巴巴的日子，过得并非“愁眉苦脸”、鸡飞狗跳的。一天，大小子吵着爸爸给买把火炬，爸爸没有马上生硬地训斥孩子随便要钱买东西，而是温和地说：“儿子，假如你要买的火炬不是急着用，就暂时缓一缓，这一段时间，咱们家的军费开支已经超过预算了，再买火炬，你妈妈可要发火了。”一席话，孩子乐了。

老张的教育方法是值得很多父母学习的，在教育子女的过程中，加进了“幽默”的元素，立刻使关系平等化了，气氛和谐化了。

幽默是父母与孩子沟通的有效方式。世界上有人拒绝痛苦，有人拒绝忧伤，但绝不会有人拒绝笑声。在教育孩子时，一个父母如果经常能想到寓教于乐，再顽皮、再固执的孩子也会转变的。幽默表面上只是一种教育手段，实际上它贯穿的是一种乐观精神，一种坚信明天会更好的执著，反映了教育的人文本质。

这天，正在上班的老王接到学校老师的电话，原来，儿子违纪了，他知道儿子有时常隔着很远的距离向废纸篓内投杂物的习惯，即使散落其外也置之不理。原来儿子在学校也是这样，乱丢乱扔是学校三令五申反对的不良习惯，也是班级公约明文禁止的违规行为。对此，老王很生气，准备晚上回

家后好好教育儿子。

晚上,老王把儿子叫到书房的时候,儿子是一副诚惶诚恐的模样,想来他已经知道爸爸找他所为何事,似乎也做好了接受急风暴雨式“批斗”的心理准备。老王这时候突然想到一个问题,一旦孩子处于这种高度“防范”的状态,采取任何不理智的手段和方法不仅无法收到预期的教育效果,甚至可能引发对立和对抗。换一种教育方式,说不定会出奇制胜,他很想试一试。

于是,他故作随意的样子问他:“你是不是比较喜欢打篮球?”他听了一怔,继而不好意思地挠了挠头说:“还行,但球技不怎么样。”

“是吗?所以你就想借助一切机会来练习自己的投篮?”

听爸爸这么一说,本来已经满脸通红的他越发显得局促不安了。最终的结果是,他不但承认了自己乱丢乱扔的错误,而且真诚地表示要努力加以改正。一次本当“秋风扫落叶”般的教育却以幽默的方式取得了令人满意的教育效果,老王深以为幸。

很明显,老王的幽默式教育方法奏效了。

可能很多父母会有这样的疑问,到底该如何运用幽默教育孩子呢?

1. 以生活细节为素材

有些父母认为,运用幽默方式教育孩子并不容易,不知从何处入手。其实,幽默并不是那些口才了得的人才能运用,幽默的素材就在我们生活的周围。比如,你可以在茶余饭后和孩子一起进行幽默的智力回答,比如,脑筋急转弯,也可以和孩子一起交流白天发生的有趣事件等。

2. 孩子犯错,以轻松宽容的心情面对

在正常情况下,孩子犯了错误,作为父母,他们一般都采取急躁的态度,也控制不住自己的情绪,甚至对孩子大加指责,而这样做,不仅不能让孩子认识到自己的错误,甚至还会让孩子产生反感的情绪,甚至怨恨父母。因此,在孩子犯错的时候,父母要注意提醒自己控制好情绪,耐心地和孩子交谈,尽量对孩子微笑,消除孩子的抵触心理,才能让孩子听你的教导。

3. 语言生动有趣

生动有趣的语言，一般都能引起孩子的注意，比如，当孩子把房间弄得很乱时，我们可以这样说："哎呀，房间这么乱，我快要晕过去了，快来扶我一把。"此时，孩子不仅为之一笑，还会认识到自己房间的脏乱。

4. 多利用"现成的"幽默材料

可能有的父母天生缺乏幽默感，不苟言笑，他们认为自己是无法使用幽默这一教育方法的，对待这种情况，只要你善动脑筋，具备耐心和爱心，多找些身边现成的幽默材料，那么，也是可以和孩子轻松地沟通的。你可以多阅读笑话、幽默小品等，培养自己的幽默感，还可每天读几则幽默故事给孩子听，陪孩子看动画片等。

应该说，在家庭教育的过程中，义正辞严的说教是必需的，在很多情况下堪称不可或缺，只是为父母者也要清楚地知道，诙谐风趣的幽默在一定情况下也许能够收到事半功倍的效果。不过，需要提醒的是，尽管教育幽默有时会收到超乎寻常的理想效果，但是，一定要取之有道、操之得法、用之适度，否则，便是无谓的油嘴滑舌，更为重要的是，千万不能将对孩子的讥讽和嘲笑也视为幽默，这样的"幽默"纯属有害无益。

妻子用幽默征服你的丈夫

我们都知道，家庭是社会的细胞，任何一个家庭都是社会的缩影。家庭关系是以夫妻关系为本位的，夫妻间相亲相爱，才能组建成一个家庭，而夫妻和谐则家庭幸福，夫妻矛盾则把阴影投向家庭。作为妻子，在家庭关系中更是充当着一个独特的角色，他们在家庭中对待丈夫的方式、态度如何，直接关系到丈夫乃至整个家庭的幸福指数。

怪不得很多大企业家说："如果我们要想提升某个人时，会先调查他的妻子。"并非调查他们的太太是否长得漂亮，或者很会做菜，而是调查她是否

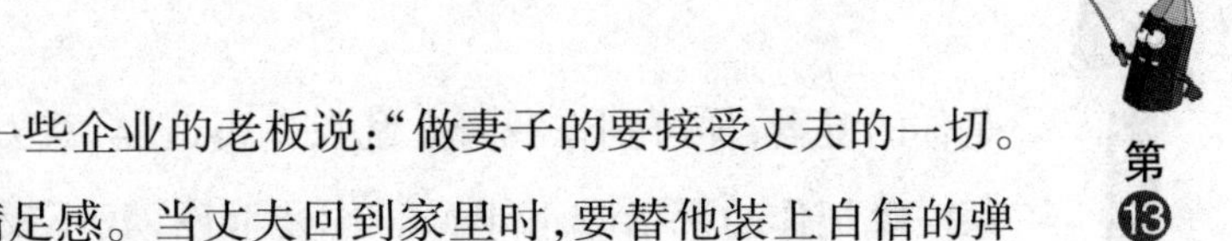

能让他的先生充满自信。一些企业的老板说:“做妻子的要接受丈夫的一切。要让丈夫生活愉快,拥有满足感。当丈夫回到家里时,要替他装上自信的弹丸。这样做丈夫的就会想:‘她这样喜欢我,可见我在她心中有一定的位置,并非一文不值’。做妻子的若能爱丈夫,信任他,他就会拥有‘我一定能做好一切’的自信。所以当他第二天出门时,他就会充满自信地接受挑战。”

相对妻子来说,在家庭生活中可能表现出来的更多是一个语言上的强将,她们更喜欢唠叨,更喜欢管束丈夫的某些活动,事实上,我们发现,很多丈夫似乎并不听从妻子的“管教”,甚至厌烦妻子的“管教”,因为这种“管教”总是会让他们陷入紧张的情绪中。

有则小幽默说的就是这样一种情形:

负责人事的经理对他的新雇员说:“这份表格你填得不错,就是有一点不当,你在填写与太太的关系一栏里,应该填‘妻子’而不该填‘紧张’”。

这个小幽默形象地表明了这位丈夫对妻子的畏惧。其实,解决这一问题的方法有很多,其中就包括幽默法。相亲相爱的夫妻之间,情意绵绵的话语当然是主要的,但幽默会使夫妻更加恩爱。作为妻子的你,如果能看到幽默的力量,在日常生活中,多采用幽默的语言方法,那么在很多问题上,你的丈夫可能更愿意接受你的意见。

小芳和丈夫相识于一个网络游戏,当时的小芳也是个“戏迷”,但婚后,尤其是儿子小斌出生后,小芳更是一心为家,每天除了忙工作外,还要照顾儿子和丈夫,但丈夫似乎死不悔改,还沉迷在网络的世界里不肯出来,小芳觉得有必要对丈夫进行一番教育,但怎么开口呢?有一天,她给丈夫写了一个网络留言,把很多平时不好说的话写了下来。小芳写到:

亲爱的大伟,你好,我是你的妻子小芳,我们的新电脑买了一年多了,我可是没碰过它,今天你和儿子出门玩了,我终于可以摸摸它了,但我可并不是上网来的,我是想把心里想说的话敲在上面发到你的邮箱里,希望你看了之后,能给我一个答复。

首先,我必须对你提出忠告,你晚上睡觉时,手指最好老实一点,我可不

是你的键盘,你可别在我身上乱点。再这样,我万一哪天一不小心可别怪我某一晚把你的手指咬下半截。你爱上网,我不反对。你可以跟你那些最知心的"峨眉大侠"、"小龙女"侃个不停,但我们3岁的儿子哭着叫你揩一下屁股时,你不能够随手抓起打印机的纸对付我们的未来。你的厚脸皮经受得起打印纸的摩擦,我们儿子柔嫩的屁股可吃不消。你的腰越来越粗,腿越来越细,你感觉不到吗?我真想不通,厕所离你电脑椅才几步远,你就硬是坐下就不想动,还想把电脑椅改成便捷式马桶。你怎么就不动脑筋,多挣点钱把家改装一下,最好把我这丑婆娘也改装一下,省得我为你操心。昨天坐你的车,前面一大堆乱石头,你不刹车,还一个劲喊:"后退键哪里去了!"老兄,要不是我眼明脚快,帮你踩住刹车,也许现在敲盘劝你的人就不是我了。大伟,我仍爱你,但你总不能连吃饭也要我通过E-mail来叫你吧?我们应明白我们彼此的责任和对我们未来的爱心,难道虚幻的电脑世界比我和独生子跟你在一起的世界更精彩?好了,我就敲到这里,再敲下去,我怕我会让它永远死机。落款是仍爱着你的小芳。

可能我们看完这封留言后,也会被妻子小芳的幽默风趣的语言所折服,相信她的丈夫在看到留言或一定会态度端正地接受妻子的建议,并努力改正。

而在现实生活中,在面对丈夫可能存在的某些问题上,作为妻子多半并不会采取这样委婉、风趣的方式让丈夫接受,而是唠叨个不停,或者是对丈夫进行一番指责,实际上,这不仅会使得你的丈夫产生正负面情绪,还对事情本身起不到任何帮助作用。相反地,一个能容纳自己丈夫的人,她必定会得到丈夫的更加怜爱。心理学家研究指出,每个人都愿意和自己喜欢的人和睦相处。假如是因为妻子的缘故,让做丈夫的对自己失去信心而讨厌自己,那么,丈夫会随着自己自信心、自尊心的低落而对妻子不耐烦,甚至会因此吹毛求疵使感情滑坡。

人们常说,常说别忘给爱情加加油,幽默确实是一个好方式,它更能使夫妻恩爱和睦。身为妻子的你,用幽默来对待夫妻关系吧,充满乐趣的生活

能为两个人的感情提供良好的环境，同时也会使双方更加珍惜彼此，越来越离不开对方！

丈夫用幽默呵护你的妻子

“大男人”、“大丈夫”、“大老爷们”、“小女人”、“小媳妇”等，从这些称谓中，我们可以看出，一个男人，在家庭中自始至终居于核心地位。从古到今，中国的家庭模式就是“男主外，女主内”，所以，作为丈夫，在家庭中，一定要充当好保护者的角色，一定要懂得呵护你的妻子。任何情感都是需要表达的，面对每天生活在一起的妻子，不可能每天绞尽脑汁地说一些甜言蜜语。那些善于表达爱的男人通常会独辟蹊径、用幽默的方法让妻子感受到幸福的婚姻生活。

很多男人常说，女人是一种奇怪的动物，你根本无法了解她内心想的是什么。的确，男人很难读懂女人，更难读懂自己的妻子。因为也许男人没有用心去读过。其实，女人是可爱的，也是脆弱的。而人群中，你最关心的女人——你的妻子，常常可能也会让你感到疑惑，可能她嘴里问你为什么不表示意见，心里却生怕你表示意见。她嘴里叫你滚开，心里却想你把她搂得更紧一点。良妻有黄金的价值。

假如男人都能这样看待自己的妻子，他的家庭多半是幸福的。

有一对夫妻，结婚数十年，依然如结婚伊始般相爱，丈夫对妻子很疼爱，而妻子也很体谅丈夫。在日常生活中，他们并没有多少甜言蜜语，甚至有时候还有点拌嘴，但这只是“嘴上不饶人”，但实际上能互相体谅。

这天，丈夫回到家，看到妻子在厨房忙活，不一会儿，一桌丰盛的晚餐端上来了，此时，丈夫才发现，妻子的脸色很差，而且还经常皱眉，于是问其究竟。妻子说有点感冒，丈夫一听不是大病才放心，嘱咐了几句两个人开始一起吃饭。

饭后，妻子并没有和以前一样收拾饭菜，而是说自己先去躺一会，一会儿再来刷碗，丈夫没有说什么，因为他曾经在众人面前豪言自己从来不刷碗。过了一会儿妻子起来去厨房刷碗，发现丈夫正围着围裙刷得起劲，妻子心里既高兴又感激，但生性幽默的她还是略带调侃的语调说："有人怎么说话不算话啊，当着那么多家人的面说自己从不刷碗，现在在干吗？"丈夫笑笑说："我刚才夜观星象发现今天刷碗买彩票能中大奖呢。"

妻子被丈夫的温馨幽默所感动，给了丈夫一个温柔的拥抱，这样的幽默无疑使他们的生活更加和谐了。

生活中的你是不是也和故事中的男主人公一样，当你的爱人和亲人身体不适时，主动承担家务并为自己找个可爱的借口呢？相信如果你这样做的话，你也会为家庭增添一份和谐之音。

婚姻是什么？贫穷不可以忍受，富裕不可以共享，平淡中又觉得缺少激情？结婚几年过后，可能一些男人会用一句最简单的话"对妻子没有了激情！"然后作为猎艳的理由，去追寻激情。可是，激情过后，很多男人才发现外面的世界虽然精彩，可是也好无奈和虚伪，平淡才是真，妻子是你永远的守候。其实当你随意地说出没有激情的时候，我觉得亵渎了妻子。因为，你和你的妻子度过了多少个日日夜夜。只要你愿意，不管你的妻子心情如何，不管你的妻子多么累，不管是你深夜归来吵醒，你的妻子都在默默地给予你快乐。而婚后，你给予过妻子多少柔情和亲吻？

妻子不是你的私有财产，是有血有肉的人。因此，少对妻子、孩子发脾气，因为你是顶梁柱，你是孩子心中的"神"。所以，男人的泪水默默流，你才坚毅、刚强；男人的欢笑尽情释放，你才洒脱。

可能许多夫妻都有过类似的经历，无谓的争吵随时都会发生，一旦发生又会因愤怒很快失去理智，直至闹得不可开交，甚至拳脚相加。在日常生活中，我们常看到这种情景，在公共场合彬彬有礼的谦虚男，在妻子面前同样也会为一些小事而大动肝火。殊不知忍一时风平浪静，退一步海阔天空，多用幽默少动气不是一样也可占尽心理上的优势吗？一家之主的男人应该以

幽默博大的胸怀包容妻子的一切不满，这是上帝在亚当夏娃时代便定下的规矩。

的确，在家庭中，夫妻之间，幽默可以发挥令人意想不到的效果，它可以增进彼此之间的感情，调节气氛，制造亲切感，它还可以消除疲劳和紧张感，使两个人都能够轻松、快乐地面对生活。

幽默对于加深恋人间的感情有许多好处，但是，幽默不是没有节制的，一个男人可能因为幽默而受人欢迎，但另一个男人却可能因为过分的幽默而使人感到反感。奉劝男人们好好地把握自己，做幽默的天使，切莫成为那种哗众取宠的幽默的奴隶，否则，你所应具有的魅力就会随之荡然无存。

下面是判断一件事是否真正有趣的几个原则：

(1)如果你确定它不是一件令她敏感的事。

(2)如果你不是在取笑她的弱点。

(3)如果不至于令她感到痛苦。

(4)如果你不是在泄露一件她告诉你的秘密，如果不至于侮辱她。

婆媳之间幽默之道

婆媳关系这个话题，对已进入婚姻围城的人来说，是个讳莫如深、极为敏感的词汇。不住一起还好说，住一起由于生活习惯不同等很多矛盾就会产生。可以说，在影响婚姻幸福及家庭和睦的诸多因素里，婆媳关系成为仅次于婚外恋的破坏夫妻感情的杀手，还有人戏称其为影响婚姻质量的恶性肿瘤，是导致家庭内战的最大诱因。可见，婆媳之间如何相处已经成为很多家庭必须面对的问题。其实，婆媳之间矛盾的产生，无非也是生活中的一些琐事，此时，如果你板着面孔，非要争个谁对说错的话，那么，矛盾和争论也就产生了，而如果你能在危机产生之前开个玩笑，幽默一番，那么，很多问题便在一片和谐的笑声中解决了。

小梦是个幸福的女人，她有个疼爱自己的老公，有个可爱的女儿，婆媳关系也一直很和谐，这主要得益于小梦是个随和的人。

当然，小梦和婆婆之间或多或少总有点矛盾。小梦的婆婆是个传统的中国女人，一直希望小梦能为自己生个孙子。在小梦怀孕前，她不好意思和小梦直接表明自己的想法，于是她想暗示一下小梦。

婆婆：我天天做梦都梦见我的孙是个男娃娃。

小梦：那你今天晚上再做一次梦吧，梦到是个女儿就好了，我太想要一个女儿了。

婆婆：要女儿？那你们的房子、我们的房子以后留给谁啊？（小梦家条件非常好，目前她新房子、装修、家具、电器、汽车全是小梦的父母提供的，因为小梦的老公家条件很差，现在房贷也是小梦的老公在还，所以负担是很重的。）

小梦：给我的女儿啊。

婆婆：哦，给你女儿，然后你女儿再去找个男人回来一起住，那不是便宜别人的儿子了？

朋友：那有什么？我也是我妈妈爸爸的女儿啊。我妈妈爸爸不也为我提供这么多东西，而且我也是和我的老公一起用的啊。难道你认为我的老公占了我的便宜？

婆婆一听，知道自己说错了话，也就不再提这事儿了。后来，即使小梦生了个女儿，她也还是很高兴。

小梦喜欢喝茶，有时晚上去接放学的女儿，顺便也逛逛茶店。一次，她喝到一种茶，茶香四溢，入口甘醇，回味无穷，于是，她毫不迟疑地买下这种茶叶。老公回家后，她欢天喜地端出新茶献宝，老公喝了后也夸奖是好茶，听见价格后埋怨她不该乱花钱。委屈的小梦低声嘟哝着家里没有好茶，不买哪有？老公愣了愣，到奶奶家拿点好茶。

正好第二天，小梦的婆婆请吃晚饭。她带上为婆婆买好的蜂蜜，高高兴兴去婆婆家吃饭。吃完饭后，突然想起老公说的话。老公有个特点，很少会

轻易向他妈妈开口要什么，等着老公拿回茶叶，估计十年后也说不定。小梦甜美地复述了老公的话，婆婆大人说不给，要等价交换，以物易物。小梦一听理直气壮，“我给妈妈买了蜂蜜呀”。这下子，婆婆起身给她拿茶叶去了，她屁颠屁颠跟着婆婆大人身后。婆婆给了她一罐子好茶叶。

回到家后，老公说小梦和婆婆都是小孩子。小梦想了想，也是。难怪当时老公一直在笑。

这里，我们看到了一幅和谐的婆媳关系相处的画面，这里，有两个女主人公——小梦和她的婆婆。小梦是个幽默的儿媳妇，当她发现了婆婆的暗示后，她并没有采取和婆婆理论的方式，而是幽默地和婆婆开了个玩笑，让婆婆认识到自己的无理要求；而小梦的婆婆也是个很懂得与媳妇相处的人，她故意提出“要价交换，以物易物”，然后换取儿媳给自己买的蜂蜜，就是为了拉近和儿媳妇之间的距离。

的确，婆媳之间关系自古以来就很微妙，不好相处，奇怪的是，却很少见岳母娘和女婿之间难以相处。究其原因还在于把两个本不相干的女人却因为同样一个男人（儿子）而相识。一直习惯独享儿子对自己的爱，帮儿子料理家务，洗衣做饭管理财务，辛苦着并乐意着。一下子儿子身边多了一个比自己年轻、活泼有朝气的小女人，而且儿子还很喜欢、重视她；一切以小女人的意愿为主；每天早晚打电话，请示，连儿子的妈妈也没有享受过这种待遇；帮儿子存在银行里的钱在渐渐流失，换成小女人身上漂亮的衣服，昂贵的首饰甚至是为结婚耗尽全家积蓄的新房。这巨大的反差有几个婆婆愿意坦然接受？小女人也就成了婆婆心里最不受欢迎的女人，甚至这种厌恶还胜过老公身边假象状态的“狐狸精”。所以婆婆和媳妇之间注定了不会是一条平坦的大路。

作为现代家庭中的女人，也应该和案例中的女主人公一样，凡事不要太较真，和对方开个玩笑，不要那么严肃，整个家庭氛围也就轻松多了。

那么，作为年轻人，除了幽默外，在婆媳问题上，你该如何对待呢？如果是你，该：

1. 适当尊重

对待老人还是尊重，如果老人是比较开通的，你就可以在形式上当她是老人，从内心里尊重她，和她逛逛街，给她买一些能够在她朋友面前炫耀的小礼品，让她教你做做饭之类的，和她多沟通，不要在她和老公之间有误会存在，这样老公也不好做人的。

2. 理解最重要

凡事顺其自然，遇事处之泰然，得意之时淡然，失意之时坦然，艰辛曲折必然，历尽沧桑悟然。

你说的这些只是以你的角度去看待问题，你找个熟人，去你婆婆那闲聊套下话，看下你婆婆那边怎么看待你。或者真有你没注意到的细节。以后注意到这些细节，避免自己不对的地方。

婆媳始终是一家人，包容理解才是主要。要你婆婆理解你，你先得理解你婆婆，从她的角度多考虑。

用幽默让父母开心度晚年

人人都希望家庭的港湾宁静而和谐，在家庭中适当用一些幽默话语，能使家庭气氛更融洽。在任何一个家庭中，都有一个重要的家庭成员——老人，最美不过夕阳红，这句话形容老年人最恰当不过了；说起老人的晚年生活可以说是各有不同，怎样选择一个让老人愉快又的晚年生活，并不是那么容易。其实，老人需要的并不是过多的物质生活，而是开心的一笑。

幽默有益健康，幽默有益长寿。一般来说，乐观的老人比较幽默，幽默的老人也大都乐观，乐观幽默的老人一般心理都比较健康。现代心理学家认为，幽默不但能调节和保持心理健康，还可以起到延年益寿、抗衰老的作用。这是因为，幽默能使紧张的心理放松，释放被压抑的情绪，摆脱窘困场面和缓气氛，减轻焦虑和忧愁，避免过强的精神刺激和心理活动的干扰，从

而起到心理保健作用。

我们先来看以下几则关于老人的幽默故事：

小李最近时不时听见老人被骗的传闻，他想到了自己的母亲，因为母亲最容易轻信别人。

于是，小李赶紧回家告诉母亲要小心骗子，说完他还不放心，对母亲说："要不然，您把存折交给我吧，省得哪天不小心被人骗去。"

母亲警惕地看着儿子，说："交给你？那和被人骗去有什么区别？"

祖母和孙子看电视。

孙子说："那些非洲的难民没有饭吃，好可怜啊！"

祖母听了不以为然："没饭吃，怎么还有钱烫头发？"

出差去了趟美国，回来给老妈带了一双 Nike，没给老爸买。

老爸不高兴了，我妈直接说："咱们明天上街，给你爸买双李宁的，那也有个钩，跟这个差不多。"

女儿在一个商店看到一种脚底按摩器，买了一个寄回来。

说明书上讲经常按摩脚底涌泉穴能长寿。过了一个星期，女儿来电话问母亲效果怎么样？母亲回答说："效果挺好的，我只按摩了一个星期，就活到 50 多岁了。"

儿媳临产，家人和亲属焦急地守候在产房外。听到里面产妇的尖叫声，众人一拥而上，都想隔着门缝一探究竟。早已焦虑万分的公公再也等不及了，也跟着使劲往前挤。无奈老人家身单力薄，加上这些人一个比一个急，谁也没有留意他，好容易挤到前面，又被挤出人群。于是只好在人群外背着手，像热锅上的蚂蚁不停地走来走去。

有护士好奇地上前询问："老人家，您这是干什么，哪儿不舒服吗？"

公公指着产房，没好气地说："太不像话了，儿媳妇生孩子，把我挤出来了！"

护士立刻笑瘫。

从以上五则故事中，我们看到了老人的可爱，更让我们明白"家有一老，

如有一宝”的道理。的确，让父母健康、快乐地度过晚年，是作为子女的责任。

当你已经成长为成年人、组建了属于你自己的家庭，相信这时的你应该能更好地理解父母在养育你的过程中所经历过的喜悦、痛苦和挑战，而这些也是你成年乃至身为人父人母后所必须经历的。当你有了自己的小家庭，不再和父母生活在一起，他们就要面临着孤独的考验。现在该是你为父母做些什么的时候了。我们都知道，幽默是调节人际关系的润滑剂。更是引发笑声的武器，往往一个幽默就能帮助人们摆脱烦恼，更能缩小人与人之间的情感距离，使彼此关系变得和谐。幽默还能使人愉悦身心，乐趣无穷。

那么，老年人要不要幽默？当然需要。富有幽默感，这也是一种心理防御机制。他们的生活中不能没有幽默，生活中多一分幽默，他们就多一分快乐。

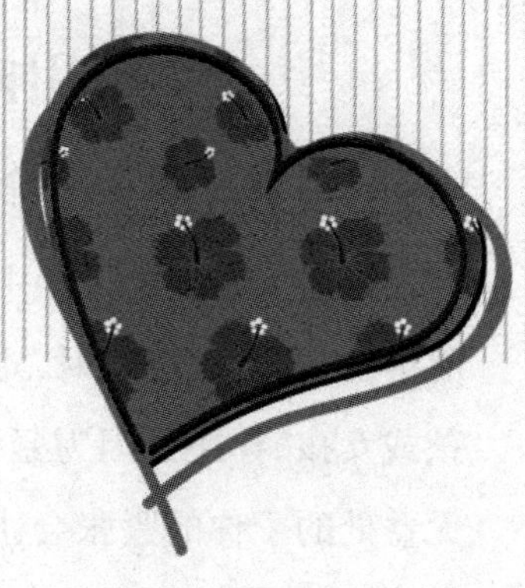

第14章 幽默妙语是恋人间爱情的催化剂

在现实生活中,我们发现,那些具有幽默细胞的人往往魅力十足。正如劳伦斯说:“世俗生活最有价值的就是幽默感。”作为世俗生活的一部分,爱情生活也需要幽默感。过分的激情或过度的严肃都是错误的,两者都不能持久。对于一对恋人来说,双方间的默契和幽默感具有一种特殊的作用:它使双方在片刻之中发现许多共同的美好的事物。同样，幽默在爱情中还扮演一个守护神的角色,在危急时刻,它给人提供安全感,在悲剧时刻,它会引导向喜剧方向发展。因此,在你的爱情中也加点幽默吧，让它成为加深你与爱人间感情的催化剂吧!

巧用幽默让对方心开始怦动

任何人在他的一生中，都会经历恋爱这一个美妙的过程，但对于恋爱中的男女，在初次接触时，难免会内心紧张，即使对面坐着的就是你心仪的男孩或女孩，你还是因为紧张而不知所措，而实际上，这对于恋爱的进展是毫无益处的。你的紧张会让对方对你的印象大打折扣，此时，你若希望打开对方的心扉，让对方对你产生好感，你不妨巧用幽默法。它的好处在于，可以巧妙地运用幽默来打破这种尴尬的局面，另外，幽默还能给双方提供很多可以聊的话题，能给对方留下良好的印象，从而为下一步的接触打下良好的基础。

老一代著名电影艺术家赵丹与黄宗英的结合，在很大程度上取决于第一次见面时赵丹的幽默。

20 世纪 40 年代，赵丹刚从监狱出来，此时妻子已经改嫁。一部电影挑选了赵丹与黄宗英扮演男女主角。在没有见面之前，赵丹就对黄宗英倾心。

当第一次见面时，黄宗英说："真没有想到你会来接我。"

赵丹："为啥我就不能来接你？"

黄宗英："你家里就没有一点事？"

赵丹："家？我早就没有家了。"

黄宗英："我不明白，大上海有那么多明星，为什么千里迢迢找我来？"

赵丹："这叫千鸟易得，一凰难求。"

赵丹一句"千鸟易得，一凰难求。"便幽默地表达自己对黄宗英的情有独钟，这就为后来他们的进一步交往打下了基础。

的确，任何成熟的人，都绝对不会"爱了，就不要脸"地说出自己想爱人家的话，也不是将自己一腔滚烫的爱，像强压抑着即将喷薄欲出的火山岩浆一样，想喷发也不让它喷发，再或者，自己有爱就是说不出口，让爱随时间流

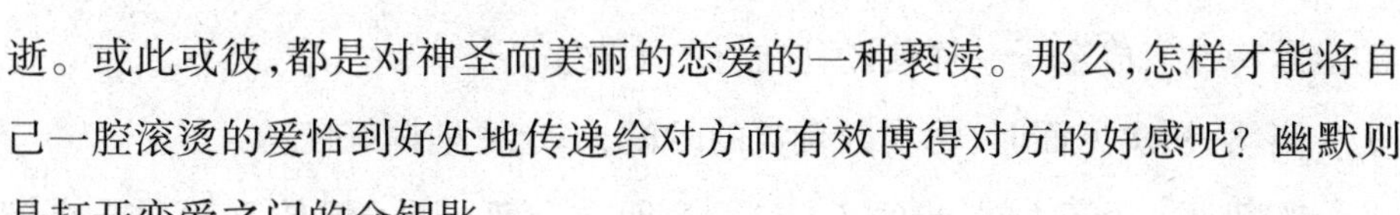

逝。或此或彼，都是对神圣而美丽的恋爱的一种亵渎。那么，怎样才能将自己一腔滚烫的爱恰到好处地传递给对方而有效博得对方的好感呢？幽默则是打开恋爱之门的金钥匙。

小言是个大大咧咧、爱玩的姑娘，虽然她是搞艺术工作的，但在外表上看，她就是个假小子，因此，她也有一堆异性哥们儿。这些哥们儿大部分都已经“名草有主”，除了小林，小林很有才也有点财，无奈就是外形不是那种让人眼前一亮的类型。没有这个前提，再有才，有些肤浅的姑娘也不愿意静下心来去发现这块宝，更让人犯愁的是他的相亲经验少得可怜。

有一次，小林不得不遵循父母的“旨意”，答应在第二天相亲，令他犯愁的是，该带人家姑娘去哪里玩呢，于是，他请教小言。小言是个热心肠，看着朋友需要帮助怎么能袖手旁观，她在自己的电脑上敲了几下，仔细选了又选，最后推荐给小林一个地方，朋友认真地点点头用心记住，然后转身离去。

那天，当两个人逛完街后，姑娘问他下一站去哪，他转过头很坚定地告诉她：“我们上床吧！”姑娘先是一愣，随即一笑牵着手而去。

后来，小林告诉小言，相亲的姑娘被他的幽默逗乐了，而且，床 bar 也是很好玩的地方。

可见，语言的幽默是无穷的，利用娱乐场所名字的联想，这个不善于相亲的男人玩了一次并不熟练但又非常成功的幽默，为两个人情感上的进一步交流打下了基础。

据“天空新闻网”报道，英国心理学教授理查德·怀斯曼对一场大规模的“爱情速配”活动进行了调查。结果显示，想在相亲会上成功约到心仪的对象就要以幽默或稀奇的问题来作为开场白，而个人外表是否有吸引力显得并不重要。他说：“那些会用幽默或稀奇的问题开始谈话的人都能成功约到心仪的对象，他们可能并不是当场最有魅力的人，但当你回答他们的提问时你很难不面带笑容。”

再比如，我们翻翻杂志、看看报纸上的征婚启事，你会发现不少女孩子都把是否有幽默感，视为自己选择男友的一个重要标准。而男人也把具有

的幽默特点当成金子一样使劲往自己脸上贴。

当然,初次见面时,你在开玩笑的时候,一定要把握好度。

李刚是一个不拘小节的人,有很多朋友和哥们儿,但他不明白一个问题,为什么自己总是追不上女孩子。

他经常去一家叫黄鹤楼的饭店吃饭,后来,他看上了姑娘阿玲,第四次前去消费时待李玲端盘上菜之际,李刚就拉住人家阿玲的手腕说:“姑娘,哥爱你。”就是这一句话,阿玲板着脸说道:“你这人有病啊!”姑娘这一声惊喊,就把酒吧好多人奇怪的眼光吸引了过来。

李刚见“爱心”遭到了“恶”报,只好自言自语道:“不让爱拉倒,翻什么脸,我又没什么恶意。”

姑娘怒火未消,继续说:“你脑子里进水了,有你这样谈情说爱的吗?”看看,李刚自认为实话实说没什么的,结果倒是爱心不成反而成了脑子里进水的人。

的确,大胆没错,但不能太过“明目张胆”,别说是中国具有“特色”,就是在西方国家也不可能将“爱了,就不要脸了”的话,赤裸裸地表现出来,还得“羞答答地玫瑰静悄悄地开”。怎样“开”?幽默就是一个绝妙的智慧体现。事实上也是如此,很多和李刚一样如此追求女孩的人,他们的心地未必不善良,内里也未必不秀,可刚一接触,谁能通过“表层”看到“内部”呢?看来,大胆另类的做法,不是大多数人应当采取的普遍方法。

总之,具有幽默感的人,在爱情上往往是一帆风顺,即使其他条件差一点,也未必是爱情路上的绊脚石。

幽默的女人让男人意乱情迷

在日常生活中,常有女人发出这样的感叹:男人到底喜欢什么样的女人?善良的?美丽的?还是温柔的?当然,如果一个女人能集这些优点与

一身的话，那么，她必当是个能让男人倾心的女人，但如果她能再让男人发笑的话，她就更加完美了。

幽默是一种优美的、健康的品质，更是一种生活的智慧和情趣。通常，女人都喜欢幽默的男人，因为跟他们在一起会心情放松，同样男人通常也喜欢幽默的女人，因为跟她们在一起没有压抑的感觉，更不会感觉到死板。

小风和小夏是一对人人羡慕的情侣，谈起他们的相识和相爱，还有一段曲折离奇的故事。

小风当时在北京的一家公司上班。小夏正是因为面试才认识的小风，虽然面试没有成功，但却和小风成了好朋友。你来我往间，情愫渐生。

小夏毕业后，小风已经不在北京上班了，而此时的小夏也没有在北京找工作的打算，后来，通过联系才得知，小风居然去了自己老家的一家公司，于是，小夏头脑一热，也回去了，见面成了自然而然的事情。

第一次正式约会那天非常热，小夏的方位感很差，直到上完大学，仍然只知道左右而不了解东南西北，通着电话，却彼此找不到对方。在相约见面的地方迂回了1个小时后，终于胜利会师。但是此时小夏已经晕头转向、气急攻心并且有严重的中暑倾向，见到小风以后，也不管是不是第一次约会，也顾不得什么矜持不矜持了，她对小风说："我快休克了，英雄能不能先借我肩膀用一下。"小风先是愣了一下，然后扶着小夏走进一家快餐店解暑。

从此以后，王子和公主开始了幸福的生活。过了很长时间，小风很纳闷地问为什么第一次见面就借肩膀。小夏告诉他："当你还距离我150米的时候，我已经快晕倒了，最近看的武侠小说比较多，所以顺口就说出来了，幸亏你没有被我吓跑。"

如果当时的小夏继续坚持女生该有的矜持，很可能就晕倒在地了，更别提约会了。小夏顺势的幽默不仅为自己摆脱了中暑的危险，还赢得了爱情。

女孩子在头一次见面时都会矜持，那种双眸含秋十指带香的样子，保持一种很有张力的距离感，是令男孩子们最头痛可又不得不紧追不舍的一种美妙状态。不爱你的人，看不出你刻意留下的距离。爱你的人，自会为这段

暧昧有致可又伸手不可及的距离而兴奋不已。女孩子们不要担心,男孩子们喜欢这种富有挑战性的征服。

那么,男人为什么会喜欢幽默的女人呢?

幽默的女人会给人留下深刻的印象,因为:

她是一个热爱生活的人,让人时刻能感受到她身上那种淡淡的从容和无惧,感受到她对生活的热情。

她是一个聪明的女人,因为幽默是一种随机应变的能力,懂得幽默的女人,必定是有一定思想修养的;幽默的女人更是乐观的,因为幽默的谈吐是建立在说话者思想健康、情趣高尚的基础之上的,一个心地狭窄、思想颓废的女人是不会有幽默感的。

她会是一个乐观的女人。消极悲观的人,是笑不起来的;充满狐疑的人,话里也难以荡漾暖融融的春意;整天心情抑郁的人,话里肯定有解不开的忧郁。因为只有内心满怀希望,才能由衷地发出笑声、彰显魅力。与这样的女人在一起是轻松的、快乐的、有情调的。

在快节奏的现代社会中,生活的压力是无处不在的,没有哪个男人希望在外奔波忙碌了一天回到家看到的是一个死气沉沉的女人。而如果面对的是一个幽默的女人,那么她诙谐的谈吐,可爱的表情,会让你的疲惫心情瞬时得到释放和解脱,而她对生活的热情也会瞬间被感染,这样的女人会有人拒绝吗?答案是肯定不会。

而对于女人自身来说,幽默也是一种释放压力的方法。女人一般都是多愁善感的,女性的心,天上的云,情绪变化常常让丈夫或男友莫名其妙,有时自己也不知道为什么。而这些变化的原因很可能就是来自生活的压力,或生理变化、情感创伤。如果没有自我调节的能力,多美的女人都会变得暗淡无光!

在女人的精神世界里,幽默实在是一种丰富的养料、调味品。更重要的是幽默是一种优美的健康的品质,使女人变得豁然开朗,即使有许多的挫折,也能迎刃而解。大家都喜欢听幽默的语言,就像喜欢听动人的音乐、欣

赏美妙的文章一样；和谈吐幽默的女人在一起，就如同置身于蔚蓝的大海边或壮美的大山中一般让人陶醉。

幽默是女人的秘密武器，每个女人都想成为幽默的人，但是并非每个女人都能成为幽默的人，因为，学会幽默对于女性来说，并非一件容易的事情，特别是在尴尬的气氛里。然而，很多女人却总是扮演扫兴的角色，或者雪上加霜。在男人看来，女人最大的幽默感是在困境中还能笑出来，而不是插科打诨、得意忘形。

幽默言谈的男人魅力四射

在现实生活中，男人们都喜欢那些漂亮美丽的姑娘，但一个男人只要有了幽默感就足以征服女人了。比如，一个男人体胖、秃顶、满脸粉刺，其貌不扬，但如果他是一个聪明人的话，他便会设法培养自己的幽默能力，让女人笑个不停。面对男人表面上听起来很有品位、滔滔不绝的幽默，多数女人会动心，会觉得他特别有趣，以至爱上他。

阿勇与阿珍经别人介绍认识了，姑娘阿珍比小伙子阿勇高半头，阿珍心里感觉不般配，第一次见面交谈就嘲笑小伙子矮。小伙子听后并没有自惭形秽，而是风趣地说“你没听小品里潘长江说过‘浓缩的都是精华’吗?”就这一句话，就把姑娘逗乐了，并间接地把姑娘的视线引领到小伙子自己精神层面等外藏不露的内心世界。于是，两个人不但顺利交往下去，不到一年时间就心花怒放地踏上了红地毯。

这就是幽默对男人追求女人的功用。诚然，任何一个女人，对那些风度翩翩又有雄厚的经济基础的男人会产生好感，但如果对方是一个木讷、不善言辞甚至不懂风情的人，那么，他对女性的吸引力也会大大减弱。而一个风趣幽默的男人往往更懂得用嘴征服女人，他们更善于揣摩女人爱听什么，调整自己的说话的方式来迎合女人是一种本事。

一个怕羞的男人，始终没有勇气向他所爱的女人谈情说爱，而她非常了解和爱他，便常常制造机会，让他表示出他的爱，但他却始终无法利用她所制造的机会。有一天晚上，他和她坐在公园的长椅上，他照例又是无语。她忍不住又制造机会对他暗示道："据说男人的一只手臂的长度，与女人的腰围相等，不知你信不信？""是真的吗？"他答道，"可惜我没有带一根绳子来量一量。"

这样的男人是让人无语的，也是无奈的，纵然女孩千般喜爱，在这样没有幽默情趣的打压下，爱情的火花恐怕将在不久熄灭，男人也必然会由于自己的愚蠢行为失掉的爱情后悔不已。赢得爱情需要一颗诚心，一种真挚的情，更需要机智与幽默的表达。

男性并不倾向于选择有趣的人做伴侣，女性却恰恰相反。研究结果同时还表明，幽默的人被认为更擅长社交。

幽默感经常是征友广告中所要求的特质。现在，科学家的研究表明，对于女性而言，幽默感在选择浪漫伴侣时是非常重要的。

美国学者埃里克·布雷斯勒和加拿大麦克马斯特大学的西加尔·巴尔夏因在美国《进化与人类行为》杂志上发表研究报告说："女性选择有趣的男性为关系伙伴。"研究者说，只要他能让她笑，女性甚至愿意忽视男性身上的其他缺点。即使男性的幽默比较拙劣，有趣的男性仍然受到更多青睐。

布雷斯勒说："我们的研究结果显示，幽默能对形成恋爱伙伴关系的可能性产生积极影响。但这种效应更可能发生在男性使用幽默而由女性进行评估是否确立恋爱关系的时候。"

如果我们足够幽默，足够风趣，我们就很可能让恋人陶醉在爱河之中。不过，对初次相识的情人说来则要慎用幽默，因为，根据爱情心理学，此时女性最迫切需要的是男性的力感，因此，初交女友，幽默要注意把握分寸，只有力感的晕轮效应达到一定程度，双方关系足够亲密后，在适当地使用幽默来增加美感，才能取得较好的效果。

例如：

一对恋人相爱很长时间，感情很深了。有一次，他们一同看话剧，第二幕还未开幕，男孩便一本正经地对女友说："别看了，咱们哪有时间等这么久。"女友感到很遗憾地说："精彩的还在后面，咱们又没有什么急事啊！"男的指着字幕说："你看，那不是说第二幕在一年之后才演？"女友笑得前仰后合，轻轻捶打男孩。

但是，如果男女相识不久，第一次约会看戏的时候也来这么一个幽默，对方一定以为那个男孩精神很不正常，或者以为他太幼稚了。再如：

一对情人去买兔皮大衣，女友很喜欢那件兔皮大衣，但担心它不能适应雨水，就问男友："他怕雨水吗？"男的幽默回答："当然不怕，你看过哪个兔子下雨打伞？"一下子就把女方和售货员都逗笑了。售货员直对女孩夸她的男朋友聪明风趣，女孩感觉脸上很有面子，对男孩的感情更深了。

可是，男孩刚认识女方，这么一幽默，惹得大家都笑，她就可能误以为男子不够稳重、成熟，即使售货员一直夸奖男孩，她也会在心里更加慎重考虑了。

一次，一个女孩从背后捂住了正在公园长椅上等他的恋人的眼睛，道："只允许你猜三次，若猜不出我是谁，我就吻你一下。"你猜男孩是怎么猜的？他张口道："你是——张曼玉？巩俐？章子怡？"

处于热恋中的男人们，也不可忘了不时利用幽默来给爱情增温。这时来点幽默，更能创造出轻松愉快，富有情趣的生活。只要你跳动神经中的幽默这跟弦，即可与你的爱人奏出一曲和谐的恋曲。

可能不善言辞的男人会产生疑问，如何制造幽默？其实，大抵所有事情都是有规律的，只是看你是不是能发现这些规律。当然幽默也一样，只要你从幽默的相声、笑话、故事、小品中去体会，去发掘、去精练，你就能找出幽默的规律，当你找出其中的规律并加以运用和实践，你就会变得幽默起来。

幽默中让双方享受浪漫情意

在生活中,我们常常可以发现,无论男女,幽默感强的人最受异性的欢迎。因为幽默不仅会令你魅力十足,能为你的第一印象加分,还能为两个人的相处笑声不断。可能很多人认为,幽默的人是机智的,但绝不是浪漫的,其实不然,这两者是完全可以融合在一起,幽默能为浪漫增添更多的情趣。

在法国,有一个小伙子爱上了一位姑娘。

一天,他来到姑娘家,两人在火炉边烤火。他说道:“你的火炉跟我妈妈的火炉一模一样。”“是吗?”姑娘漫不经心地应道。她还以为这是小伙子随便说的一句话。“你觉得在我家的炉子上你也能烘出同样的碎肉馅饼吗?”他幽默地问。姑娘愣了一下,随即悟出了问话所含的意义。她欢悦地答道:“我可以去试试呀!”

这个小伙子是浪漫的,一个普通的火炉、一种碎肉馅饼都能被他当成是求爱的工具,幽默风趣,含蓄委婉,与如此浪漫机智的男青年在一起,姑娘的幸福可想而知。

的确,法国人的浪漫是出名的。我们再来看下面一个浪漫的爱情故事:

一天巴黎的街头,雨突然从天而降,并且下得很大,人们纷纷找地方避雨,一男一女碰巧在同一个屋檐下避雨。

男的目不转睛地看着这位素不相识的小姐,小姐说:“你在做什么?”“只是看看衣服的标签,看看你是不是天堂制造的。我希望你会心肺复苏术,因为你美得让我停止呼吸。小姐,请你把它还给我。”

“什么?”

“我的心,你用你的眼睛把它夺走了。我的眼睛一定有问题,我的视线无法从你身上离开。我今天很不顺利,看见漂亮女生微笑会让我心情好一点,你可以为我笑一下吗?”

"今天的雨真大。""是啊,那是因为老天对着你流口水。如果可以重新排列英文字母,我会把U放在I前面。相信我,我会让你成为世界上第二幸福的人。""为什么不是第一呢?""有了你,我就是最幸福的人!"

我们不得不佩服这位男士制造浪漫的技术,一个普通的下雨天,一次普通的相遇,但即使这些再普通不过的因素,都能被他充分利用起来,在他的言语中,处处表明他对这位女士的爱慕,言语真诚、大胆而又机智幽默,恐怕这位女士早已被这种浪漫的氛围笼罩而对他产生好感了。

在爱情中运用幽默,能使你所爱的人感受到你的情趣。在爱情中,幽默的言谈使对方深深地被这种浪漫氛围影响,被你的爱意所打动。

当然,恋爱到了一定的火候之后,随之而来的就是求婚。在求婚的时候也不妨幽默一下,这样可以给爱情生活做一个愉快的总结,给婚姻生活来一个意味深长的开头,给幸福的生活留下永不磨灭的记忆。

无数幽默大师们的求婚经历证明:幽默的求爱、求婚方式更有魅力,更富有使人心动的浪漫情趣。

来看一位名人冯玉祥:

冯玉祥将军当年选妻,颇费了一番周折。在遇到了皮肤黝黑、相貌平平而又不修边幅的才女李德全时,他先问对方:"你为什么同我结婚?"

她的回答不同凡响:"上帝怕你办坏事,派我来监督你!"

李女士的回答是幽默的,更显出了她的才智,她出众的诙谐使得冯玉祥爱意顿生。于是后来,他们喜结连理,成就了一番姻缘。

可见,幽默是爱的伴侣,是爱的守护神。如果你懂得在恋爱中通过幽默制造浪漫,那么最终定将有情人终成眷属。正是因为如此,人们才乐于用幽默这种含蓄的语言形式在恋爱生活中表达爱的情感,使双方在欢笑中体会到彼此的爱。然而,幽默并不是名人大师们的专利,作为普通人的你同样可以为自己的求爱增加一些浪漫氛围。

有位男士在给他心仪已久的女孩的一封信中,只写了短短几句话:"我中箭了,是丘比特的金箭。祈求你同样中箭,不是铅箭,而是金箭。"

我们都知道古希腊“丘比特爱神的传说”，被爱神丘比特的金箭同时射中的一对男女便能缔结良缘。如果一方中了金箭，另一方中了铅箭，那中金箭的一方便只能是“单相思”。这小伙子正是巧妙地运用了神话传说，给姑娘以良好的第一印象，用幽默使姑娘中了爱神之箭。

可能现实生活中的很多人，明明爱着对方，却不知道用什么方式来求爱。处在热恋中的情人，只要用心，可随时利用幽默来给爱情加温。其实，想让与你相处的人笑声不断、其乐融融，并没有想象中的那么难。也许它就是你信手拈来的一个笑话，也许是即兴模仿的一个手势，也许是你反其道而行之的一句嘲讽，别小看这些幽默技法，它们可都是制造情趣、让恋爱双方享受浪漫情意的法宝。

用幽默轻松化解爱恋中的小矛盾

爱情是世上最美妙的情感。但恋爱中为爱伤神的人也不在少数，尤其是面对爱情中的小矛盾，很多人显得束手无策。其实，恋人之间闹点矛盾是一种最普遍的现象怨怒之中如果即兴来一两句幽默，往往会使形势急转而下。

小方即将要与自己相恋五年的女朋友小菲结婚了，但就在这节骨眼上，他俩却因为一件生活琐事怄起气来，几天几夜两人没说一句话。小方找话说，小菲也不答腔。一天早饭后，小方在房间里从箱子里翻到柜子里，又从柜子里翻到库房里，翻来翻去，也不知翻什么名堂。小菲实在看不下去了，忍不住开了口：“你找什么啊找？”小方哈哈大笑起来：“就找你这句话啊！”小菲这才明白了小方的用意，走过去轻轻地捣了小方一下，也笑起来。几天来一直笼罩在两人之间的阴云顿时烟消云散，欢乐的气氛重新又荡漾在新家中。

幽默是打破夫妻之间僵局的最佳方式。这里，小方的“幽默”的手法，打

破了情侣间的僵局，让欢乐的气氛又重新回到爱人之间，做法是巧妙的。

我们经常也会遇到这种爱人间的冲突，但如果处理不当，轻则搞得双方心情不愉快，重则会使双方感情出现裂痕，天长地久，由量变到质变，后果不堪设想。

的确，在日常生活中，恋人间的交往是私密的，也是极容易发生摩擦的，争争吵吵也是常事。可有的爱人间一旦发生碰撞，就互不相让，一定要分个谁是谁非，谁对谁错；甚至有点分歧，就相互赌气，暗中较劲，你不理睬我，我不理睬你，视对方如路人，既影响恋人之间感情的稳定，也影响到思想情绪和身心健康。像小方这样采用“幽默”的手法来进行爱人间思想沟通、化解矛盾的做法，值得效仿。

有人说，幽默是一种人生智慧。恩格斯也说过，幽默是具有智慧、教养和道德上的优越感的表现。在人类宝贵的心灵财富中，幽默感最神秘。一个懂幽默、善于幽默的人，定会受到对方的欢迎和喜爱。凡具幽默感的人，所到之处，便充满欢乐与融和的气氛。国外女孩子择偶的一个主要标准是对方是否有幽默感。学会幽默，就学会了乐观，会幽默的人，还会懂得调节爱人间的矛盾，一创造出“柳暗花明又一村”的境地。所以心理学家认为幽默是一种积极乐观、别具一格的思维方式。

我们都希望爱人间始终相敬如宾、举案齐眉，但这种情况实属罕见。在恋爱过程中，可能因为一句话、一个动作，乃至一个眼色都可能导致一场冲突。爱人间发生冲突并不可怕，问题在于如何尽快平息。如果双方都懂得一点幽默的技巧，便会立竿见影，和好如初。如果你说：“你看世界上的冷战都结束了，我们家的冷战是不是也可以松动一下？”“瞧你的脸拉那么长干什么？天有阴晴，月有圆缺，半月过去了，月儿也该圆了吧！女人不是月亮吗？”对方听了大多都会“多云转晴”的。

我们再来看下面一例：

男孩：“对不起！等很久了吧？”

“整整等了30分钟了！”女孩生气地说。

“别生气，我倒是等了20年才有缘认识你呀！”

这样诙谐、幽默却饱含深情的话语，一定会使对方转怒为喜。

在恋爱中，当你意识到自己做错了事的时候，一般性的道歉或许能让对方原谅你，但是难免会显得气氛凝重，假如来一点儿幽默，则完全可以在轻松的笑声中恢复其乐融融的氛围。

因此，当爱人间产生矛盾时，说上几句诙谐幽默的话，做几个含蓄而有趣的动作，或是讲个好笑而又意味深长的故事……就像说相声的那样抖几个“包袱”，紧张的气氛往往会顿时缓和下来，对立的情绪也就会很快消除。

但幽默是讲究环境和条件的，如果在具有幽默诱发作用的环境中具备了成熟的条件，即使文化修养较低的人，也会自然而然地幽默起来。恋人之间的爱就是一个很好诱发幽默的条件，因为它充满了爱。

总之，只要一方能针对矛盾的具体情况，采取相应的沟通方式，巧用言语，就可以尽快打破僵局，让爱人间恢复往日的欢乐与和谐。幽默是爱情生活的润滑剂，它能给彼此带来阳光和春风。

幽默妙语去拯救爱人吃醋的心

在恋爱的过程中，人们都可能会出现这样一种心理表现——吃醋，吃醋代表着对方很在乎你，是爱的表现。如果说当对方看到你与其他异性过于亲密接触而毫无情绪反应，这就说明她不是很深爱你。虽然吃醋可以为爱情增添一点色彩，但是也不要太多，过多地吃醋，不仅不会成为爱情的调料，还会成为爱情的杀手。那么，怎样拯救爱人吃醋的心呢？你不妨尝试一下幽默法。

新婚之夜，新郎问道：“亲爱的，告诉我，在我之前，你有几个男朋友”沉默。“生气了？”新郎想，过了片刻又问，“你还在生气？”“没有，我还在数呢！”

这里，新娘用数不完的情人来指责新郎的无端猜忌，这幽默的话语听上去自然天成，又诙谐动听。这些矛盾同样有可能发生在我们的周围，如果我们处理不当，往往因为两三句出言不逊的气话而使矛盾激化。

一对恋人一起去参观新潮美术展览，当他们走到一幅仅以几片树叶遮掩着私处的裸女像油画前时，男友很长时间都不想离开。

女友忍无可忍，狠狠地揪住男友吼道："喂！你想站到秋天吗？"

这位醋吃到油画上的女友，幽默神经可够发达的。的确，有时候，我们发现，爱人有些醋意完全是无中生有的，但如果聪明的你能够以开玩笑的方式来表达你对对方的爱意，那么，问题便能很快解决。

一日，一女孩去男友那里玩，在男友抽屉里竟翻出一大叠美女相片，女孩马上就吃起醋来。

男友扔之不忍，留之不行，灵机一动，在每张相片背后写上一句："再美美不过我的女朋友。"

女孩方才眉开眼笑。

可见，对于爱吃醋的一方，可以借用幽默避其锋芒，转弯抹角地将对方的醋意轻轻弹压一下，而又不刺伤对方，同时也可以消解对方的妒意，维护双方的爱情。爱人有时打翻了醋坛子，即兴展示自己的忌妒，也能给爱情生活增添不少光彩。

一对恋人正在海滩上躺着，女孩看到一个穿最新款三点式泳装的女郎站在滩头搔首弄姿。

"喂，你看！"她向男朋友叫道，"她和你崇拜的玛丽莲·梦露一模一样。"

但男朋友并不理会，只是闭着眼睛躺在那儿。

"怎么？难道你真的一点儿都不感兴趣吗？"女孩诧异地问道。

"当然，"男朋友说，"她要是真和玛丽莲·梦露一样，你是绝对不会让我看的。"

这位男朋友面对他女朋友的疑问，非常冷静，用带有幽默感的语言回敬了她，既委婉地批评了女朋友的小气心理，又表达了他知道她很爱他的

情意。

为了使对方开心，不让一些小事在双方之间造成不必要的误会，有时候需要有一些善意的谎言。但是把假话当成真话说，被戳穿后可能会引发更大的矛盾，这时候可以运用幽默的方式"蒙混过关"。

一对恋人进入了热恋阶段，他们在公园里如醉如痴地亲热后，女友问："我问你，别瞒着我。你在我之前，有没有别的女朋友？有没有别的女孩摸过你的头，揉过你的头发，捏过你的脸？"

男友说："啊，这太多了，昨天就有一个……"

女友愕然，忙问："谁呀？"

男友说："理发师。"

这位男友把"还有什么女孩子和你亲热过"的概念转移到"理发师"身上，一语出口，谁不为之一笑呢？

其实，"醋意"人皆有之，不管是男人还是女人，从某种意义上讲，没有了醋意，也就没有了爱情，但是"醋意"大到敏感、猜疑、神经质以至于影响到恋人之间情感的程度就不好了，醋吃得适量可以开胃，吃多了伤身。

有一位男士，很有幽默感，为人脾气随和，他的妻子似乎受他感染，也很有幽默感，两人彼此经常开些小玩笑，丰富两人的感情生活。例如，有一次，在电梯里、只有三个人，这位男士目不转睛地注视一个美丽的长发女郎，他的妻子非常不高兴。

突然，那个女郎转过身来，给了这位男士一记耳光，说道："我教训你下次别偷捏女孩子！"

当这对恋人走出电梯时，这位男士委屈地对女友说："我并没有捏她呀！"

"我知道，"女友说，"不过，我捏了她。"

为了给丈夫一个教育机会，他的妻子巧妙地利用女郎常规的心理反应，使美丽女郎推理错误，叫丈夫吃苦难言，给丈夫一个有趣的教训。这对于一个具有幽默感的丈夫来说，不为过分，而且有的丈夫还会用欣赏的目光来看

待他的妻子。而对于毫无幽默感的丈夫来说，妻子最好不要自作聪明玩这种心理游戏。否则，将是另外一种难堪的结局。可见，恋爱中，一方虽然能够通过幽默的方式借题发挥，化解对另一方的醋意。但是，这种幽默也要把握分寸，不要给双方之间的感情造成不良影响。

任何游戏，都必须在理性和情感彼此感应下，产生共鸣，产生乐趣和情趣。幽默用于情爱生活，由于条件有利，比之靠纯粹游戏而产生趣味要容易些，他们都有取悦对方的心愿，只要一方做出努力，对方一点即通，自然生趣，爱的情感会又更进一步。

用幽默让变冷的爱回温

生活中的每个人，都希望自己事业顺利，爱情顺利，与自己的爱人长相厮守，这是人们的美好愿望，但实际上，并不是所有人都时时刻刻享受到甜蜜的爱情。最令人们伤神的是遇到感情危机、良好的情侣关系难以为继，此时，我们该如何是好呢？好言相劝有时候并不见效，而苦苦哀求也只会让你丧失尊严和人格。其实，如果你能用语言之水——幽默来浇灌这朵即将枯萎的爱情之花，是能起到绝处逢生的作用的。

事实上，幽默不仅仅能让男女之间互生好感，让感情长出幼芽，还能帮其开出花朵，结出果实。可以这么说，如果爱情中没有幽默和笑声，那么爱还有什么意义呢？甚至有人说，爱就从幽默开始。同时，幽默也能缓解爱情中的危机。

研究生小方和中文系的女孩子小林好了一段时间了，并且，他有意要和这位女孩结婚成家，但面临毕业的他，不想和很多同学一样，毕业后就和自己的爱人分道扬镳。因此，他明白，要想留住已经开始对他冷淡的小林，就必须主动出击。

一天，等小林下课后，他鼓足勇气跑上前去搭讪，说：“你拿的书看起来

蛮重的,我帮你拿吧!"

小林说:"谢谢,不用了。"

小方又说:"那我帮你拿手提袋吧!"

小林说:"真的不用。"

小方想了一下,说:"总得帮点儿忙吧!要不这样,我拿你的手好了。"

于是,两人又重归于好,毕业后,两人也克服了重重阻碍,步入了婚姻殿堂。

这里,小方的方法奏效了。在小林看来,他们的爱情是毫无结果的,于是,她决定放弃而开始冷落小方,此时,小方的一句幽默"我拿你的手好了"顿时让她感受到暖暖的爱意,两个恋人之间的隔阂也就消除了。

爱情的表达,本无定式,直率与含蓄,各有价值。但是,我们中国人都习惯以含蓄为宜,一是使得话语具有弹性,不致由于对方一拒绝就不能挽回局面;二是符合恋爱时的羞怯心理;三是符合我国传统文化心理。

我们再来看下面一个男士挽救爱情的方法:

女:我们分手好吗?

男:啊?不好!

女:求求你和我分手吧,我是真的服了你了。

男:你服我为什么还要和我分手啊?服我应该是崇拜我,很乐意和我在一起!

女:我是真的服了你的,不是崇拜的"服",而是服你个木头!

男:木头是植物,我是动物,你连动物和植物都分不清。

女:我觉得我和你没什么话题。

男:世界上本没有话题啊,你多提点就有了!

女:你让我怎么跟你提?举一个很简单的例子,我说让你陪我去逛街,你可好,却带我去逛马路!逛街是去商场逛,你懂吗?

男:那你就说逛商场,别说逛街,商场是商场街是街,这完全是你没弄明白。

女:难道什么都要我和你说明白你才懂?

男:你不说明白我怎么能懂啊!语言是人与人沟通的通道,不可以马马虎虎。

女:那好,我们现在分手,你明白不?

男:明白!就是不分!

女:你到底喜欢我哪点,我改还不行吗?

男:你改不了!

女:你说吧,我肯定改!

男:我喜欢你不讲理,而且赖,脾气坏,你能改吗?

女:我我我……我怎么改啊!我从小就这样你不是为难我吗?

男:那好吧,分手的事就在你改了再说。

女孩无奈……

女:我喜欢别人了。

男:他哪点不如我?(这里是重点,误导……)

女:哪都不如!

男:既然哪都不如,你喜欢他干什么啊?

女:我以为你说的你哪点不如他呢!

男:看来没有共同语言是你没有认真听我说话,那问题出在你的身上,你不可以因为这个给我提出分手。

女:求您了,你是个好男人,我是个坏女人,我配不上您行吗?我长得丑,心眼毒,智商低,我一无是处。您十全十美,您给我条活路好吗?

男:我是好男人是毋庸置疑的事实,你是坏女人,也就是一般坏吧。你配不上我,我可以将就一下。长得丑,不要出来吓人就行了。

女:我今天说什么也要和你分手。

男:今天说什么也要和我分手?那你说到明天。好不容易找到对象,哪能说分就分。

女:好,我不分手了。

男:那又为什么不分了?

女:我服你。

男:可是刚刚你明明说你服我才和我分的啊。

女:我改变注意了行不行?

男:女人为什么都这么善变?

女:你,这辈子我算死在你手里了。

男:我觉得我是受过高等教育的人,不会做杀人那么低俗的事儿,你这个猜想,不太有可能。

女:你,我算是服了你了。

男:那我们还谈不谈分手的事儿啊?

女:算了,走,吃饭去。

看完这对情侣之间的对话,我们不禁会笑出声来,也不得不佩服这位男士的幽默技巧,他并没有直接表明自己不想分手,而是从各个方面反驳了女孩分手的理由,最终让女孩子收回自己分手的要求。

的确,从他们身上,我们看到男女恋爱中的很多趣味场面,男女谈恋爱的过程也就是一对欢喜冤家打情骂俏的过程,用幽默的话语"互掐"能为恋爱生活增添更多乐趣。正是由于这样,幽默作为一种含蓄的语言形式,人们因此乐于以此道在恋爱生活中表达爱的情感,并借助幽默与爱人冰释前嫌、重修旧好,使对方在欢笑中体会到彼此的爱,重新燃起爱的火花!

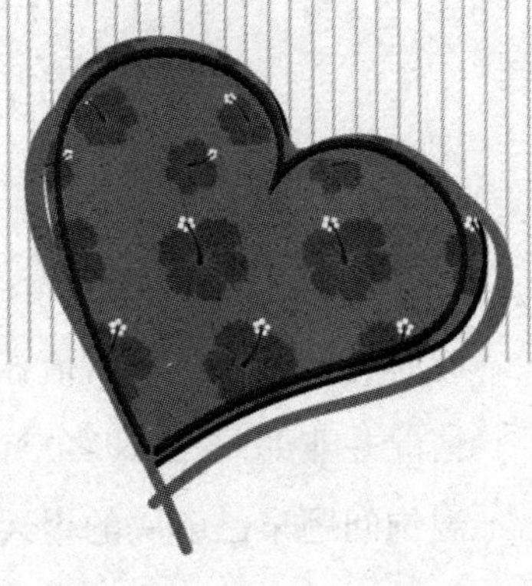

第15章 言谈幽默让生意收获满满

我们都知道，幽默是令人发笑的艺术，在使用幽默的方式沟通时，人们往往处于一种放松和愉快的情景中。人们总是喜欢和能让自己快乐的人交朋友或者建立某种联系。因此，作为产品营销者，如果你也能在销售中掌握幽默的语言技巧，让客户发笑，那么，那你就能够让他们买。当然，在做生意的过程中，幽默的使用可以说是随时间、地点、人物、对象、产品和时机的不同而千变万化，但是其中的关键是推销者本身具有一种轻松、洒脱、乐观、自信的幽默感，只有这样才能用活、用好幽默。

幽默语言迅速拉近与客户的距离

任何一个营销者都深知，要想让客户购买产品，就必须与客户熟络，对此，很多营销者认为，请客吃饭是拉近与客户之间距离最好的方法。但实际情况并非如此，在和客户还不熟的情况下，用饭局来约人实际是下下策。在温饱问题早已解决的今天，吃饭已经诱惑不了日渐有追求的人民大众了，尤其是那些那些手握大权的领导和老总们更是早把山珍海味都吃腻了。其实，如果你足够睿智，那么不妨以幽默笑话相关的话题打开话匣子的话。因为幽默是一种缓冲机制，它显然与对抗、失望和悲观无缘。它会使人以愉悦的方式表达人的真诚、大方和善良。它像一座桥梁拉近人与人之间的距离，填补人与人之间的鸿沟，是奋发向上者和希望与他人建立良好关系者不可缺少的东西。

有人讲：商场如战场。既然，商场如战场，那么，战场上的制胜法宝就绝对不是简单的坚船利炮，更不是简单的电磁干扰，幽默当是取胜的必备武器之一。幽默可以说是销售成功的金钥匙，它具有很强的感染力和吸引力，能迅速打开顾客的心灵之门，让顾客在会心一笑后，对你、对商品或服务产生好感，从而诱发购买动机，促成交易的迅速达成。所以，一个具有语言魅力的人对于客户的吸引力简直是不能想象的。

有一位有一些秃顶的男士在柜台前看商品，售货员走上前去对他说：“先生，买顶帽子吧，好保护你的头发。”

顾客笑笑说：“我这几根头发，数都数得过来，还用保护吗?”机智的售货员马上回答：“买顶帽子带上，别人想数都没得数了。”

顾客无话可说，微笑着买了一顶本不想买的帽子带上了。

很明显，这位顾客原本根本不想买这顶帽子，但为什么却又购买了呢?这就是幽默的作用。可能你更不解的是“这幽默在哪儿就巧妙地起作用了

呢?”这里的幽默妙在售货员从另外一个角度去看待头发和帽子的关系上。退后一步说,就是顾客不买帽子,他绝对也会对售货员留下良好印象的。

因此,与客户初次接触,适当讲一些小笑话能迅速降低客户对自己的敌意,促使销售成功,但万万不要过度,如果把握不住,会给客户留下轻浮、不可靠的印象。幽默的人很容易打开别人的心扉。不仅容易打动异性的心,也容易打动客户的心。所以幽默的个性能造就出情场高手,也能造就出商场高手。

在一家豪华商店,一位男顾客指着一个瓶子问女售货员:“小姐,这种清凉饮料好喝吗?”

“当然好喝。不信,您只要尝上一杯就会后悔。”

“后悔尝了这杯饮料?”顾客吃惊地问。

“不,后悔没有早点喝。”女售货员笑着说。

顾客也笑了,说:“好吧,那我就买一瓶!”

北方某些农村仍有用夜壶的习惯。一天,张老汉赶集,径直到缸瓦店买夜壶。看倒是看中了一个,但嫌它稍大了一点。张老汉一边端详着夜壶,一边自言自语:

“好是好,就是略微大了一点。”

卖货的老板听到他这么说,便马上接过话头:

“大爷,冬天夜长啊!”

张老汉于是高兴地买下了。

从以上这两则案例中,我们也能看到幽默在营销活动中的作用。的确,推销商品是一件艰辛的工作,每一个成功的推销商除了绝对的自信外,还需有惊人的幽默才能。精明的商界人士都懂得,活塞和汽缸都是钢铁所制,需要润滑油才能让两个零件运转顺畅,不会产生太多摩擦,磨损汽缸。在营销活动中,幽默就是一种润滑油,能迅速使营销者与客户之间加深感情,促进营销活动的成功。

当然,与客户首次打交道,即使借助幽默的语言加深彼此间的关系,也

需要掌握一定的度。

朱莉刚送走某公司的销售员，笑容立即从脸上消失，转身就对经理摇头道："这家公司的规模一定不大，一看都没有大公司的范儿。这销售一直把身体贴得很近地跟我说话，我都能闻到他的口气看到他的头皮屑了，还没谈正事就要请我们吃饭了，套近乎也不是这么个套法。"经理对朱莉会心一笑。可怜那个销售估计还没意识到这次拜访客户的结果是把自己送上了黑名单。

"人说恋爱就像放风筝"，其实和客户之间的距离也像放风筝，拉得太紧会让客户感到密不透气地厌烦，放得太松又怕竞争对手会乘虚而入。一天打三通电话去问候客户的公司、问候客户的家人、问候客户的宠物都会让人觉得你不是在做生意而是在调查户口挖人隐私；而奉行"君子之交淡如水"的交往政策，又会让客户觉得自己的重要性不够。和客户保持安全距离的学问，有时比猜女人的心还要难。

为此，在与客户初次交往的过程中，你需要注意以下三点：

第一，与客户保持身体上的安全距离：初次拜访，面对不熟悉的客户，保持至少1米以上的安全距离。安全距离之内的位置只能留给亲朋好友，生人勿近。

第二，在客户的办公区域内拜访时，客户面前的办公桌范围是安全距离的界线，不要随意走动，不要四处张望，不要偷窥客户的电脑屏幕和文件夹。

第三，与客户坐着面谈时，可选择有技巧地让客户背对窗户而坐，自己面对窗户而坐，这样更有助于你把控时间，而不会让客户留意到窗外的天光变暗，从而感觉到时间流逝过快，匆匆告辞。

可见，商场并非就是没有硝烟的战场，和气生财是前人的古训。商场之中，假若你用心增添些幽默元素，就会使生意红红火火。即使在寸利必争的谈判中，也别忘了使用幽默的语言。

幽默的说服让生意更顺利

一个人要想成为一个成功的推销员，要想让生意所向披靡，仅要有丰富的知识、热忱的工作态度、良好的服务品质、非凡的勇气和韧性，还要有机智的幽默感。推销大师皮卡尔说:“交易的成功，是口才的产物。可以说，推销的实质就是幽默地说服。”由此可见幽默在推销说服中的重要性。

通常来说，面对你的推销，“考虑一下再说”是客户经常使用的拒绝理由之一，话虽然说得很婉转，但真正的想法可能是“我听腻了你那一套说辞，我又不打算买”。在这种情况下，你倘若认为目前时机尚未成熟，真的请客户好好考虑一下，日后再来听候佳音，就未免太过“天真”了！要处理这种状况是有点棘手，因为客户会说出这句话，多半是在你已经做了相当程度的说明后，就算再运用其他语言处理，效果也不会很好。这时候，你应该从另一个角度去引出客户真正的想法，譬如，“我是很想买，但是缴费负担太大”。若能让客户说出真心话，就有希望进一步去促成。

下面是一个从事保险业务的推销员与准保户的谈话。

推销员:“您慢慢考虑当然无妨，反正我就站在你家大门口等你一年、两年，帮您看门!”

准保户:“哈哈！别开玩笑了!”

推销员:“哈哈！刚刚那只是开玩笑的了，我要是这么做的话，我的家人岂不是都饿死了！为什么不趁现在就考虑购买，明天开始我又要去跑其他的客户，也许下次来拜访就到明年以后了，我是可以等，但您的小孩能等吗?”

准保户:“什么意思?”

推销员:“人生的风险是无形的，一般人在出事后，才懂得后悔当初为什么不先做好风险管理，让自己的孩子拥有一个快乐成长的环境!”

准保户："可是保费那么贵……"

推销员："太太，一天只要 10 元。"

准保户："孩子还小，暂时不考虑投保。"

推销员："正因为孩子还小，趁早投保，让孩子在安全的光环下长大。"

准保户："邻居也买了保险，可是他们的孩子没出任何事情！买保险没有用！"

推销员："当然是没有用最好了，买保险，无事保平安，有事买保障！"

准保户："让我再考虑一下。"

推销员："的确，这么重大的事情应该好好考虑，不知让我和您一起考虑，看看还有什么问题，也好多一个人商量商量！"

准保户："必须先跟先生商量一下。"

推销员："您说得没错！你这么尊重先生的意见，相信先生一定很高兴，只不过当他下班后已经很累了，就算您要和他商量投不投保的问题，他一定会告诉您自己做主，更何况保险既可强迫自己储蓄，更能让全家共享保障，现在就决定投保吧！您先生一定不会生气的，万一他要是生气了，就叫我来，让我给他骂好了！"

最后，这位准保户还是被推销员说服了。

接受客户的借口，再以幽默的口吻顺着客户的话意继续述说，你会发觉成功的彼岸离你并不遥远。

记住：口气要轻快、幽默，不要和客户争辩，只要略微显示一下自己的心意即可。你对于客户来说完全是陌生人，开始并不被客户了解。如果你在访问会谈时随时展现笑容，对人和蔼可亲、谈吐风趣，对于推销生意当然助益很大。

另外，当你遇到客户拒不付款这一情况时，你也可以采用幽默法说服。

在美国集一个富翁请一位犹太画家为他画肖像。画家精心地为富翁画好了肖像，但富翁却拒绝支付议定的 5000 美元报酬，理由是："你画的根本不是我。"不久，画家把这幅肖像公开展览，题名为《贼》。富翁知道后，十分

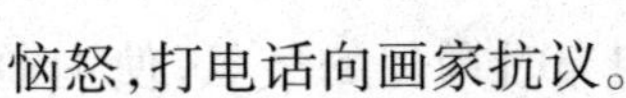

恼怒，打电话向画家抗议。

“这事与你有什么关系?”画家平静地说，“你不是说过了吗？那幅画画的根本就不是你!”

最终富翁不得不买下这幅画，并改名为《慈善家》。

在日常销售工作中，当你与客户意见分歧较大、产生误解的时候，你也可以在用机智的幽默获胜。

在一家药店里，一名顾客气愤地对经理说：“一星期前，我在这里买的润肤膏，我用后一点儿作用也没用，我要求退货。”

“为什么?”

“你说，它可以与脱发做斗争的，可是不顶用。”

“您再试试看。我是说过，这种润肤膏可用来与脱发斗争，但并未说，它一定能取得胜利。”

药店经理运用文字的语意可能给人带来的误解，机巧地解决了一场纷争。其中不乏幽默风趣。可见，幽默是智慧的宠儿，成功永远属于智慧的幽默者。

综上所述，在做生意、从事推销业务的过程中，无论遇到客户找借口拒绝你的推销，还是为保障自身权益，甚至化解与客户之间的误解，都可以采取幽默的方法说服客户，让生意做起来更顺利!

幽默令你获取到最大价值

俗话说：“货卖不成话不到，话语一到卖三俏。”从事营销工作的人员，他们就是靠嘴吃饭的。只有有了出色的口才，才能够让客户感受到你的魅力，才乐意购买你的产品。而幽默就是展现你个人魅力的重要方法，同时也给自己的顾客带来愉悦的享受。

因此，您必须培养出懂得如何幽默的特质，在与客户沟通不畅、面谈不

顺时，适时切入幽默的言谈举动，的确有助于缓和当时局促的气氛，使沟通得以顺利继续下去。

有一家叫做“泰远”的旅社，它坐落于一个风景名胜区内。

曾经有一位销售员前往该旅社向这位老板销售券商理财产品，当他与那家旅馆老板在旅馆中进行磋商时，如同一般准客户的反应一样，那位老板这么对他说“这件事情让我再考虑一下，因为我还需要请示一下我的太太”。

这家旅馆名叫“泰远”，与“太远”同音，因此在听完他的推拖之词后，这位销售就这么对他说“来到贵店‘太远’，如是‘太近’的话，多来几次也无妨。但是偏偏我却是身居在那遥远的上海……”听了这番话后，那位老板随之就忍俊不禁，笑个不停，结果在那一天这位销售人员就谈成了这笔生意。

有时小小幽默，就能发挥出莫大的效果！聪慧的销售人员灵机一动，通过旅馆的谐音制造了一个幽默，却产生了出其不意的效果，打动了客户。如果你能让客户开怀大笑，你就能赢得客户，这就是幽默的力量。

可见，幽默是否都能如愿取得预期的效果，与是否要在沟通中寻找富有机智的幽默材料，或是否预先准备了充足的笑话等关系不大，重要的是你是否有懂得幽默的心态而已，因为幽默往往就是成功行销不可或缺的一大要素。

推销员幽默的特点是不仅要风趣、得体，还要具有诱惑性。我们再来看看下面这位农民如何推销他的猫。

一个巴黎古董商到外省去旅行，希望碰运气发现一些罕见的东西。他常常在一些小村庄停留，借口买鸡蛋，注意人家家里的杂物。

一天，古董商在一个农民家里发现了一件稀世奇珍：一只中世纪的小碗，但它被主人用来盛牛奶给猫吃。古董商按捺住心头的兴奋，故意装出不在意的样子，对这个农民说：“你这只小猫多漂亮啊！我想把它买去给我的孩子，你同意吗？”“当然可以。”这个农民答应了，并开了一个相当高的价钱，古董商照付了。

接着，古董商随口说：“我想把这只碗也带去。因为这只猫已经习惯在

这里吃东西了。”“啊，不，”这个农民说，“从前天起，我已靠它卖掉6只猫了。”

这个农民是聪明的，他能够在幽默的语言和动作中展示自己的产品，让顾客不得不眷顾不舍。

在商业活动中，幽默的作用很大，如果使用得当，会给你带来很大的利益。

一天，英国迈克斯州的法庭内，一个40岁的金发女郎正在哭诉：“法官先生，我丈夫有外遇了，他每次都和那些风骚的第三者鬼混！”她越说越伤心，法庭上下一片哗然。法官为此动容，旁听席上群众都竖起了耳朵。那位女士接着说：“尊敬的法官先生，他不是人，我20岁嫁给他后，他曾发誓再也不跟那些骚货来往了。可是不到一个星期，他又偷偷溜出去跟那些骚货约会，一待就是几个小时，我忍气吞声地活了20年，他都60多岁了，照样劣性不改。”旁听席上有人“忽”地站起来，攥紧拳头开始为这位40岁的女士鸣不平。法官的眼睛也瞪得铜铃般，并且用中音说道：“控诉人那位女士，请控制一下你自己的情绪。你说，那个第三者是谁？法律是神圣的！”那位金发女郎擦了擦肿胀的泪眼说：“就是那个臭名昭著、家喻户晓圆溜溜的足球啊！”

法官们惊呆了，群众们也“啊”的一声睁圆了眼睛，继尔旁听席上哄堂大笑，有的还吹起了口哨。这还不算终结，接着，那位40岁的金发女郎大声喊道：“法官先生，我要告宇宙足球生产商，他们是勾引我丈夫第三者的生产者，它一年要生产20万只足球，要不惩治他们，世界上不知有多少可怜的女人独守空房啊。”

这时，英国宇宙足球厂老板也刚好在旁听席上，听这位可怜的女士要告自己，于是主动站起来说：“尊敬的法官先生，尊敬的控告人，我是宇宙足球厂老板，我接受控告，是我们厂生产的足球充当了勾引她男人的第三者，实在对不起，我除了愉快地接受法庭上一切惩罚外，我还要说实在对不起”。说完，他立即开了十万英镑的支票请法官先生转交那位太太。第二天，宇宙足球厂以自己生产“第三者”的控告新闻，不约而同地全部出现在英国主流

媒体上。从此,宇宙厂生产的足球销量非但没有成为被告而下降,而且像温度计里的水银柱一样——直线上升。

宇宙足球厂为什么能因祸得福?可以说,这位公关顾问是明智的、冷静的,更是幽默的。他就英国宇宙足球生产商借用贬低自己的新闻,幽默了一下市场,让自己大大出了风头,起到了“歪打正着”的最佳效果。试想,一个没有智慧头脑的老板,他会抓住这千载难逢的“幽默”武器吗?十有八九他会让这幽默武器随风飘走,甚至还会因此而恼丧。

总之,幽默在产品推销中的应用可以说是随时间、地点、人物、对象和产品、时机的不同而千变万化,但是其中的关键是推销者本身具有一种轻松、洒脱、乐观、自信的幽默感,只有这样才能用活、用好幽默。

用幽默的方式给产品做宣传

在当今时代,任何产品的销售都离不开宣传与包装,这是向人们传达产品信息的重要方式,但宣传的方法也是多种多样的,其中广告能以最快的速度吸引人并为其记忆,成为广告界人士一直关注的话题。广告形式更是花样繁多,但最能产生效用、宣传效果更深刻的应该是幽默法。因为幽默有一种不可抗拒的魅力,可启发信息接收者的趣味,幽默以一种轻松自由的生活态度,排除人与人之间的冷漠、猜疑、不信任,把他们带入一个没有顾虑的、天真自由的世界里,从而在一种自然的传播默契中诱发人们的购买欲。

我们先来看下面一个示例:

一名风湿病患者来到著名的温泉,询问经理:“这里的泉水是否真对身体有益?洗过温泉浴我会觉得好些吗?”

经理说:“要我举一个例子吗?去年夏天来了位老人,身体僵硬得坐轮椅。他在这里住了一个月,没付账就自己骑自行车溜了。”

一番夸张风趣的言谈把客人说得动心且满心欢喜,由此可见幽默的力

量。幽默不仅能用于口头宣传上，而且还能用在文字广告语中。

我们再来看下面几个精彩的幽默广告：

一家美国报纸登了这样一则广告："招聘女秘书，要求长相像妙龄少女，思考像成年男子，处事像成熟的女士，工作起来像一头驴子！"

棺材广告："上帝推荐产品。"

针对夫妻吵架，总爱摔家里的东西，尤其是碗碟，一家瓷器制造厂拟出了一条很有特色的广告语："为了您家庭的和睦，使劲儿摔吧！切莫因小失大。"

法国一香水制造公司在推销某一新品种香水时的推广告词："我们的新产品极易吸引异性，因此随瓶奉送自卫教材一份。"

眼药水广告："滴此眼药水后，将眼睛转动几下，可使眼药水遍布全球。"

在日本，一个商店的胶水总是卖不出去，为此，老板想出一个办法，用该胶水将一枚价值千元的金币粘在墙上，广告词是："谁能用手指将它剥下，金币便归其所有。"

饭店广告："请到此用餐，否则你我都要挨饿！"

上面这几则广告都制造出了幽默的效果，它们都巧妙地把握住了商品自身的特点，选择好从字面上扣合产品特点的贬义词，这样贬词褒用，既引人注目，又耐人寻味。

可见利用幽默做广告能给人留下深刻印象的同时，让人每每回味起来的时候又能忍俊不禁，其中的创意更让人折服不已，这样的广告能不起到好的宣传效果吗？

一位教育家曾指出，幽默时常具有劝说与督促的功能，大多数广告平淡无味，令人生厌，如果在广告制作中运用幽默技巧，一定能提高广告资讯的接受效果。

幽默旅游广告的成功与否，不在于是不是有名星来捧场，而在于广告创意有没有让人喷饭的机智、有没有能让人会意的情趣。如果硬搔受众的胳肢窝的话，就必将会成为点燃受众反感情绪的导火索。再如：

20世纪30年代，上海的“梁新记”生产的牙刷在100多家同行业厂家中，开始并无显山露水之处。老板印刷了大量的广告说明书作宣传，仍无起色。后遇一文人赠送4个字，老板茅塞顿开，以之做广告(当然还配有图)。从此，“梁新记”声名鹊起，生意大发，一跃而成为上海牙刷行业的“霸主”。为“梁新记”翻身的4个字即是“一毛不拔”。

提到“一毛不拔”，我们知道，它一般是形容人的吝啬自私，老板用这样的形容词来做广告，岂不是自贬？但如果我们仔细想想，如果用“一毛不拔”来形容牙刷时，则不禁要为老板的睿智幽默而感到惊叹了：牙刷之所以为牙刷，刷毛是最重要的组成部分；牙刷损坏，除了把子断裂(这是很少的)，多是刷毛脱落。衡量一把牙刷质量的好坏，主要是看刷毛耐用的程度——“一毛不拔”则是质量之至极。在这里，“一毛不拔”的贬义已经荡然无存，而是赋以商品无与伦比的褒义。标新立异的广告，“一毛不拔”的牙刷，有谁不喜爱呢？

总之，广告中运用幽默来达到更好的宣传推广作用。利用幽默做广告能给人留下深刻印象的同时，让人每每回味起来的时候又能忍俊不禁，其中的创意更让人折服不已。

但对此，我们还应注意以下几点：

1. 本着以推荐产品的目的

幽默广告的出发点应是广告，即通过广告推荐产品，使客户产生购买的欲望。如果幽默广告不能达到这一目的，那么，你的广告再幽默，也是无用的。因此幽默广告既要幽默，又要清楚地交代关于商品的一切必要信息。

2. 不要开产品的玩笑

在幽默广告中，你幽默的对象可以是消费者，也可以自我解嘲，这样，都会让客户感到亲切，但千万记住，你的玩笑不能开到产品头上，因为将产品推荐出去是广告的目的，这一目的是严肃的。产品的质量、功能、售后等这些产品信息也是严肃的，客户要买东西，最好让他们买你推荐的。

总之，即兴玩笑、自我打趣、意想不到的动作等，在幽默广告中都可以使

用,只要它有助于推荐商品,赢得大众对商品的好感。

巧用幽默开发更多的客户资源

“客源在哪里,去哪里寻找潜在客户呢?”很多营销人员都为此犯愁。因为我们都深知潜在客户对我们销售工作的重要性。如果没有客源,你向谁去销售您的产品呢?也就说,没有丰富和高质量的潜在客户,成功就无从谈起。如何开发客户资源,考验的就是营销人员的口才,考验到我们的口才,一个会说话的销售员,往往能在三言两语间说服他人,让他人成为我们的准客户。

实际上,我们都知道,要让我们的准客户对我们产生良好的印象,首先就必须在与客户交流上下一番工夫,对此,幽默能帮助我们实现这一愿望。因为幽默是使人发笑的艺术,能缓解紧张压抑的交谈氛围,让对方为之一笑,从而缩短人与人之间的距离。实际上,任何人,无论你从事什么职业,你都要学会利用幽默制造微笑,作为营销人员,把幽默带入你的服务或销售工作中,从而帮助你积累更多的客户资源。

世界推销大师原一平正是因为深谙这一推销艺术,才在推销界有如此傲人的成绩。

原一平天生矮个子,他曾经为自己矮小的身材而苦恼,但后来他想通了,认识到遗传基因是难以改变的,克服矮小的最佳办法就是坦然接受,然后设法将这个缺点转化成为优点。

有一次,原一平的上司高木金次对他说:“体格魁梧的人,看起来相貌堂堂,在访问时较易获得别人的好感;身体矮小的人,在这方面要吃大亏。你、我均属身材矮小的人,我认为必须以表情取胜。”

原一平从这番话中获得很大启发。从那时起,他就以独特的矮身材,配上他经过苦练出来的各种幽默表情和幽默语言,在向客户介绍情况时,经常

逗得大家哈哈大笑。如他登门向客户推销人寿保险业务时，经常有以下一些对话：

“您好！我是明治保险的原一平。”

“啊！明治保险公司，你们公司的销售员昨天才来过，我最讨厌保险了，所以他昨天被我拒绝了！”

“是吗？不过，我比昨天那位同事英俊潇洒吧！”原一平一脸正经地说。

“什么？昨天那位仁兄长得瘦瘦高高的，哈哈，比你好看多了。”

“矮个子没坏人，再说辣椒是越小越辣哟！俗话不也说‘人越矮，俏姑娘越爱’吗？这句话可不是我发明的啊！”

“哈哈！你这个人真有意思。”

就这样，原一平与每个客户交谈后，双方的隔阂就消失了，他给人留下了深刻印象，生意往往就这样做成了。

这位客户也许忘了，原一平就是他以前见到的那个推销员，但原一平并没有说破，原一平想，一定要设法把准客户逗笑，然后自己跟着笑，当两个人同时开怀大笑时，陌生感就会消失，彼此也就能在某一点上进行更进一步的沟通了。

我们从原一平的幽默话语中，可以看出他是个自信的人。的确，作为一名推销工作者，只有内心足够强大，能以从容的心态面对自身缺陷与不足和客户的打击，才能做到自我幽默、拿自己的缺陷开玩笑。面对这样自信幽默的人，客户又怎么忍心拒绝呢？这也许就是原一平推销成功的法宝吧。

有一天，原一平拜访一位准客户。

“你好，我是明治保险公司的原一平。”

对方端详着名片，过了一会儿，才慢条斯理地抬头说：“几天前曾来过某保险公司的业务员，他还没讲完，我就打发他走了。我是不会投保的，为了不浪费你的时间，我看你还是找其他人吧。”

“真谢谢你的关心，你听完后，如果不满意的话，我当场切腹。无论如何，请你拨点时间给我吧！”

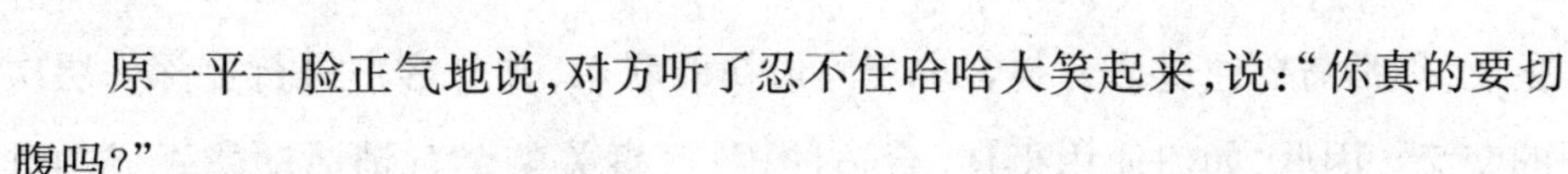

原一平一脸正气地说，对方听了忍不住哈哈大笑起来，说："你真的要切腹吗？"

"不错，就这样一刀刺下去……"原一平一边回答，一边用手比划着。

"你等着瞧，我非要你切腹不可。"

"来啊，我也害怕切腹，看来我非要用心介绍不可啦。"

讲到这里，原一平的表情突然由"正经"变为"鬼脸"，于是，客户和原一平一起大笑起来。

如果你也是个推销工作者，从原一平的幽默故事里，你受到了哪些启发？你是一个善于运用幽默制造微笑的人吗？在与陌生客户交往的过程中，如果你希望对方成为你的潜在客户，那么，如果你能让客户发笑，你就成功了。

在现实的营销工作中，很多人投资大量时间和金钱去学习各种技能，比如，英语、计算机等等，而很少有人花一点时间来学习用幽默制造微笑这种技能。而这种不花钱，只要用心就能学会的技能，为我们带来的价值可能是不可估量的。

幽默的人很容易打动客户的心。要知道，你对客户来说是完全陌生的人，开始时并不被他所了解。你在与客户交谈时，应随时展现笑容，对人和蔼可亲，谈吐风趣。适当运用幽默一定会为你和客户之间的谈话锦上添花，这对于你的工作来说将会有很大的帮助。

当然，生活中并不缺少幽默，缺少的是对幽默的发现和创造。事实上，幽默感也并非与生俱来，它可以在生活中慢慢培养。一旦你拥有了幽默，就会发现自己的人际关系变得宽广，你的生意也会越做越广！

幽默让生意交流的氛围更热烈

任何一个营销工作者都知道，语言是与客户沟通的媒介，无论你做什么

生意，你都需要通过语言与客户建立最初的联系，并与客户进行更深一层次的交流。因此，如何使用得体、合适的语言，事关整个营销活动能否成功进行。因此，通常，话说得恰到好处，很容易拉近与客户的距离，提高生意的成交概率。假如说话不得体，甚至让人不好接受，会给对方留下不好的印象，自然生意也很难洽谈成了。营销人员说话要注意掌握好分寸，说什么话，什么时间说，怎么说，不同于日常生活的语言交流，要有点职业特点。

因此，在与客户交谈时，营销人员一定要注意使自己的语言贴近对方的心理，尽可能地消除由于心理障碍造成的隔阂。因为人们对任何事物，首先表现在心理上接受，因此把话说到人的心里，事情才好办。

然而，平淡如水、毫无新意的语言有时候只能让客户昏昏欲睡。此时，你不妨尝试一下幽默的力量，因为幽默总会让生意交流的氛围更热烈。

一位推销员在市场上推销灭蚊剂，他滔滔不绝的演讲吸引了一大堆顾客。突然有人向他提出一个问题："你敢保证这种灭蚊剂能把所有的蚊子都杀死吗?"这位推销员机智地回答："不敢，在你没打药的地方，蚊子照样活得很好。"

这句玩笑话使人们愉快地接受了他的推销宣传，几大箱灭蚊剂很快销售一空。的确，幽默本身就是一种极具艺术性的广告语，用得好，会给人们留下深刻印象。由一句笑话联想到某种品牌，是很好的促销手段。

在现实的营销工作中，一些摊贩更是深谙此道，他们能够在幽默的语言和动作中展示自己的产品，让顾客不得不眷顾不舍。

在现实营销中，交谈双方却常常因为各种原因而在谈判的各个阶段陷入沉闷的气氛中，此时，如果你说几句诙谐的话，会使人们紧绷的神经和剑拔弩张的紧张气氛得到缓解。这样，双方的心理压力也会得到缓解，精神会为之一振，可以使错综复杂的商业活动在轻松愉快的气氛中进行，这样有利于双方获得令人满意的谈判结果。

英国思想家培根说："善谈者必善幽默。"语言幽默的魅力在于，话并不明白直说，却让人通过曲折含蓄的表达方式心领神会。营销时，有时候把话

说得幽默诙谐一些，可能比直截了当地说效果更好。

有一位女士买了一条黑狐围巾，皮子是真皮子，可一受潮就褪色。可见这是一条假冒的黑狐围巾。这位女顾客这个气呀，她火冒三丈地去找皮货商店理论，她说："你们真够奸商的，我花这么大价钱买条围巾，不料一遇潮就退色，你们这不是坑人吗？"

皮货店经理实际上也不知道，经这位女顾客这么一说，知道进货关没有把好。于是说："您看大姐，您今天要是不说，我还一直蒙在鼓里呢，看来这狐狸精真厉害，做成了围巾，竟然还能变化害人，没事，它再能变化咱也有法治它！来，大姐坐下说话。"

皮货店老板一边用幽默的话语安慰着顾客，一边微笑着让顾客坐下说话。一句话逗得顾客破怒为笑，这就为下一步解决问题奠定了良好的基础。

此处，关于顾客买黑狐围巾一事。假如皮货店老板拒不承认，或自认倒霉给顾客退了货，岂不等于没做生意还得罪了人？但皮货老板没有这样做，他用幽默的语言"这狐狸精还真厉害，做成围巾竟然还能变化害人"一语，来软化顾客的怒气，再加上"请坐下来说"的人情味话语，就是再不懂情理的顾客也该消消火了，这不有利于问题的解决吗？

有人说，商场如战场，我们姑且不论商场上存在的"硝烟"，生意场上的多变性就让很多营销员工作中应接不暇，但如果仅用一种方法或兵来将挡、水来土掩的办法，未必奏效，但如果用幽默的方式将锋芒软化，再想办法解决起来就容易得多。无怪有幽默交际活动的人们体会的那样：幽默是人生的光辉，是人性的闪光点。

可见，在营销中运用幽默，既能营造轻松活泼的气氛，又能为营销工作创造一个良好的环境。幽默本身特有的趣味机智能给人带来精神上的乐趣，使人们在精神上获得愉悦的快感，从而得到放松。无论是随机应变还是风趣的推理，一些幽默技巧在谈判中运用得好，可以起到意想不到的效果。

业务商谈,幽默也能令你获取信任

很多营销人员在从事推销工作中,总是会对一个问题感到束手无措:无论我们怎么向客户保证产品的质量和服务,客户似乎总是心有疑虑地反问:真的是这样吗?甚至在一些商务谈判中,这一问题竟然使成交卡壳。的确,客户对于那些想掏自己腰包的营销工作者,总是持一分怀疑的态度。那么,如何解决这一问题呢?你不妨试试幽默法。因为,幽默的沟通方式是人最容易接受的沟通方式之一。在使用幽默的沟通方式时,人们往往处于一种放松愉快的情景中,沟通的双方往往会降低或放下防备,以一种积极开放的心态,更加乐意倾听和理解。

因此,幽默是建立信任、巩固关系的最佳策略,如果你能够让客户笑,那你就能够让他们购买你的产品。

一次,年轻的推销员海耶斯在一个前辈的带领下来到某个商店推销收银机。这位前辈,并不是相貌堂堂、玉树临风,相反地,他身材矮小、肥胖,红通通的脸,但他却充满着幽默感。

当他们走进一家小商店时,老板粗声粗气地说:“我对收银机没有兴趣。”这时,这位前辈就倚靠在柜台上笑了起来,仿佛他刚刚听到了一个世界上最妙的笑话。店老板直愣愣地瞧着他,不知所以然。这时,前辈直起身子,微笑着道歉:“对不起,我忍不住要笑。你使我想起了另一家商店的老板,他跟你一样地说没有兴趣,后来却成了我们熟悉的主顾。”

而后,这位老练的推销员一本正经地展示他的样品,历数其优点,每当老板以比较缓和的语气表示不感兴趣时,他就笑哈哈地引出一段幽默的回想,又说某某老板在表示不感兴趣之后,结果还是买了一台收银机。旁边的人都瞧着他们,海耶斯又窘又紧张,心想他们一定会被当做傻瓜一样赶出去。可是说也奇怪,老板的态度居然转变了,他想搞清楚这种收银机是否真

有那么好。

不一会儿，他们就把一台收银机搬进了商店，那位前辈以行家的口吻向老板说明了具体用法，结果这位推销员运用幽默的力量取得了成功。

不难发现，案例中的商店老板对幽默的老推销员产生了好感，并愿意相信他，从而选择购买他的收银机。可见，运用幽默制造笑声，使顾客在笑声中接纳你的建议，即使与你打交道的是个爱挑剔的客户，你也可以使用幽默这一工具。而当问题发生在公司与客户之间时，幽默的力量也能使客户接受你，进而帮助你取得共赢的结果。

某年冬天，快到春节时，气温下降，天空下起了雪，很多返乡的人都被堵在了各大火车站，在北方的一个火车站，客流量相当大，但因为天气的原因，火车的运行受到了影响。

到了晚上，候车室里挤满了要赶在节前回家过节的乘客。乘客们焦急地等待着误点的火车，但火车却一再误点。这时一个不冷静的乘客拉住一位车站工作人员大声嚷嚷说:“你们并没有按照列车时刻表运行车辆，还在候车室张挂列车时刻表有什么用?”

这位工作人员说:“出现误点的情况我们也很着急。不过，要是当真没有挂列车时刻表的话，也就无法说出火车误点多久了。您说对吗?”

一句幽默的回答，使生气的乘客也无可奈何地笑了。

火车晚点这一问题并不是火车站内的普通人员所能掌控和解决的，如果车站工作人员不冷静，说什么:“这不关我的事，你有能耐去找领导。”这样就会发生争吵。但这位工作人员的处理方法却是明智的，也是值得很多人借鉴的。

同样地，对于从事营销工作的人员，也应该从这一故事中有所启示，向你的顾客推销产品在某种程度上就是让客户对你产生信任，在顾客并不想买你的东西，但你又不愿意放弃时，僵局就产生了。巧妙地运用幽默化解僵局，将产品顺利地售出，那么你就获得了销售工作的胜利。

香港华人首富李嘉诚在商业谈判上很有发言权。他主张当谈判进入僵

局时,可用幽默、笑话及喝茶等方式来缓和气氛,也可另换一个话题,总之先避开冲突,以求转变趋势。

良好的氛围对于谈判结果的好坏至关重要,凡富有经验的谈判代表,总是能够恰如其分地、巧妙地运用幽默,无论是用眼神、动作或者有声语言进行协调,去表达千变万化的思想感情,调整交际现场的气氛。

有时候,客户的过期账单会堆得越来越高,这通常就成了亟待解决的问题。这个客户如果是老客户,又是大客户,这问题多半由上面——公司老板亲自处理。看看下面这位老板是怎么向客户催款的。

“你知道,李总,我们很感谢你与我们的交易,”老板可能会在约客户午餐或晚餐时这样说,“但是你的账目到现在已经过期10个月了。可以说,我们照顾你已经比你母亲照顾你还要久了。”

问题很可能就此得到解决,因为这位这老板能对问题作趣味的思考。

那么,你该如何使用幽默这个有力武器来争取到客户的信任进而取得合作呢? 以下是一些建议:

在开口之前先试着判断客户是哪种类型和风格的人。正确的幽默对你的帮助多大,错误的幽默对你的损害就有多大。

被巧妙地插入谈话中的幽默会使顾客喜欢上你。但要提醒你的是:任何时机都不适于对不熟识的人使用政治、种族或宗教幽默。不要不合时宜地使用幽默。

你可以讲讲个人经历的而不是编出来的幽默故事。比如,你办公室里、你孩子身上和你小时候的趣事。对方肯定是第一次听说。还可以把幽默故事记录下来,这样你在下次同客户谈话时就能很快记起有关上次谈话的内容。

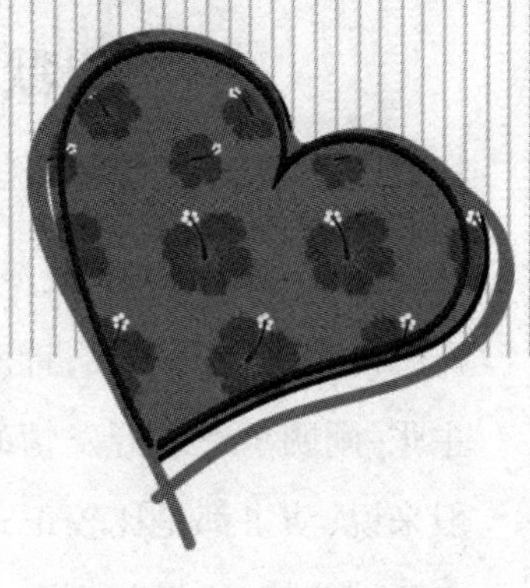

第16章 演讲幽默令你瞬间捕获听众心

演讲，作为一种直抒胸臆的语言表达，早已经成为一门语言艺术。而幽默作为语言的润滑剂，常常成为名人演讲中不可或缺的亮点。成功的演讲者不是天生的，而是经过长期的锻炼，不断吸取自己每次演讲的经验与教训，磨炼演讲的技巧而成。即使是最出色的演讲者，也会不时感到紧张，但是他们学会了如何将这种紧张的能量转化为一次有力的演讲。无论你是专业的演说家，或只是偶尔演讲，或是从来没有在大家面前讲话，都可以努力去创造、发挥并运用你的幽默力量！

幽默开场让演讲别开生面

演讲又叫做讲演或演说，是指在公众场所，以有声语言为主要手段，以体态语言为辅助手段，针对某个具体问题，鲜明、完整地发表自己的见解和主张，阐明事理或抒发情感，进行宣传鼓动的一种语言交际活动。因此，一般来说，演讲都是比较正式的，但是，作为演讲者，并不能因为这一原因就一定要端起架子，板起面孔，一本正经地进行演说。实际上，造成幽默轻松的气氛是使演讲易于为人接受的一种高明的方法。

我们都知道，任何演讲，都必须以一定的话术开场。因此，演讲的开场很重要，它可以奠定整个演讲过程的基调，但万事开头难，演讲也不例外。如果开场白毫无新意，那么即使内容丰富、道理深刻，也无法有效地吸引听众，那么，接下来就很可能会出现听众昏昏欲睡的场面。幽默的开场白是演讲者明智的选择，因为这不仅能使台下的听众眼前一亮，而且人在轻松的氛围里能有效地思考问题，从而使自己的演讲抓住人们的心。

幽默的开场白从一个侧面体现了演讲者的智慧和才华，体现了他对将要进行的演讲充满了信心与期待，所以听众会逐渐由为演讲者的个人魅力所吸引，过渡到为演讲本身所吸引。可见幽默的开场白对于演讲的开展是至关重要的。

有一位小伙子在自己的婚礼上的开场白充满了幽默和温情。

“尊敬的各位来宾，大家好！谢谢你们来参加我的婚礼，大家看得出来，我今天很开心，也很激动，因为我终于结婚了，现在，我只能说，千言万语也不能表达我此刻的心情，但我知道，无论如何，我必须对所有人说‘感谢’。首先我要感谢所有的亲朋好友愿在这个美好的周末，特意前来为我和她的爱情做一个重要的见证。其次，要感谢我妻子的父母，我想对您二老说，谢谢你们的信任，谢谢你们能把你们呵护了二十几年的掌上明珠交给我保管，

我保证，我会一直让这颗明珠灿烂夺目的。最后，我要感谢在我身边的这位在我看来是世界上最漂亮的女人。昨天上了一夜的网，网上说现在世界上男性人口是29亿8千万，我竟然有兴得到了这29亿8000万分之一的机会成为你的丈夫，所以我想说，谢谢你。但是此时此刻，我的心里却有一丝深深的对你的愧疚，在认识你之前和认识你之后，我还一直深深地爱着另一个女人，并且就算你我的婚姻也无法阻挡我日夜对她的思念，那个女人也来到了婚礼现场。亲爱的，她就是我的妈妈。妈，谢谢您，谢谢您把我带到了这个世界，让我学知识，教我学做人，让我体会到世界上最无私的爱，给了我世界上最温暖的家。我想说，妈，辛苦您了。此时此刻我很幸福，因为我遇上了这世界上两位最最善良美丽的女人。"现场响起了热烈的掌声。

这个小伙子的一段开场白实在令人拍案叫绝，这里，他所感谢的对象可谓一个都不少，有他妻子的父母、他的妻子、他的父母及所有的来宾，令在场的人都为之动容。

的确，就演说者来说，如果他一开始讲话就很严肃，那么接下去的演讲就很难活跃起来。而演说者与听众的关系一旦在开始就是疏远和隔膜的，以后便不好拉近。所以，开场时幽默一下是有好处的。它可以使演讲者和听众都处于轻松的状态，缩短双方的距离。而且，在演讲的正文开始以前，逗乐有充分的自由，有各种各样逗乐的题材和方式。

那么，具体来说，演说者如何在开场白中运用幽默的素材呢？

1. 自我调侃

美国有一位黑人先生约翰罗克在面对白人听众作关于解放黑人奴隶的演说时，他的第一句话是：

"女士们，先生们——我来到这里，与其说是发表讲话，还不如说是给这一场合增添一点'颜色'。"

这是一个自嘲式的开场白。意思是他的出现使全场皮肤的颜色在白色之外添了黑色。听众大笑起来。这一笑就冲淡甚至消除了由于种族差异而造成的心理障碍，使种族问题这一敏感和沉重的话题变得轻松起来，有利于

他为自己的观点争取更多的支持者。

2. 以"掌声"为幽默素材

1935 年,高尔基参加会议时,代表们要求他讲话。他上台后,与会者长时间鼓掌。掌声停息,高尔基灵机一动,微笑着说:"如果把花在鼓掌上面的全部时间计算起来,时间浪费得太多了。"

全场报以会心的微笑,大家都很钦佩高尔基的谦虚和机智。

大文豪高尔基的幽默开场别具一格,富有才气。美国著名外交家基辛格也有关于掌声的出色发挥。

有一次基辛格应邀讲演,等主持人介绍后,听众马上站立,长时间鼓掌。掌声停歇后,听众慢慢坐下来。基辛格开口说:"我要感谢你们停止鼓掌,因为要我长时间表示谦虚是很困难的事。"

这一风趣的开场白表现出基辛格杰出的语言才能,比起连声说"谢谢!谢谢!谢谢诸位!"效果不知要好多少倍。

总之,在演讲活动中,诙谐幽默的开场,能让大家会心一笑,放松整个现场的氛围。

调动氛围,幽默必不可少

我们知道,任何演讲,只有在达到打动听众、激励听众的效果时,它才是有效的。要达到这一效果,除了讲究以情动人、以理服人外,对演讲内容的精心策划和安排也十分重要。演讲者不能板起面孔光讲大道理,以此来显示自己演讲的深刻和发人深省;也不能光以表达自己的思想和情感为满足,如果流于空洞的说教、现象的罗列和人云亦云的老生常谈,听众的注意力就无法集中,演讲也难有好的效果。而假若演讲者能在演讲中恰当地使用幽默的语言,那么,便能营造和谐,轻松的气氛。

我们先来看下面这些幽默演讲的精彩案例:

一次，作家林语堂在台北参加某院校的毕业典礼，很多人发表长篇大论，轮到他讲话时，听众已经疲倦难耐，只见林语堂站起来说："演讲要像姑娘的迷你裙，越短越好。"话一出口，全场变得鸦雀无声，然后哄堂大笑，演讲者很好地表达了观点，赢得了听众。

2006年10月，法国前总统希拉克在北大发表演讲。在回答一位学生的提问时，麦克风忽然出现了一点故障，尴尬的场面发生了。这时，这位74岁的老人像孩子般做了一个顽皮的鬼脸，耸耸肩说："这可不关我的事，我没碰它。"一句话引来全场听众的笑声和掌声，尴尬气氛顿时消散。

作家王蒙说过："幽默是一种成人的智慧，是一种穿透力，一两句就将那畸形的，冷漠如冰的东西端了出来。它包含着无可奈何，更包含着健康的希冀。幽默也是一种执拗，一种偏偏要把窗户纸捅破，放进阳光和空气的快感。"

可见，幽默的作用是不可估量的。幽默是演讲不可缺少的要素，恰当的幽默往往是一次成功演讲的点睛之笔。

美国亚利桑那州有个叫老森姆的人。他在讲台上度过了40年生涯，一直有办法从头至尾使会议厅"满座"。他全凭幽默的力量，凭着戏剧性效果，一张口就给人以生动、逼真、有趣的感觉，听众全被他吸引住了。下面就是有关他的例子：

森姆说："对不起，刚才我冒充来宾坐在观众席上。"他做了个手势，"这儿的司仪不知何故突然挑上了我，要我代替今天的主讲人，因为主讲人迟到了。"他耸耸肩，表示无可奈何，"我又惊又慌又怕。我尽力使司仪相信我不知如何是好，我对他说我是结巴，当我一开口讲话，我就会变得语无伦次，气也喘不上来。"

他真的在某个词上打了结，继续说："诸位也是又惊又慌，现在的情况很不安定。也许你们在为我感到难过，并且愤愤不平，说司仪不该把我推入绝境。"他最后吐一口气说："好吧，也只有这样了，请听众们帮我一把，帮我渡过这个难关吧！"

老森姆是个幽默的人，他调动现场气氛的方法就是开了一下自己的玩笑，从而给听众一个亲切的、可笑的形象。

的确，幽默是人人喜欢的一种品格和能力，它蕴涵着人类的智慧，善良和奇巧，能给人带来美感享受。有位演讲家说过，发挥幽默力量的一个重要目标就是要让听众赞成，并喜欢演说人和他所说的话，要是他们喜欢上演讲的人，那么肯定会喜欢他所做的演讲。

有一次，乔治·贝特被邀请为保险公司的经理作演讲，但是，在演讲前的晚上，经理们晚宴回来，供水系统却出了问题，既不能洗浴，又没有饮料，经理们烦躁不安。第二天早上 7 点演讲开始时，他们个个一声不响，面无表情。

面对这样一群情绪化的听众，乔治·贝特故意装出对事情一无所知的样子说了几句开场白："我还是第一次见到保险公司在晚上举行那么热闹的联欢，而我也是第一次发现，那样的狂欢竟然不能使经理们快乐起来。"

这里，在演讲前的晚上，这些听众，也就是保险公司的经理们因为住宿条件出了问题而闷闷不乐，乔治·贝特正是了解了这一切之后，才与他们开了个玩笑，从而消除了他们的负面情绪，让演讲在一片和谐轻松的氛围中进行。

那么，如果你是一名演讲者，你该如何通过幽默来调动演讲气氛呢?

当你以幽默力量来帮助演讲的开头，你就吸引了听众的注意，活跃气氛，松弛紧张，建立你与听众的友好关系。当你渐渐进入了演讲的主题时，还需要继续你先前的努力。

因为人的注意广度很短暂，尤其当演讲人以单调低沉的语调，在某一个主题上平淡而谈时，听众更易感到乏味，而分散注意力。这时就须再次抓住听众的注意！改变一下话题，或者改变讲话的方式，以一则笑话或一句妙语给予听众幽默力量。

如果你说个笑话，只是为了引人发笑，那么听众的注意力很可能随着笑声的起落而移开。因此不要插入不相干的幽默。幽默要和当时的话题有

关，使它成为你的信息的一部分。

总之，为了做一个生活中和辩论场上的常胜将军，任何一个参加演说的人都应该有意识地培养自己幽默的素质，这就要求首先要有渊博的知识和宽阔的胸怀，对生活充满信心和热情；其次要有高尚的情趣、丰富的想象、开朗乐观的性格！

反客为主，幽默化解演讲不利因素

任何演讲者都希望演讲能顺利、轻松、在一片掌声中结束，但实际情况并非如此。因为任何人也不能保证演讲中不会出现意外情况，比如，听众注意力不集中、故意捣乱或者提出刁钻古怪的问题来为难演讲者等。遇到这些情况，一些新手们可能会愤怒、气馁甚至恶语回敬对方，但这样无疑会使你的演讲惨败，而优秀的、经验丰富的演讲者们往往都能以幽默的方式沉着机智地应付各种意外事情的发生，并且能做到反客为主，给对方温柔的一击。

爱因斯坦因提出相对论而闻名，盛名之下的爱因斯坦每天因被许多人邀请去做演讲而搞得疲惫不堪。他的司机理查是位风趣的美国人，一天他向疲于奔波的爱因斯坦提出建议："您实在太辛苦了，也一定都讲烦了，您的演讲内容我可以倒背如流，下次演讲时让我穿您的衣服，来代您演讲直到被发现为止，可以吗？"

"妙啊，反正那里认得我的人也不多。"同样富有风趣的爱因斯坦回答道。

此后的演讲穿着爱因斯坦衣服的理查由于解说没有任何差错，动作表情模仿的惟妙惟肖而没有被听众看出破绽。

有一天，演讲结束，理查准备下台，突然一位教授模样的先生站起来，像发连珠炮似的提出许多问题。爱因斯坦担心中吃惊不小，但他表情上还是

若无其事。假的爱因斯坦却轻松地对那位教授说:“您的问题总是很简单,连我的司机都能为您回答……喂,理查,你上来帮我作些说明吧!”两人巧渡难关,给后人留下了永久难忘的回忆。

看完这一故事后,我们先不讨论爱因斯坦及他的司机的做法是否合理,但我们还是不免为这位司机的睿智而感到惊叹,他的幽默让他轻松解决了演讲中遇到的问题,并丝毫没有露出破绽。

有一次林语堂在美国哥伦比亚大学讲授中国文化课,对中国文化大加赞誉。一位女学生不服气地发问:“林博士,你是说,什么东西都是你们中国的好,难道我们美国没有一样东西比得上中国的吗?”

这是一个不好回答的问题,如果演讲者反过来赞扬美国,不利于演说的主题;如果严肃地表示美国不如中国,会引起在座学生的敌意。

林语堂只是轻松地回答:“有的,你们美国的抽水马桶就比中国的好嘛。”

他的话引起哄堂大笑,气氛活跃而和谐,发问者对这一回答也无话可说。

的确,演讲过程中,演讲者会经常遇到听众有不同意见、听众遇到需要请教的问题等情况,对此,绝不可对其置之不理或者不予处理,否则,后面的演讲将难以顺利进行。

英国文学家查尔斯·兰姆在一次演讲时有人故意发出“嘘嘘”的怪声捣乱,兰姆说:“据我所知,只有三种东西会发出这种声音——姬、鹫鸟和傻子,你们几位能到台前来,让我认识一下吗?”

兰姆运用婉曲法,含蓄地表达了自己的意思,令捣乱者尴尬不已。

有时演讲者还会碰到恶意的攻击或咒骂,如果演讲者勃然大怒或与之对骂,将会损害演讲人的形象,使捣乱者的预谋得逞。

20世纪30年代,美国政界要人凯升首次在众议院发表演说时,打扮得比较土气。一个议员在他演讲时插嘴说:“这位伊利诺伊州来的人,口袋里一定装满了麦子呢!”众人听了哄堂大笑。

凯升不慌不忙地说:“真的,我不仅口袋里装满了麦子,而且头发里还藏着许多菜子呢。我们住在西部的人,多数是土头土脑的。”他的自嘲式的坦率赢得了大家的好感和敬意,接着,他大声说:“不过我们藏的虽是麦子和菜子,却能长出很好的苗子来!”

众人对这位不卑不亢的演说者鼓掌赞赏,他的演说成功了。

这里,面对这位议员的嘲笑,凯升并没有与之辩论,而是采取“以子之矛攻子之盾”的方法,开了一个自己的玩笑,轻松地反驳了他人犀利的言辞。

总之,在演讲遇到尴尬境况时,恰当的幽默可以使你做到反客为主,顿时变得轻松起来。你如果已经娴熟地掌握了幽默技巧,那么,在演讲中插入一些妙趣横生的内容,往往比振振有词的套语更能起到反击他人的作用!

幽默介绍让听众对你印象深刻

面对第一次见面的听众时,演讲者在演讲前进行一番自我介绍是必要的。虽然它在演讲中所占时间很短,但一个精彩的自我介绍可以迅速给听众留下美好的印象,可以很容易地架起和听众交流的桥梁。而幽默地介绍自己,一开始就利用自己的幽默感打破沉闷的局面,这样能迅速地吸引听众,集中听众的注意力,为演讲的顺利进行做好铺垫。

事实上,生活中,我们经常看到一些演讲者,他们的自我介绍像是在报户口,在做简历,在添履历表。比如,“我叫××,××出生,曾担任××,爱好××。”这样的介绍着实乏味,更是难以给人留下什么印象,当你把最后一句说完时,估计大家已经把前面的忘得差不多了。精练的自我介绍,要用精彩的语言展现闪光多彩的自己。幽默地介绍你自己便能帮助你达到这一目的。

台湾著名艺人凌峰在一次春节联欢晚会上发表了一段精彩的即兴演讲,其中幽默的自我介绍作为开场白堪称经典。

“在下凌峰。这两年，我大江南北走了一道，男观众对我的印象特别好，因为他们见到我有点优越感，本人这个样子对他们没有构成威胁，他们很放心，他们认为本人长得很中国，中国五千年的沧桑和苦难都写在我的脸上了。”台下大笑并发出热烈的掌声，“一般来说，女观众对我的印象不太良好，有的女观众对我的长相已经到了忍无可忍的地步。她们认为我是人比黄花瘦，脸比煤球黑。”台下又迸发出笑声，“但是我要特别声明，这不是本人的过错，实在是父母的错误，当初并没有征得我的同意就把我生成这个样子”。台下再次爆笑，“但是，时代在变，潮流在变，现在的男人基本上可以分为三种：第一种，你看上去很漂亮，看久了也就那么一回事，这一种就像我的好朋友刘文正这种；第二种你看上去很难看，看久了以后是越看越难看，这种就像我的好朋友陈佩斯这种。”台下爆笑，“第三种，你看上去很难看，看久了以后你会发现，他有另一种男人的味道，这种就是在下这种了。”观众给予热烈的掌声，“鼓掌的都表示同意了！鼓掌的都是一些长得和我差不多的，真是物以类聚啊”！台下再次爆发出笑声和热烈的掌声。

凌峰的开场白妙语连珠，使观众的笑声迭起，掌声不断，不但紧紧抓住了观众的心，而且给观众留下了极为深刻的印象。可见幽默的开场白对于抓住受众的心有多么重要。

心理学家凯瑟林告诉我们：“如果你能使一个人对你有好感，那么，也就可能使你周围的每一个人，甚至是全世界的人，都对你有好感。只要你不是到处和人握手，而是以你的友善、机智、风趣去传播你的信息，那么空间距离就会消失。”幽默能一下子拉近两个人之间的感情距离。比如，一个网虫的自我介绍：“每个女人都是为爱而折翼的天使，她们来到人间，就再也回不去天堂了，所以需要男人好好地珍惜。我也是天使，不过降落的时候不小心脸先着地了，回不去天堂是因为体重的原因。还好，我还有一颗天使的心，善良、仁爱。”人们在捧腹大笑中便不知不觉地把演讲者记在了心中。

有个叫贝尔的作家，对政治家们颇有成见，但他受托在一次宴会上介绍一位官员演讲。

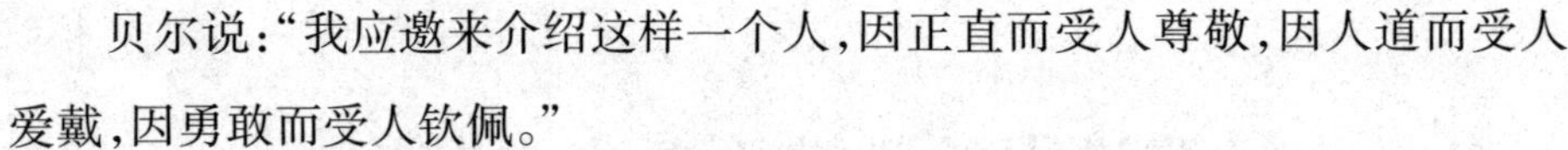

贝尔说:“我应邀来介绍这样一个人,因正直而受人尊敬,因人道而受人爱戴,因勇敢而受人钦佩。”

他停了片刻,接着说:“这样一个领袖,一个有远见的人,卓越的协调者,伟大的政治家,可惜他可能没有来!”

人们全都愣住了,目光一下集中到这位官员身上。

这位官员居然面不改色地站起来,微笑着走向讲台。他说:“诸位,贝尔把我介绍得够详细的了,我没什么可补充的。需要更正的是,我来了,因为他说我勇敢,我就来打肿脸充胖子吧。”

这位老练的官员走到指定的位置上,继续说:“贝尔把我塞进了蜜蜂桶里,我希望我的舌头能不辜负他赏给我的蜜。”

听众大笑起来,对他的风趣和勇气倍加赞赏。

这位官员是如何使用幽默语言做自我介绍的?他是借着贝尔给他戴的高帽而走上讲台的,可以说,这些风趣的开场白,无疑要比单调刻板的自我介绍强多了。

的确,任何演讲的成功,都必须有一个令听众印象深刻的开场白,而幽默便能使自己被大家牢牢记住并有一个好的印象。休斯顿的一位演说家说:“据我了解,幽默的目的在于让听众喜欢上讲演的人。如果他们喜欢讲演的人,那么也必定喜欢他所讲的内容。”

一般来说,自我介绍的方法有很多,但无论哪一种方式,幽默和幽默感都将能帮助你顺利地进入主题。当然,即使使用幽默法作自我介绍,你也必须要掌握好语速、语调。有人在自我介绍时,像是在抢时间,嘴里像机关枪一样突突突的就说完了,这样的自我介绍即使穿插着很多幽默的素材,但也很难让听众真正理解并消化。

总之,运用幽默的力量去驾驭自我介绍,可以使你与听众建立成功的关系。这时候开开自己的玩笑,也能使自己的情绪稳定下来,神经得到放松。只要开了头,你就不会感到无从下手,切入正题后会轻松自如。

演讲中的幽默更要言之有物

任何一名演讲者,都渴望从演讲伊始这就全场火暴、笑声连连、气氛热闹,为此,演讲者们都煞费苦心以幽听众一默。诚然,幽默的运用可以为演讲增加光彩,但是这并不是为了幽默而幽默的矫揉造作,幽默的运用是讲究真实而自然的。适情适性地自然表达,才是上台演讲的最高艺术。因此,演讲中的幽默必须要言之有物。

阿伯拉罕·林肯在竞选总统时发表了这样的演说:“有人打电话问我有多少银子,我告诉他们我是一个穷棒子。我有一位妻子和一个儿子,他们都是无价之宝。我租了一间房子,房子里有一张桌子和三把椅子,墙角有一个柜子,柜子里的书值得我读一辈子。我的脸又瘦又长,且长满胡子,我不会发福而挺着大肚子。我没有可以庇荫的伞子,唯一可以依靠的就是你们。”

这样一番绝妙的演说,使林肯成功地为自己在公众面前树立起一个清廉诚实、平易可亲而且极其幽默的形象。它之所以有感染力,就是因为它虽然是一个玩笑,但却没有任何夸夸其谈的成分,有谁能抗拒这种演说的感染人心的魅力呢?

因此,语言要富有幽默感,必须言之有物,使其形象生动。以实求幽默,幽默有;以虚求幽默,幽默无。语言真实形象生动,能促人联想,产生“具象”,让人感觉余味无穷。

那么,具体来说,演讲者该如何使幽默言之有物呢?

1. 随机应变,现场发挥

在演讲中运用幽默,应当自然,而不要勉强。如果你牵强说出一个幽默,你的听众可能会思想上开小差。与其仿效别人的风格,不如自己找一个轻松的、可以为演讲注入生气的幽默。

2. 制造悬疑

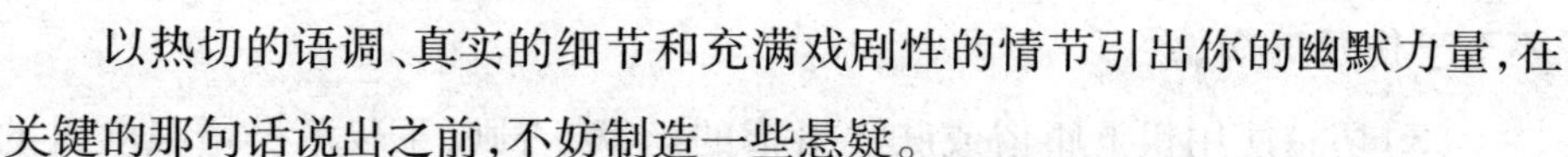

以热切的语调、真实的细节和充满戏剧性的情节引出你的幽默力量，在关键的那句话说出之前，不妨制造一些悬疑。

我国著名作家老舍先生是很幽默的。他在某市的一次演讲中，开头即说："我今天给大家谈六个问题。"接着，他第一、第二、第三、第四、第五，井井有条地谈着。谈完第五个问题，他发现离散会的时间不多了，于是他提高嗓门，一本正经地说："第六，散会。"听众起初一愣，不久就欢快地鼓起掌来。

老舍在这里运用的就是一种"平地起波澜"的造势艺术，打破了正常的演讲内容，从而出乎听众的意料，而且幽默借势而来，非常自然和真实，收到了良好的幽默效果。

演讲人不能迫不及待地要把妙语趣事说出来。因为笑话要发挥趣味的效果，一定要让听众有出乎意料的感觉。因此，要好好讲你的笑话、妙语或警句，不要操之过急，过早泄漏天机。

当你以讲话来说笑话时，对重要的、关键的字眼要加重，以强化笑话的效果，在重要的语句说完之后要停顿一下，以加深别人对它的印象。

因此，如果你想要抓住听众的心，就要以热切的语调、真实的细节和充满戏剧性的情节引出你的幽默力量，当你演讲的时候，要如行家一样把你的幽默力量运用自如，把幽默力量真实而自然地表现出来作为你演讲的重要部分。

的确，演讲中恰当地运用幽默的手法，既可活跃气氛，振奋听众精神，又能增强演讲的感染力和吸引力。在演讲中常用的幽默手法也很多，比如，自我解嘲法、妙用笑话法、以矛攻盾法、正话反说法、大事化小法、适度夸张法等。当然，在演讲中运用幽默手法必须恰当，如果运用不当，则会适得其反。要让你的幽默语言言之有物，除了在使用方法上正确外，你还必须注意以下几个问题：

(1)运用幽默手法时，一定要分清对象，分清是对敌人还是对朋友。这里有个态度和分寸问题，如果忽视了这个问题，就容易伤了自己的同志。

(2)切忌使用那些具有歧视性的幽默，演讲时要把自己摆进去，这样才

不至于伤及听众。

(3)切忌使用粗下庸俗或肤浅滑稽的幽默,否则,不仅不会增强演讲的效果,反而会产生不良的影响。

幽默渗透,令听众回味良久

任何优秀的演讲都必须能起到正面的、积极的、鼓舞听众的作用,引起听众深深的触动和共鸣,点燃人们心灵中追求真善美的火花,激发起新的生命力和创造力,从而跃向生活新的高度。因演讲者若能穿插幽默,把看似矛盾重重、无望解决的问题换一个角度思考,则能使听众豁然开朗、回味良久并茅塞顿开。

世界球王贝利在 20 多年的足球生涯里,参加过 1364 场比赛,共踢进 1282 个球,并创造了一个队员在一场比赛中射进 8 个球的纪录。他超凡的技艺不仅令万千观众惊叹,而且常使球场上的对手拍手称绝;他不仅球艺高超,而且谈吐不凡。当他个人进球记录满 1000 个时,有人问他:“您哪个球踢得最好?”

贝利笑了,意味深长地说:“下一个。”他的回答含蓄、幽默,耐人寻味,像他的球艺一样精彩。

贝利这一简单的回答,不仅体现了他的幽默,听后更让人们领悟一个道理:在迈向成功的道路上,每当实现了一个近期目标,绝不自满,而应迎接新的成功,应把原来的成功当成是新的成功的起点,应有一种归零的心态才永远有新的目标,才攀登新的高峰,才能获得成功者的无穷无尽的乐趣。

同样地,演讲的一个重要目的是为了开解人们心中的疑惑,激起人们对生活的信心。演讲者若也能如贝利一样,在演讲中渗透一些幽默元素,那么也能让听众回味无穷,从而悟出你的话中含义。

当然,幽默要有创意,是形象思维,因而联想和想象是不能没有的。幽

默没有现成的模式可以遵循。我们面对的是变动不息的人群,所以幽默也只能因人因事而异,才能达到效果。

那么,演讲者该如何在演讲中穿插幽默呢?

1. 含蓄表达法

幽默应该引人发笑,但高级的幽默又最好可以让人回味。幽默是言近旨远。这里还有一个萧伯纳的故事:

有一个朋友邀请萧伯纳赴宴,想让萧伯纳给他弹钢琴的女儿美言几句,好借此名扬天下。萧伯纳一到朋友家,女孩就迫不及待地弹了起来。弹了半天,萧伯纳一言不发,女孩只好先开口说话:"我没有妨碍到你吧?"萧伯纳若无其事地说:"没关系,你弹好了。"

萧伯纳的话幽默、简约、含蓄,有弦外之音,非得经过琢磨才好领会他的意思。演讲者在演讲张也可以使用这一方法,演讲内容的中心思想,有时候并非直接道明,一个小小的幽默便能为你传达,起到言有尽而意无穷的效果。

2. 穿插故事法

在演讲中,为了增强演讲效果,加深听众印象,可以穿插现成的幽默故事。一个短小的故事,精彩动人,令人回味无穷,也许会使人精神焕发、斗志昂扬、自信振作;也许会使某些意志薄弱的人从垂头丧气的失败中清醒过来,吸取教训,重新振作起来,建立起奋斗的目标和迈向成功的决心和信心;也许会使人们从悲观转为乐观;也许会使人们从失败中,甚至从潜移默化地改变人的一生,甚至能改变人们的人生观。

美国诗人、文艺评论家詹姆斯·罗威尔 1883 年担任驻英大使时,在伦敦举行的一次晚宴上发表了一篇名为《餐后演讲》的即席演说。最后他说:"我在很小的时候听人讲过一个故事,讲的是美国一个卫理公会的牧师。他在一个野营的布道会上布道,讲了约书亚的故事。他是这样开头的:'信徒们,太阳的运行方式有三种,第一种是向前或者说是径直的运动;第二种是后退或者说是向后的运动;第三种即在我们的经文中提到的静止不动。'(笑声)

先生们，不知你们是否明白这个故事的寓意，希望你们明白了。今晚的餐后演讲者首先是走径直的方向（罗威尔起身离座，做示范），即太阳向前的运动。然后他又返回，开始重复自己，即太阳向后的运动。最后，凭着良好的方向感将自己带到终点。这就是我们刚才说过的太阳静止的运动。”在欢笑声中，罗威尔完成了这套动作重新入座。

这种紧扣话题的传神动作表演，惟妙惟肖，天衣无缝，怎能不赢得现场来宾的欢笑声和热烈掌声？

穿插时要注意：穿插进来的内容一定要同话题有关，能起到说明、交代、补充的作用；穿插的内容务必适度，不可过多过滥，以免喧宾夺主，中心旁移；衔接务必自然得当，切不可让人觉得勉强或节外生枝。

3. 穿插文字游戏

一位演讲者这样演讲：“朋友们，经营有道，投机有方呵，有一首诀窍铭这样告诉我们：位不在高，头尖则灵；官不在大，手长则行。斯是诀窍，唯吾钻营：对上捧粗腿，对下用私人；吹牛克鸿运，拍马不碰钉。可以开后门，讲交情。无正义之细胞，无原则之准绳，烟酒来开道，金钱能通神。孔子曰：‘何鄙之有？’”

演讲者巧妙移接，仿词得当，给人一种明快犀利、生动活泼之感。

可见，在演讲中，合适灵活地运用幽默，能大大提升你演讲的效果，给听众带来更多的笑声，从而使你的演讲稳操胜券。当然，穿插幽默以达到渗透演讲思想的方法是不胜枚举的，关键是演讲者能在演讲中恰如其分地把握住演讲的气氛和听众的心态，自然而真实地运用幽默，才能使你的演讲收到“余音绕梁，三日不绝”的轰动效应。

收尾幽默让演讲更为圆满

我们都知道，演讲活动中，开场白尤为重要，实际上，演讲的收尾也是如

此，如果草草收尾，那么，势必会让整个演讲显得虎头蛇尾，还会让听众留下遗憾。当然，演讲的结束语多种多样，幽默式是其中较有情趣的一种。演讲在笑声中结束，能给演讲者和听众双方都留下愉快美好的回忆，也是演讲圆满结束的形式化的标志。

艾森豪威尔在担任美国总统之前，曾有一段时间在哥伦比亚大学担任校长。这期间，他经常应邀出席各种宴会。

在一次宴会上，几位名人作了长篇演说，可是主持人最后还请他讲话。艾森豪威尔一看时间已经不早，决定删去他已经准备好的演说内容，站起来即兴发挥："每一篇演讲无论它写成书面的或其他形式，都应该有标点符号，今天晚上，我就是标点符号中的句号。"大家立刻报以热烈的掌声。后来他对别人说，那是他最著名的演说之一。

艾森豪威尔结束演讲的方式是特别的，这段话虽然简短，但却很精彩有力。

的确，开场白重要，有个好的结尾更重要！幽默的演讲稿开场白能充分调动大家的热情，幽默的演讲稿结尾却能给人深刻的印象，期待你的下一次演讲。幽默使演讲结尾更富情趣，"余音绕梁，三日不绝"是演讲结尾追求的最佳效果。

那么，怎样才能达到这种效果呢？应注意以下几点。

1. 动作与语言相结合

鲁迅先生在结束《在上海中华艺术大学的演讲》时说："以上是我近年来对美术界观察所得的几点意见。今天我带来一幅中国五千年文化的结晶，请大家欣赏欣赏。"

说着，他一手伸进长袍，把一卷纸徐徐从衣襟上方伸出，打开一看，原来是一幅病态丑陋的月份牌，顿时全场大笑。

鲁迅先生幽默的反语结合着恰到好处的动作表演，使演讲在欢快的气氛中结束，而且使听众在笑声中进一步品味先生话中的深意。

在延安的一次演讲会上，当演讲快结束时，毛泽东掏出一盒香烟，用手

指在里面慢慢地摸，但掏了半天也不见掏出一支烟来，显然是抽光了。有关人员十分着急，因为毛泽东烟瘾很大，于是有人立即动身去取烟。毛泽东一边讲，一边继续摸着烟盒，好一会儿，他笑嘻嘻地掏出仅有的一支烟，夹在手指上举起来，对着大家说："最后一条！"

这个"最后一条"，毛泽东的话是最后一个问题，又是最后一支烟。一语双关，妙趣横生，全场大笑，听众们的一点疲劳和倦意也在笑声中一扫而光了。这种紧扣话题的传神动作表演，惟妙惟肖，天衣无缝，着实精彩！

2. 概括

某大学中文系为毕业生开茶话会。

会上，院系的几个领导相继讲话。首先是系党总支书记讲话，三分钟的即兴讲话主要是向毕业生表示祝贺。然后是彭教授讲话，主题是希望同学们继续努力学习，还引用了列宁的名言。第三个讲话的潘教授朗诵了高尔基的《海燕》片断，以此勉励毕业生们学习海燕的精神。第四个讲话的系副主任希望同学们永远记住母校和老师们。紧接着，毕业生们欢迎王教授讲话。

在毫无准备而又难以推辞的情况下，王教授站起来，先简单地回顾了数年来与同学们交往的几个难忘片断，最后一字一顿地说："前面几位给大家提出了殷切的希望，可我还是喜欢说他们说过的话。（笑声）第一，我要祝同学们胜利毕业！（笑声）第二，我希望同学们'学习、学习、再学习'。（笑声）第三，我希望同学们像海燕一样勇敢地搏击生活的风浪。（笑声、掌声）第四，我希望同学们不要忘记母校，不要忘记辛勤培育你们的老师们！

在这里，王教授对前面四个人的演讲做了简单的概括，使整个演讲在一片笑声中结束。如果他还和前面几个人一样，发表程序性的演讲，那么，整个演讲自然了无生趣，结尾也是毫无精彩之处。

参考文献

[1]吴淡如. 性格决定幸福[M]. 南昌:二十一世纪出版社,2008.

[2]葛维实,惠晨光. 最受欢迎的幽默口才[M]. 北京:中国城市出版社,2010.

[3]张永生. 幽默力修炼术[M]. 北京:北京理工大学出版社,2011.

[4]谢伦浩. 每天学点幽默术全集[M]. 北京:石油工业出版社,2011.

[5]张志英. 一分钟幽默口才术[M]. 北京:中国纺织出版社,2011.